U0895593

上海市教育委员会科研创新项目资助 (14ZS013)

《语言自迩集》及其近代汉语语料

宋桔——著

文匯出版社

序　文

◎徐文堪

在中国的汉语拼音方案出现之前，国际沿用的汉语拼音法，主要是由英国汉学家威妥玛（Thomas Francis Wade，1818—1895）制定的。[①] 实际上，在19世纪第一次鸦片战争之前，英国本土并没有认识到学习汉语、培训合格的译者、编写汉语教材的迫切性和重要性。相较于西欧诸国与俄罗斯，在汉学研究方面，英国其实是后来者，直到威妥玛以外交官身份登上历史舞台，并以多年努力著成《语言自迩集》等书之后，才有了根本的改变。[②] 对《自迩集》这部划时代著作的研究，在中外语言接触史、对外汉语教学史、汉语语法史、清代学术史等诸多领域，都有极其重要的意义。

威妥玛生于英国伦敦，曾先后就读于哈罗公学与剑桥大学三一学院，1838年加入英国陆军，后随军来华，于1841年抵达香港。1846年前后，威妥玛认识了他后来的汉语老师应龙田和英国外交官密迪乐（Thomas Taylor Meadows，1815—1868），这两人对他的汉语学习和研究产生了相当大的影响。1860年，威氏北上，参与中英《北京条约》的签订事务，1869年升任英国驻华全权公使，1882年卸任。次年返回英国，1888年出任英国剑桥大学首位汉语教授。

威妥玛在中国工作生活长达数十年，他编写的汉语教材有《寻津录》(1859)、《北京话音节表》(1859)、《语言自迩集》(1867)、

---

① 威妥玛式拼音后经其学生翟理斯（Herbert Allen Giles，1845—1935）修订后，被称为威翟式系统（Wade-Giles System）。

② 关诗珮：《翻译政治及汉学知识的生产：威妥玛与英国外交部的中国学生译员计划（1843—1870）》，《“中央研究院”近代史研究所集刊》第81期（2013年），第1—52页。

《文件自迩集》(1867)、《汉字习写法》(1867) 等，都产生了巨大的影响。但多年以来，学界对其人其书的研究似乎并不充分，对《语言自迩集》的学术和实用价值也没有恰如其分的评价。

这种情况到了20世纪90年代开始有所改变，中国、日本、新加坡等国学者相继发表了多篇相关论文，张卫东先生翻译的《语言自迩集：19世纪中期的北京话》于2002年由北京大学出版社出版，2017年又出了第二版，收入《早期北京官话珍本典籍校释与研究》丛书。而在研究论著方面，最重要的专著当属复旦大学宋桔博士的《〈语言自迩集〉的汉语语法研究》(复旦大学出版社2015年版) [①]。除了该书，她还与日本学者内田庆市、冰野步合作，编著出版了《語言自邇集の研究》((东京都) 好文出版，2015年)。

宋桔博士的专著出版后，受到国内外学者的充分肯定和好评。于是作者在原有的基础上继续推进，对《自迩集》及其周边文献展开进一步的研究：2015—2016年，宋桔博士以访问学者的身份赴美国宾夕法尼亚大学访学，在该校与哈佛大学、普林斯顿大学等处搜集相关资料。2018年，她出席了在日本关西大学举办的"数位化时代下的汉语全球教育史国际学术研讨会"暨"世界汉语教育史研究学会第十届年会"，并在会上作了专题发言，题目为《密迪乐的"北京官话音节表"：北京官话专一方案的实践》，内容主要是在同时代西方人对北京官话具体描写与不同态度的背景下，比较了威妥玛与密迪乐的北京官话拼写系统。

经过数年的持续努力，宋桔博士于2020年完成了新著《〈语言

① 与此书有关的已刊论文如《国内〈语言自迩集〉存世文献及实物流通研究》，载《国际汉学》2016年第1期；《〈自迩集〉诸版本及其双语同时语料价值》，载《语言教学与研究》2013年第1期；《〈语言自迩集〉之协作者〈瀛寰笔记〉之主角》，载日本近代东西语言语文化接触研究会编『或问』2010年第19辑等，并可参阅。

自迩集〉及其近代汉语语料》，该书是对2015年所出专著的深化和扩展，重点探讨的是如何准确、全面、有效地利用《自迩集》诸版本的珍贵语料。作者通过对《自迩集》文献版本、成书源流、各类中英文语料的内容与形式进行细致深入的探究，揭示了威氏选择“北京官话”的内在动机和外在环境，论证得出威氏使用的语料是一种剔除了北京方言和土话成分而形成的文雅礼貌的19世纪中期北京官话口语。作者总结了《自迩集》语料的性质，极具说服力，对日后的研究也富有启示作用。

书中还有不少新的创获和突破，如借助中科院计算所NLPIR（Natural Language Processing and Information Retrieval Sharing Platform）汉语分词统计系统和各种词汇索引表，对《自迩集》中文文本资料的词频、关键词等进行定量分析，从而揭示出有意义的语言现象。再如为了检验已知的研究成果，将《自迩集》与同时代的传世文献进一步加以分析比对。作者还通过对大型语文词典如《汉语大词典》中条目引用的书证作个案分析，探究《自迩集》文本作为近代汉语词汇语料的价值，这对于汉语语文词典的编纂工作同样很有帮助，《汉语大词典》目前正在分卷修订和出版第二版，笔者亦参与其中，故而对此感触尤深。如【打药】一词，《汉语大词典》列有三个义项，分别是“买中药”、“指旧时走江湖的医生卖的药（多指医治跌打损伤的膏药）”、“泻药。亦指堕胎药”，但均未举证。《自迩集》中仅有一例，但提供了明确为“泻药”义的双语书证。有的词语或义项在《汉语大词典》中只用了自造例，《自迩集》则有实际用例。还有一些义项可根据《自迩集》来提前其首例出现的年代。

宋桔博士以“十年如一日”的精神研究《语言自迩集》和相关

作品，进行了具有开创性和系统性的工作，为近代汉语语言史的探索做出了宝贵的贡献。现在呈现的这部新著，完成于 2020 年“抗疫”期间，作者以顽强的毅力，克服各种困难，夜以继日，勤奋努力，终于使自己的研究踏上了新的台阶，实在令人钦佩。笔者才学浅陋，难作深入讨论，仅在此略谈一些个人感受，并向各位读者郑重推荐。是为序。

2020 年 4 月 16 日于上海

（作者系汉语大词典编纂处编审、复旦大学文史研究院特约研究员）

凡　例

1　本文使用规范简体字。《自迩集》原文繁简混杂，引文皆按原文用词，且转录为简体，有特殊需要将注明《自迩集》原文字体。

2　《自迩集》原文中多处仅以威妥玛式拼写法表示汉字，在引述中一律转写为汉字，需要时照录威妥玛式拼写法并作说明。

3　例句编号第四章以小节为单位，其余以节为单位；图标编号、表格编号以全文为单位。

4　部分引文为笔者自译，标注了原出处，均有注释。

5　《自迩集》完整的例句引用包括中文原文、英文翻译原文、注释原文及笔者对注释的翻译，引用时根据文章的需要选用以上四项。

6　《自迩集》原文引用以简略形式著录出处："章节名版本、卷数、页码"，如"散语章 1.1p.223"。

7　其中"1.1"指第一版第一卷、"1.2"指第一版第二卷，以此类推。

8　一般中文文例后接原文英文翻译，以"(注释)"标示注释原文。

9　所涉外国人名按其本有中文名字（首选）或通行的翻译，在全文第一次出现时著录西文全名与生卒年。此后涉及仅以中文名指称。

10　所涉西文书籍的中文书名或按其本有（首选）或通行的翻译，有不确之处再设脚注。全文第一次出现时在中文书名后著录英文书名和出版时间，以时间为序"/"号分隔多个出版版本，此后涉及仅以中文书名指称。

11　为节省篇幅，本文在引用前辈学者成说时，一律不加"先生""女士"等尊称，敬请见谅。

目录

绪 论

英国外交官威妥玛（Thomas Francis Wade，1818—1895）因威妥玛—翟理斯式拼音（Wade-Giles Romanization，简称威氏拼音法）享誉世界，后成为英国剑桥大学首任汉学教授。19 世纪中叶，为协助英驻华使馆翻译学生的学习，他主持编纂了两部大型汉语教科书，即以北京官话口语教学为目标的《语言自迩集》(*Yü-yen Tzŭ-êrh Chi*, *A progressive course designed to assist the student of colloquial Chinese, as spoken in the Capital and the Metropolitan department*, 1867/1886/1903）和以书面语教学为核心的《文件自迩集》(*Wen-Chien Tzŭ-êrh Chi*: *A Series of Papers Selected as Specimens of Documentary Chinese*, 1867）[①]。

《语言自迩集》[②] 包括三版九卷近百万字，倾注了十余位中西人士的辛劳。该书编写于 19 世纪初，成稿在 19 世纪中期，前后三版历时近 40 年的修订，内容涵盖形声义、读写看等诸方面，包括"音节章""部首章""(续）散语章""问答十章""谈论百篇""践约录""词类章""声调章"等内容，是一套卷帙浩繁、影响深远、弥足珍贵的清末北京官话口语教材。其中各个章节来源不一，内容风格各异。威妥玛 1859 年出版的"试验课本"《寻津录》(*The Hsin Ching Lu*: *Book of Experiment*)、《登瀛篇》《问答篇》以及清代佚名编著的《语言问答》，还有清代满汉合璧教科书都与该书各个章节的编纂密切相关。

《自迩集》中以书面形式保存下来的资料被誉为"雪藏"百年的

---

① 《文件自迩集》收录了 148 篇范文，包括公文、信函、奏疏等类型，原本计划包括中文和英文注释两卷，但 1879 年只正式发行了一卷，所收录的是部分文件的译文和注释。参看 Thomas Francis Wade C.B., *Key to tzu êrh chi Documentary Series · preface*, London：Trubner & Co, 1867, P.iii；Henri Cordier. 1895, Thomas Francis Wade, *T'oung Pao*, No.4, pp.407—412.

② 以下略称《自迩集》，不包括《文件自迩集》。

宝藏[①]、清代北京官话语料的“富矿”[②]，是“百多年前北京话口语的精彩实录”[③]。

从近代汉语词汇语料的角度来看，作为一部以当时的官话口语为教学目标语言的教材，为尽可能真实、准确地将一种口语传授给学习者，《自迩集》天然地扮演着“录音机”的角色。作为共时语料[④]，《自迩集》不仅来源清晰、信息可信，而且内容场景丰富，口语化程度高。相较于《红楼梦》《儿女英雄传》《小额》等清末小说文献语料[⑤]，《自迩集》双语教材的体例又为这批语料提供了详尽的英文对照翻译与语义用法注释，进一步明确了所涉语料历时的词汇语义功能。另一方面，《自迩集》的编写底本复杂、来源各异，内部语料在语言变体、时代新旧等方面非均质性，其中西合作的编辑模式又为其“准确性”带来了争议。这就要求我们对其文献版本、编写者情况、各章成书源流、各类中英语料的内容与形式做细致深入的考究，再以此为基础分析《自迩集》内部语料的性质与价值。

《〈语言自迩集〉的汉语语法研究》(2015)[⑥]主要探究的是在当时的历史条件下，威氏如何解决西方话语论述体系与汉语特质之间的矛盾，如何在《自迩集》中具体阐释汉语语法的问题。那么，本书主要想解决的问题是：《自迩集》在当时是一部什么样的书？是哪些人在什么样的理念下完成的？该书内部各个章节词汇语料有什么特点？全书保存的是一种什么样的语言？在利用该书语料时应注意什么问题？

以下我们分“定位与意义”“文献与流通”“观念与性质”“整理与

① 张德鑫：《威妥玛〈语言自迩集〉与对外汉语教学》，载《对以英语为母语者的汉语教学研究：牛津研讨会论文集》，人民教育出版社，2002 年，第 354 页。

② 据胡明扬：《〈语言自迩集：19 世纪中期的北京话〉序》(2002：6)“富矿”论的提法最早来自商务印书馆前副总李思敬先生在 1999 年 11 月 18 日致张卫东的一封信。

③ 张卫东：《〈语言自迩集：19 世纪中期的北京话〉译序》，载威妥玛著、张卫东编译：《语言自迩集：19 世纪中期的北京话》，北京大学出版社，2002 年，第 1 页。

④ 太田辰夫（1958/2003）从汉语史和汉语史料学的角度提出了“同时资料”和“后时资料”，参看太田辰夫：《〈中国语历史文法〉跋》，载太田辰夫著，蒋绍愚、徐昌华译：《中国语历史文法》，北京大学出版社，2003 年，第 374—375 页。

⑤ 本文使用的《红楼梦》和《儿女英雄传》语料来自“北京大学中国语言研究中心语料库”。《小额》语料来自松友梅：《小额・影印版》，首都师范大学出版社，2015 年。

⑥ 宋桔：《〈语言自迩集〉的汉语语法研究》，复旦大学出版社，2015 年。

探究”四个部分展开，兹将各章节安排与内容简述如下：

第一章“定位与意义”分析论述了《自迩集》内部语料所处的近代汉语阶段及“清代北京官话”的定位，梳理了海内外已有的研究成果。

本章第一部分确定本书所涉“近代汉语”的时段以及“清代北京官话”的内涵，并以此为切入点准确定位《自迩集》内部封闭语料的历史坐标，进而指出了域外汉语教学文献语料的考察对于近代汉语词汇研究的意义与价值。第二部分综述海内外《自迩集》相关已有研究成果，着重讨论了现有应用《自迩集》词汇语料进行的研究中文献版本考察相对不足的问题。第三部分从方法论上明确了结合文献版本调查分析双语语料性质，应用定量统计、文本对读开展定性研究的两条主要思路。

第二章“文献与流通”分析考察了《自迩集》的编著人物、文献版本及当时该书的实物利用与传播，旨在明晰该书的创作背景及各章节、版本的编写历程。

本章第一部分注重点面结合，描绘出一支由威氏带领的中西合作的编写团队。一方面考述威氏的生平行迹、语言学背景及其学习掌握北京官话的情况，同时考据威氏的中文教师、协作者应龙田的生平背景及其对《自迩集》成书的具体贡献；另一方面分析整理与该书系列文献编纂相关的十余位中外人士。第二部分论述《自迩集》三版的具体出版情况，重点总结归纳了第二版对第一版中英文内容的修订内容，揭示了《自迩集》内部不同版本间词汇语料的变迁。第三部分通过考察《自迩集》的成书背景，推演出与该书相关的《清文指要》《寻津录》《问答篇》《登瀛篇》和清佚名的《语言问答》等“周边文献”，追溯了《自迩集》各章内容的成书源流。第四部分细致描摹出洋式铅印现代装、刻本线装、铅印翻刻本等《自迩集》各类存世文献形态，以钤印、笔记等历史印迹为线索考察该书的实物流通与使用情况。

第三章“观念与性质”梳理总结《自迩集》教学目标语的选择及编写者的语料观，进一步剖析该书内部语料“双语、非均质、共时资料”的形式与性质。

本章第一部分结合19世纪中期南北官话并存、对峙的背景与时人对“北京官话”的认知，从《自迩集》编写主旨的角度进一步分析了威氏选择“北京官话”的内在动机与外在环境。第二部分主要通过梳理《自迩集》文本中对该书目标语言特质的描述与相关词汇语义、语用注释，揭示威氏“剔除了北京方言的土话成分”①而形成的一种“文雅礼貌的19世纪中期北京官话口语”的语料观。第三部分主要从形式上考察《自迩集》文本中丰富多样的中英双语语料，整理、归纳散见于不同卷册内的中英文内容的对照与互补，梳理了可资利用的中文词汇语料出处及英文部分的翻译、注释策略与要点。第四部分通过综合前文的论述，从材料来源、编写主旨、编写者、主体内容几个角度来论证《自迩集》语料的性质，总结、论证其非均质共时资料的特点。

第四章“整理与探究”以《自迩集》内部语料统计分析为基础，通过举要分析与《汉语大词典》个案应用研究，进一步探究《自迩集》文本作为近代汉语词汇语料的价值。

本章第一部分借助中科院计算所NLPIR汉语分词统计系统②和已有的词汇索引表③对《自迩集》第一版中文文本资料做词频、关键词等定量分析，并在此基础上定性分析文本统计中揭示的多俗语、多成语典故与尊称、多时代性的专有名词以及地名集中等现象。第二部分通过举要论证的方式分析《自迩集》文本作为近代汉语词汇语料的价值，涉及了该书文本资料如何印证清代北京话的标志性用法、补充限于清末民初使用及传世文献中稀见的词汇用法、例证内部版本差异揭示的语言演进等，同时强调了通过统观全文双语资料、照应同时代传世文献的方式来辩证地分析《自迩集》资料对已有的研究成果的支持

① 序言1.1p. vi.

② 中科院计算所NLPIR汉语分词系统（Natural Language Processing and Information Retrieval Sharing Platform），这一平台又名ICTCLAS2013。线上操作系统：http：//ictclas.nlpir.org/docs。

③ 内田慶市、氷野步、宋桔编著：《〈语言自迩集〉の研究》，日本好文出版，2015年。

与挑战。第三部分是《自迩集》文献语料价值的个案研究，对照《汉语大词典》《近代汉语词典》等大型历史语文辞书，从《汉语大词典》仅有义项未举书证、《汉语大词典》仅举自编例，《自迩集》提前义项首引书证年代、增补义项和词目等角度例证了《自迩集》对《汉语大词典》等语文辞书书证的补益。

第一章
定位与意义：《自迩集》文献语料与清代北京官话

首都（燕京、大都、北京）方言开始成为一种“新雅言”，就是“官话、京腔”和读书“正音”。也创作了一些新文艺（如500年前的元北曲、杂剧，300年前的《红楼梦》，80年前的《儿女英雄传》小说等），这600年间应当专篇评述。

——黎锦熙[①]

第一节　定位：近代汉语的分期与清代北京官话

一、近代汉语的划分与本文的视域

汉语历史悠久，汉语史的分期取决于语言自身的发展变化，表现为一个渐变的连续统。目前国内外学术界关于汉语分期和近代汉语上下时限有着不同的意见。

吕叔湘（1985）的“两分说”将汉语分为古代和近代两大阶段。其中，现代汉语是近代汉语内部的一个分期，近代汉语上限是晚唐五代。[②]这一划分的依据是白话作品出现的时代（尤其是变文的出现）。“四分说”分汉语为上古、中古、近代、现代四个阶段。其中王力（1958）划分公元13世纪到19世纪（鸦片战争）为近代，20世纪为现代，其中1840年到1919年为过渡阶段。[③]潘允中（1982）认为宋

① 黎锦熙：《汉语发展过程和汉语规范化》，江苏人民出版社，1957年，第18页。

② 参看吕叔湘《〈近代汉语指代词〉序》，载吕叔湘著、江蓝生补：《近代汉语指代词》，学林出版社，1985年，第1页。

③ 将汉语分为四期，公元3世纪前（五胡乱华以前）为上古期，公元4世纪到12世纪（南宋前半）为中古期，公元13世纪到19世纪（鸦片战争）为近代，20世纪为现代。参看王力：《汉语史稿》，中华书局，2004年，第40—44页。

元至鸦片战争之前是汉语史的近代时期，“五四运动以后为现代”。①向熹（1993）划定元代至五四运动为近代，其中鸦片战争至五四运动是近代后期。②“三分说”分古代汉语、近代汉语、现代汉语三个时期。胡明扬（1986）将隋末唐初到明末清初作为近代汉语阶段，并指出近代汉语内部可分为早期（隋末唐初到五代北宋）、中期（宋元）、晚期（元末到清初《红楼梦》以前）。③蒋绍愚（1994）也认为近代汉语的上限是唐代，下限是清初。④

日本学界一般以汉以前为上古，六朝至唐末为“中古”或“中世”，宋元明为“近世”，清代为“近代”，现代为民国以降。⑤太田辰夫（1991）在讨论这一问题时强调了清代汉语与现代汉语的差异，“清代以北京话作为规范，与此相对，现代以普通话作为规范；另外，所谓欧化语法在清代也不存在，凡此等等，清代跟民国以后有很大差异，笔者采取只把清代作为近代的观点”。⑥

由此可见，不同的结论既源于学者对划分标准的选择、对语言各要素演变的具体考订，也与学者所处的立场、所偏重的文献材料等密切相关。⑦同时，清初至五四运动这一时期的语言又因其复杂性，及其与现代汉语“普通话”的异同而成为一个焦点，如胡明扬所言，“近代汉语的下限和现代汉语上限差不多是一个问题”。⑧

---

① 参看潘允中：《汉语语法史概要》，中州书画社，1982 年，第 17、18 页。

② 以商、周、秦、汉为上古期（公元前 18 世纪至公元 3 世纪），以六朝至宋（公元 4 世纪到 12 世纪）为中古期，元明清（公元 13 世纪到公元 20 世纪初）为近代期，此后为现代。参看向熹：《简明汉语史》，高等教育出版社，1993 年，第 3—5 页。

③ 参看胡明扬：《近代汉语的上下限和分期问题》，载《胡明扬语言学论文集·增订本》，商务印书馆，2011 年，第 215 页（该文首次发表在 1986 年 10 月第二届近代汉语研讨会上）。

④ 参看蒋绍愚：《近代汉语研究概况》，北京大学出版社，1994 年，第 2 页。

⑤ 参看香坂顺一著，江蓝生、白维国译：《白话语汇研究》，中华书局，1997 年，第 2 页；太田辰夫：《上古汉语略说》，载太田辰夫著，江蓝生、白维国译：《汉语史通考》，重庆出版社，1991 年，第 2 页。

⑥ 太田辰夫：《上古汉语略说》，载太田辰夫著，江蓝生、白维国译：《汉语史通考》，第 3 页。

⑦ 参看董志翘：《也谈汉语史的分期》，载《汉语史研究丛稿》，上海古籍出版社，2013 年，第 1 页。

⑧ 胡明扬：《近代汉语的上下限和分期问题》，载《胡明扬语言学论文集·增订本》，第 214 页。

除吕叔湘（1985）认为应把现代汉语看作是近代汉语内部的一个分期外，关于近代汉语的下限大概有四种意见，即清初、清中期（《红楼梦》之前）、清末（1850 年前后）、五四运动时期。同时，也有学者提出了以具体语言情况为依据的研究范围，即“近代汉语研究的范围并不以晚唐五代到清代中期为限，早于或晚于此时期的语言数据和语言现象，只要和现代汉语时期的语言有关，也都在近代汉语研究的范围之内”。①

然而，正如开篇引用的黎锦熙（1957）的话，元代至清末民初的 600 年的语言是非常值得重点关注的。而且，从语言研究的角度来看，如果追溯与现代相连的前一个时代的语言面貌及其与现代汉语的异同，就能得出幅度最小，也就是可靠性最大的语言变化实例。②

本文将近代汉语的下限划分至五四运动，将清代至五四运动这一时期视为近代汉语的晚期，即向现代汉语过渡的一个时期。我们的观点是，《语言自迩集》包含的词汇语料是不同于现代汉语的，是现代汉语产生之前的状态，它应当成为近代汉语词汇语料研究的题中之意。

二、“清代北京官话”的概念与形成

现有的研究中，有的将《自迩集》所保存的语料称为“19 世纪中叶的北京话”，③ 也有的称之为“19 世纪中叶的北京官话”。④ 这里的“北京话”和“北京官话”究竟指的是什么，在近代汉语的范畴之下应当如何解读？这一点是需要首先明确的。

“北京话”作为一个地域概念，指在北京使用的语言，它的外延

---

① 蒋绍愚、曹广顺主编：《近代汉语语法史研究综述》，商务印书馆，2005 年，第 2 页。

② 远藤光晓：《欲穷千里目，更上一层楼——清代民国时期汉语国际学术研讨会》，载远藤光晓、朴在渊、竹越美奈子主编：《清代民国汉语研究》，首尔学古房出版社，2011 年，第 4 页。

③ 如《自迩集》中译本的标题“语言自迩集：19 世纪中期的北京话”。

④ 参看张美兰：《明清域外官话文献语言研究》，东北师范大学出版社，2011 年。

主要是由其他的限定语决定的。例如“19世纪中叶的北京话”就是19世纪中叶这一时段内人们在北京使用的语言。这一概括是否有些宽泛，我们将在后文中谈到。

然而，“北京官话”则不可理解为一个单纯的术语。根据《中国语言地图集》(1987)，现代方言学意义上的“北京官话”分布于北京、天津、河北、辽宁、内蒙古五个省区市，包括“京承片”“朝峰片”两个片。[①]这个意义上的“北京官话”与东北官话、冀鲁官话、胶辽官话、中原官话、兰银官话、江淮官话、西南官话等并列，是汉语“官话方言”中的一种。“官话方言”这个名词是在“20世纪80年代《中国语言地图集》出版以后通行起来的”，实质上指的是“汉语地方方言的一种，只是作为民族共同语的基础方言，跟其他方言有所不同”。[②]

由此可见，方言学所指“北京官话”中的“官话”与本文中所讨论的“官话”，即威妥玛在《自迩集》题目中提到的“一种在首都北京和朝廷官府说的口语（as spoken in the Capital and the Metropolitan department）”并非同一概念。这就提醒我们在讨论开始之前要将那些方言学领域的研究成果与我们的论题区分开来。[③]

根据目前的考证，有文献记录的“官话”一词始于明代，朝鲜《李朝实录·成宗四十一年九月》(1483）有所记载：“头目葛贵见《直解小学》曰：反译甚好，而间有古语不合时用，且不是官话，无人认听。”直至20世纪中期，这一说法才逐渐被“国语”“普通话”替代。这里的“官话”所指的是一种社会通用语，这一内涵实际上与先秦以来的“雅言”“通语”等概念是一致的。明代来华的传教士利玛窦曾这样描述它：“在语言的所有变体中，有着一种叫做‘官话’的语言，它是一种可以用于听证会和法庭上的法律语言，各

---

① 张振兴：《汉语方言调查研究名著讲解》，华中师范大学出版社，2014年，第72页。

② 钱曾怡主编：《汉语官话方言研究》，齐鲁书社，2010年，第1页。

③ 如果单从关键词入手来讨论这个问题，很容易将本文的语料或论断与方言学中有关“北京官话”描写与分析对应起来，例如张世方《北京官话语音研究》(北京语言大学出版社，2010年）就是从现代方言学意义上讨论的“北京官话”。

省都容易学习，使用简单，甚至小孩和妇女都能很熟练地与外省人交际。”①

作为一个历史概念，在某种程度上，19 世纪中叶的“北京官话”与当时的“北京话”之所指是相当的。② 即如太田辰夫（1991）曾说过的：

> 这一时代（清代——引者注）是北京话形成并作为通用语使用的时代。这里所说的京话，是比北方语或官话范围狭窄、只在北京及其周围地区通行的语言，和北京官话的意思相当。③

这种语言的产生与移民和语言接触密切相关，爱新觉罗・瀛生（1993）、林焘（1987）已从移民史的角度详细地论述了清代北京官话的发展演变过程。

一方面，北京地区的幽燕语在元代形成大都话，到明代受南方移民的方言影响，最后形成明代北京话。另一方面，清军入关后，八旗子弟把东北的幽燕方言带入北京城，所讲汉语为东北地区的方言。居住于北京外城汉人所说的话和内城八旗人说的从东北带来的汉语方言得以融合，并逐渐形成了一种新的语言，即北京官话。④ 实质上，它是“在三百年来内外城人口结构完全不同的条件下逐渐形成的”：

> 外城汉人说的是土生土长的北京话，这种方言在元代以后一直和汉语各地方言密切接触。内城八旗人说的是从东北带来的汉语方言，源头是辽金时期以燕京话为中心的幽燕方言，一直和东北少数民族语言有密切接触。……到了清代，两种方言在北京汇合，一在内城，一在外城，相互之间差别本来就不大，再经

① 转引自马西尼著，黄河清译：《现代汉语词汇的形成——19 世纪汉语外来词研究》，汉语大词典出版社，1997 年，第 6 页。
② 参看高艾军、傅民：《北京话词语（增订本）》，北京大学出版社，2001 年，第 1087 页。
③ 太田辰夫著，江蓝生、白维国译：《汉语史通考》，第 212 页。
④ 参看爱新觉罗・瀛生：《北京土话中的满语》，北京燕山出版社，1993 年。

过极为密切的长时期的交流，就逐渐融为一体，成为现代的北京话。①

值得注意的是，清代北京内城官话和北京外城土语各自经历几百年的发展，其中的差别是显而易见的，直至清末仍有显著的区别。据《清末北京志资料》(1994) 记载，“在官话之外，北京另有土语。虽同在北京，但因地之东西，处之南北，其语言多少都有些不同，音调亦不相同。”② 威妥玛就曾在序言中引用艾约瑟的话指出，“想要学习朝廷的语言的人还是要学习北京方言，剔除了北京方言中土话成分的北京话，就是‘帝国官话’。”③

同时，“官话”又有南北之分。其中“南京官话”指保留了更多书面语成分与入声系统的“官话”，在很长一段时期都是明清社会，特别是朝廷以及文人雅士的通用语，地位无可替代。

鲁国尧（1985，2007）依据利玛窦《中国札记》等资料论证了南京话是明代官话的基础方言。④ 杨福绵（1995）也主张“明末清初的官话基础方言是当时的南京方言”。⑤ 高田时雄（1997）参考多种材料证实了在清代来华传教士的观念里，“南京话”代表的是汉语的正音。⑥ 平田昌司（2000）分析了在清代北京官话逐渐成为强势语言的背景下，中国人对南京官话的推崇主要还是源于文化心理原因。

直到 19 世纪中晚期，即《自迩集》编辑出版的时期，“北京官

---

① 林焘：《北京官话溯源》，载林焘：《语音探索集稿》，北京语言学院出版社，1990 年，第 120 页（该文初载于《中国语文》1987 年第 3 期）。

② 张宗平、吕永和译；吕永和、汤重南校：《清末北京志资料》，北京燕山出版社，1994 年，第 474 页。

③ 序言 1.1p.v—vi。艾约瑟（1857/1864：7）原文为：the Peking dialect must be studied by those who would speak the language of the Imperial Court, and what is, when purified of its localisms, the accredited kuan hua 官话 of the Empire.

④ 鲁国尧：《明代官话及其基础方言问题——读〈利玛窦中国札记〉》，《南京大学学报》1985 年第 4 期。鲁国尧：《研究明末清初官话基础方言的廿三年历程——“从字缝里看”到“从字面上看”》，《语言科学》2007 年第 2 期。

⑤ 杨福绵：《罗明坚、利马窦〈葡汉词典〉所记录的明代官话》，《中国语言学报》1995 年第 5 期，第 69 页。

⑥ 高田時雄：《清代官話の資料について》，東方學會编：《東方學論集：東方學會創立五十周年記念》，東京東方學會，1997 年，第 771—784 页。

话”——以北京音为标准的社会通用语，才逐渐取得上升地位，并在与“南京官话”不断抗衡的竞争中最终取得了绝对的优势。张卫东（1998）借助《自迩集》的资料论证了最迟至该书编辑的年代，即19世纪中期，北京音已成为官话标准音。①

因此，为区别于现代方言学的术语，并明确划定这种语言的使用时间，我们称《自迩集》中保留的语言为19世纪中叶的“清代北京官话”，是清末近代汉语的一部分。

三、域外汉语文献与近代汉语词汇研究

在整个汉语发展的脉络中，复音化的进程“实现了语音造词为中心向结构造词为中心的转移，促进了词义的发展演化，丰富了词义发展变化的形式”。② 因此，近代汉语增加了大量的俗语词，双音词占据了词汇的主导地位，许多词语完成了从书面到口语的转化。另一方面通过本土文化与外来文化的接触融合，吸收了大量外来词。

对于这些新词新义的研究基于可利用的时人的语言材料，特别是口语材料。然而，“在文言占据书面语的统治地位的时代很少有人用真正的白话来写文章”③，所以历史上留存下来的书面文献多以书面语为主，有些虽然属于口语的记录，但已是经过加工的口语。相比上古、中古或现代汉语，近代汉语的口语材料尤为珍贵。正如蒋绍愚所言，“资料问题是任何语言研究都必须重视的，但近代汉语研究中这个问题尤其突出”。④

时至今日，我们无法亲耳听到古人说的话，只能依据古人记录下来的一些书面文献来探索语言的演变。因为有书面记载以来的整个汉语史是口语和文言并存的历史，只有记载口语的文献才比较真实地反

---

① 张卫东：《北京音何时成为汉语官话标准音》，《深圳大学学报》1998年第4期。

② 徐时仪：《近代汉语词汇学》，暨南大学出版社，2013年，第348页。

③ 刘坚：《〈近代汉语语法资料汇编（唐五代卷）〉序》，刘坚、蒋绍愚编：《近代汉语语法资料汇编（唐五代卷）》，商务印书馆，1990年，第6页。

④ 蒋绍愚：《近代汉语研究概要》，北京大学出版社，2005年，第15页。

映了某个断代所用词语的面貌。换言之，口语程度越高，作为近代汉语语言研究的价值就越大。

整体来看，敦煌吐鲁番文献、禅儒语录、宋儒语录、诗词曲、戏剧、散文、笔记、小说、市语方言等一直以来都是近代汉语研究的主要语料来源。[①] 近代汉语晚期，《红楼梦》《儿女英雄传》《小额》等以北京话为基础的白话小说在很长一段时间内成为清代语言研究的核心语料。

值得注意的是，除此之外，还有一大批为了学习当时的汉语口语而编纂的域外汉语文献可作为近代晚期汉语研究的基础语料。从形式上看，包括会话课本、词典、语法书以及圣经的白话（方言）译本等；从国别上看，不仅有跟中国文化与语言接触历史悠久的日本、韩国，还包括从明末开始掀起汉语学习热潮的欧美各国。已有学者高度肯定了这一批材料的价值，指出“由于西方人对汉语的特有的敏感，加上不少传教士受过现代语言学的训练，注音一般都采用罗马字母，所以这批资料对口语的记录通常都比较准确和可靠，其价值往往超过本土资料”[②]。当然，全面有效地利用此类文献尚待全面、系统、深入的文献整理、个案研究及方法探索。

新材料的发掘是学术研究的源头活水。陈寅恪《敦煌劫余录序》有云：“一时代之学术，必有其新材料与新问题。取用此材料，以研求问题，则为此时代学术之新潮流。”

回顾国内外对早期域外汉语口语教学文献的研究可知，日本学者早期对西人汉语相关著述的研究与应用尤为引人瞩目。早期代表学者有香坂顺一、太田辰夫、鱼返善雄、尾崎实等人。他们的研究不仅时代早，而且原始资料调查与应用研究并重。其中太田辰夫《清代的北京语》(1950)、《北京话的语法特点》(1964) 等论著中综合利用了《通用汉言之法》(*A Grammar of the Chinese Language*，1815)、《语言自迩集》(1867)、九江书会本《官话指南》(1893) 等文献中的语料来

① 详细分类论述可参见徐时仪：《近代汉语词汇学》。

② 汪维辉：《清代民国时期汉语研究资料概述（中国本土部分）》，载远藤光晓、朴在渊、竹越美奈子主编：《清代民国汉语研究》，第 20 页。

研究清代北京官话。① 香坂顺一、尾崎实等曾利用《官话类编》《语言自迩集》等资料总结了近代汉语的特征。② 香坂顺一的专著《白话语汇研究》对《朴通事谚解》《老乞大谚解》《自迩集》《官话类编》等早期域外汉语口语教学文献资料的应用，充分反映了这类材料对汉语史研究的价值。③

相较于东邻，虽然20世纪30年代罗常培就高度称赞了利玛窦、金尼阁等人对于中国音韵学的贡献，④ 早期在历史学、国际汉学、目录学领域对此类文献也有过重要的书目整理，如费赖之《入华耶稣会士列传》(1938) ⑤ 的翻译和方豪《中西交通史》(1954) ⑥、莫东寅《汉学发达史》(1949) ⑦ 等，然而，新中国成立后，由于国内政治环境、语言隔阂、流通障碍、研究导向等因素的影响，域外汉语著述一直未得到学界，特别是汉语语言学界的重视。这一情况直至20世纪末21世纪初始有改变。我们认为这一改变的主要动力有二，其一是20世纪末语言学界在关于《马氏文通》首创性的讨论中对《文通》以前的西方汉语研究成果的再认识，⑧ 其二是21世纪初《自迩集》《华语官话语法》等域外汉语著述文献 ⑨ 中译本的出版所带动的汉语、对外汉语及历史学界对此类文献的"重新"关注。

---

① 太田辰夫：《清代の北京語について》，《中國語學》(1950) 34号。太田辰夫：《北京語の文法特點》，《中国語文論集》，汲古書院，1964年。

② 香坂顺一：《旗人所教的北京官话 -1》，《中國語學》1964年第146期。尾崎实：《旗人所教的北京官话 -12》，《中國語學》1965年第148期。

③ 香坂顺一著，江蓝生、白维国译：《白话语汇研究》。初版为日本光生馆1983年出版。

④ 以上两文原题与出处为：罗常培《中国音韵学的外来影响》，《东方杂志》1935年第32卷14号；罗常培《耶稣会士在音韵学上的贡献》，《历史语言研究所集刊》1930年。后收入《罗常培语言学论文集》，商务印书馆，2004年。

⑤ 费赖之著，冯承钧译：《入华耶稣会士列传》，商务印书馆，1938年。

⑥ 方豪：《中西交通史》，中华文化事业委员会，1954年。之后多次印刷，1983年由台北中国文化大学出版社再版。另有长沙岳麓书社1987年版和上海人民出版社2008年版。

⑦ 莫东寅：《汉学发达史》，文化出版社，1949年。1989年上海书店再版了该书的初版影印本。

⑧ 代表性的文章如姚小平：《〈汉文经纬〉与〈马氏文通〉——〈马氏文通〉的历史功绩重议》，《当代语言学》1999年第2期。

⑨ 如威妥玛著，张卫东译：《语言自迩集：19世纪中期的北京话》。弗朗西斯科·瓦罗著，姚小平、马又清译：《华语官话语法》，外语教学与研究出版社，2003年。

具体到利用域外汉语文献开展的近代汉语词汇研究，我们看到了从单篇论文到系列研究，再到基础文献系统整理的趋势。

学界关于韩国汉语教科书《华音启蒙谚解》(1883)、《你呢贵姓》(19 世纪后期）的语言基础有北京官话与东北官话两说，其中汪维辉(2005）支持前者，蔡瑛纯（2002)、岳辉（2006）支持后者，在评述中都涉及了此两部教材语料与北京官话词汇的关系。[①] 何亚南、苏恩希（2007）的专文对《你呢贵姓（学清）》的语料价值进行了讨论。[②] 张美兰（2011）对《华音启蒙谚解》和《你呢贵姓》中“官话”特征词的考察，由此说明了北京官话有地域传承和互动传播等复杂特点。[③]

日本明治时期（1867—1911）刊行的北京官语课本共有 316 种[④]，故也自然成为这一领域讨论的重点。针对这批文献的现有研究既有单一文献的研究，也有针对某一词类的系列文献的考察。前者如江蓝生(1994，1995）对《燕京妇语》中北京话的考察。[⑤] 陈珊珊（2006）比较了《自迩集》与其传入日本后的改编版《亚细亚言语集》在词汇选用方面的差异。近期如邓苗雯（2013）对《官话指南》的词汇研究。[⑥]后者主要是通过整合日本明治时期官话教科书系统内的语料来解释某个或某类词的演变情况，如李无未、杨杏红（2011）对北京官话“语

---

① 汪维辉：《朝鲜时代汉语教科书丛刊》，中华书局，2005 年。蔡瑛纯《李朝朝汉对音研究》，北京大学出版社，2002 年。岳辉：《〈华音启蒙谚解〉和〈你呢贵姓〉的语言基础》，《吉林大学社会科学学报》2006 年第 4 期。

② 何亚南、苏恩希：《试论〈你呢贵姓〉(学清）的语料价值》，《南京师大学报（社会科学版)》2007 年第 2 期。

③ 张美兰：《19 世纪末北京官话背景下的两部朝鲜汉语教材》，《吉林大学社会科学学报》2011 年第 2 期。

④ 李无未、杨杏红：《清末民初北京官话语气词例释——以日本明治时期北京官话课本为依据》，《汉语学习》2011 年第 1 期，第 96 页。如《自迩集》传日后的日译本、改编本以及在日编写的有《参订汉语问答篇日语解》(1880)、《官话指南》(1881)、《英清会话独案内》(1885)、《日英汉语言合璧》(1888)、《清语教科书》(1901)、《官话急救篇》(1904)、《北京官话谈论新篇》(1907）等。

⑤ 江蓝生：《〈燕京妇语〉所反映的清末北京话特色（上）》，《语文研究》1994 年第 4 期。江蓝生：《〈燕京妇语〉所反映的清末北京话特色（下）》，《语文研究》1995 年第 1 期。

⑥ 邓苗雯：《〈官话指南〉词汇研究》，四川外国语大学 2013 硕士学位论文。

气词”的研究。[①] 张美兰（2007）梳理了通过调查明治期间日本汉语教学书的情况，并举例了引自日本明治时期官话教科书中的202个北京话口语词，同时指出了此类文献对于编写修订“北京土语方言词词典”的重要价值。[②] 李无未、杨杏红《清末民初北京官话语气词例释》(2011）分析了明治时期教科书中主要的北京官话语气词的使用情况。[③] 陈明娥、李无未（2012）穷尽性地整理了日本明治时期十种官话课本里出现的1510个北京话词语，并分类对它们进行了分析描述。[④] 陈明娥（2014）进一步以专书的体量系统分析了日本明治时期北京官话教材口语词汇的具体情况、外来词，并分析了这批文献中的词汇特点。[⑤] 魏薇（2013）以《官话指南》《使用日清会话》《清语正规》为基础文献，就这些教材中的词汇特点、基本词的词频音节数变化等进行了比较研究。[⑥]

与此同时，张美兰、陈思羽（2006）以时间轴打破了地域范畴，整合《燕京妇语》《官话指南》《急就篇》《自迩集》等一批同时文献，对“北京官话中的口语话题标记”进行了有实践意义的考察。[⑦] 张美兰《明清域外官话文献语言研究》(2011）在汇集前期研究成果的基础上，将《自迩集》、日本明治时期汉语教科书、朝鲜后期《京语会话》中的北京话口语词进行了系统的汇校与论证。[⑧] 其中与《自迩集》词汇语料直接相关的研究，我们将重点在本章第二节展开。

文献资料的利用，归根到底是以文献资料的整理、研究为前提

①③ 李无未、杨杏红：《清末民初北京官话语气词例释——以日本明治时期北京官话课本为依据》。

② 张美兰：《明治期间日本汉语教科书中的北京话口语词》，《南京师范大学文学院学报》2007年第2期。

④ 陈明娥、李无未：《清末民初北京话口语词汇及其汉语史价值——以日本明治时期北京官话课本为例》，《厦门大学学报》2012年第2期。

⑤ 陈明娥：《日本明治时期北京官话课本词汇研究》，厦门大学出版社，2014年。

⑥ 魏薇：《北京官话教科书词汇研究》，吉林大学出版社，2013年。

⑦ 张美兰、陈思羽：《清末民初北京口语中的话题标记——以100多年前几部域外汉语教材为例》，《世界汉语教学》2006年第2期。

⑧ 张美兰：《明清域外官话文献语言研究》。

的。在大量前期研究的带动下，国内汉语学界，特别是近代汉语学界越来越意识到系统整理和发掘这一批域外汉语文献对于汉语研究的重要意义，出版了一系列域外文献整理汇编，同时表现出国际对话合作的趋势。

域外文献的整理调查方面，《朝鲜时代汉语教科书丛刊》(2005) 和《朝鲜时代汉语教科书丛刊续编》(2011) 解题、点校了十余种朝鲜时代的汉语教科书。[①] 张西平主编的《西方人早期汉语学习史调查》(2003) 提供了马若瑟 (Joseph de Prémare，1666—1736)《汉语札记》(*Notitia Linguae Sinicae*，1872/1864) 等四种文献的选译文本。[②]

2007 年，在北京大学中国语言学研究中心的支持下，"早期北京话珍本典籍校释与研究（暨早期北京话文献数字化工程）" 正式开启。2016 年，作为阶段性成果，"早期北京话珍稀文献集成" 正式开始出版，总体设计上"取异族之故书与吾国之旧籍互相补正"，共分"日本北京话教科书汇编""朝鲜日据时期汉语会话书汇编""西人北京话教科书汇编""清代满汉合璧文献萃编""清代官话正音文献""十全福""清末民初京味儿小说书系""清末民初京味儿时评书系" 八个系列，其中域外汉语教科书文献地位尤为重要，涵盖了《老乞大》《朴通事》《语言自迩集》《官话指南》《官话类编》《北京话语音读本》《汉语口语初级读本》等文献，成为北京话研究、近代汉语研究学界关注的新材料。

自此，域外汉语口语教学文献正式进入近代汉语词汇研究的视野，并逐步得到汉语史、汉语本体学界的关注。正如学者所言，"域外汉籍文献为研究近代汉语词汇提供了可作佐证的新语料，充分利用这些语料能进一步深入开拓近代汉语词汇学的研究"。[③]

---

① 汪维辉编：《朝鲜时代汉语教科书丛刊》。汪维辉编：《朝鲜时代汉语教科书丛刊续编》，中华书局，2011 年。

② 参看张西平：《西方人早期汉语学习史调查》(上)(第三编：文献)，中国大百科全书出版社，2003 年。

③ 徐时仪：《近代汉语词汇学》，第 70 页。

第二节　回顾：《自迩集》及其语料研究之现状

一、由文献编译开启的多领域探索

学界对《自迩集》专书的关注始于20世纪末21世纪初《自迩集》中译本的出版及其对于北京官话语音研究重要价值的发掘。一方面，张卫东收集了《自迩集》第二版三卷原文，对原书的英文注解部分进行了翻译及注释，并将三卷内容合并到一卷，于2002年正式出版《语言自迩集——19世纪中期的北京话》。① 另一方面，《自迩集》保留的北京官话读音资料成为研究19世纪北京官话语音问题的热点，张卫东（1998，2002）依据该书中保存的语音资料推论了其北京音系，及北京音何时成为官话标准音等问题。②

几乎同时，国际学界也讨论了《自迩集》选取北京官话作为学习的对象语言的背景与意义。高田时雄（2001）分析北京官话替代南京官话的过程，论证了威妥玛及其编写的《自迩集》系列教材顺应了北京话在19世纪末作为外交的共同语中的优势地位，推动和促成了北京官话的胜利。③ 也有海外学者在日本北京官话教育的大背景下专文讨论了《自迩集》对明治时期北京官话教材的影响。④

在国内，《自迩集》的编译出版使更多学者可以方便地利用该书资源，相关语音资料的应用性研究更是开启了国内各领域探索的大

① 以下引述时简称为中译本。该译本仅包含《自迩集》第二版的部分内容。

② 张卫东：《威妥玛〈语言自迩集〉所记的北京音系》，《北京大学学报》1998年第4期。张卫东：《试论南方官话的形成及其地位》，《深圳大学学报》1998年第3期。张卫东：《北京音何时成为汉语官话标准音》。张卫东：《从〈语言自迩集·异读字音表〉看百年来北京音的演变》，《广东外语外贸大学学报》2002年第4期。

③ 高田時雄：《トマスウェイドと北京官話の勝利》，狹間直樹编：《西洋近代文明と中華世界》，京都大學學術出版會，2001年。

④ Paul Sinclair. Thomas, Wade's Yü yen tzu êrh chi and the Chinese Language Textbooks of Meiji-Era Japan．*Asia Major*, Vol.16, 2003.

门，从观念上重塑了学界对早期西人汉语研究著述的刻板印象。这一点在张卫东为中译本所做的“序言”中得到了充分的展示：

> 这是用威妥玛式拼音记录北京话的大部头数据集，堪称百多年前北京话口语的精彩实录，19 世纪西方描写语言学和比较语言学同北京话研究相结合的高素质结晶，第一部以当时北京话口语为对象的描写语言学巨著。书中对北京话语音、词汇和语法方面所做的记录与分析，精确可信、丰富多彩，学术价值甚高。[①]

《自迩集》中译本的编者高度肯定了其各个方面的价值，为新世纪《自迩集》的研究定下了基调，大大催生了学界挖掘《自迩集》多元领域价值的热情。

作为早期西人汉语教科书，《自迩集》首先得到了国际汉语教育史领域的热烈关注。张德鑫（2002）高度评价了《自迩集》对于对外汉语教育史研究的价值，并鼓励国内学者通过研究《自迩集》反思如何进行对外汉语教学，如何编写对外汉语教材。[②] 此后一段时间的研究也主要以此为主题。施光亨（2005）概览性地介绍了《自迩集》作为教材在内容讲解、学习方法、练习等方面的特色。[③] 鲁健骥（2004）对《自迩集·践约传》的编写方式、语言注释和教学效果进行了探索。[④] 李云龙（2009）从文化接受与干预的角度讨论了《自迩集》的编写方式。[⑤] 赵金铭的（2010）以《自迩集》为例分析了早期西人利

---

① 张卫东：《〈语言自迩集：19 世纪中期的北京话〉译序》，载威妥玛著，张卫东译：《语言自迩集：19 世纪中期的北京话》，第 1 页。

② 张德鑫：《威妥玛〈语言自迩集〉与对外汉语教学》，载张德鑫编：《对以英语为母语者的汉语教学研究》。

③ 施光亨：《历史上的汉语教学：向着第二语言教学走出的第一步》，载李向玉、张西平、赵永新编：《世界汉语教育史研究》，澳门理工学院出版社，2005 年。

④ 鲁健骥：《〈践约传〉——19 世纪中叶中国人编写的汉字简单读物》，《国外汉语教学动态》2004 年第 4 期。

⑤ 李云龙：《〈语言自迩集〉的文化接受、干预与对外汉语教材的编写》，《课程·教材·教法》2009 年第 5 期。

用词组进行汉语教学的尝试。①

同时，根据日本学者的研究，《自迩集》对于19世纪日本汉语教育从“唐话”转向北京话具有标志性意义，且在日本存在大量抄写和改编的版本。②早在20世纪六七十年代，就有日本学者从日本汉语教育史的角度对《自迩集》及其在日本的改编本进行了有益的探索。20世纪末21世纪初，六角恒广关于日本汉语教学与教科书的系列研究翻译引入国内。③这批成果在21世纪初得到了国内学界，特别是国际汉语教育史领域的关注，将日本明治时期的北京官话教科书与《自迩集》的个案研究联系起来，形成了有机的互动与整合。李无未（2007）作为主导，不仅回顾了相关文献资料，而且从理论层面探讨了如何研究和利用这一类文献资料的问题。④此后涌现了一批相关研究，主要是围绕《自迩集》流传到日本后对明治时期中国语教科书的影响，以及日本的相关改编本的情况。⑤在此基础上，李无未主编的“东亚汉语史书系”中已有部分以专著形式全面系统探讨了明治时期汉语教科书词汇、语法等各方面问题。⑥

由于《自迩集》与日本明治时期汉语教科书的密切联系，已有的关于日本明治时期北京官话课本文献、词汇的研究，不仅为本文的研究提供了分析讨论的范式，而且为我们提供了“从后往前看”的视

---

① 赵金铭：《汉语句法结构与对外汉语教学》，《中国语文》2010年第3期。

② 参看六角恒广著、王顺洪译：《日本中国语教育史研究》，北京语言大学出版社，1992年（原为东方书店1988年版），第92页。

③ 参看六角恒广著、王顺洪译：《日本近代汉语名师传》，北京大学出版社，2002年。

④ 李无未：《日本明治时期北京官话教科书研究的基本问题》，《吉林师范大学学报》2007年。

⑤ 如陈珊珊：《〈亚细亚言语集〉与十九世纪日本中国语教育》，《汉语学习》2005年第6期；李无未、陈珊珊：《日本明治时期的北京官话“会话”课本》，《世界汉语教学》2006年第4期；李无未、邸宏香：《日本明治时期北京官话语音课本和工具书》，《汉语学习》2007年第6期；陈珊珊《〈语言自迩集〉对日本明治时期中国语教科书的影响》，《吉林大学社会科学学报》2009年第2期。

⑥ 李无未：《东亚视阈汉语史论》，厦门大学出版社，2014年。陈明娥：《日本明治时期北京官话课本词汇研究》。杨杏红：《日本明治时期北京官话课本语法研究》，厦门大学出版社，2014年。

野，即通过已有的日本明治时期汉语教科书研究来观察《自迩集》的词汇特点和价值。

另一方面是从汉语本体角度，即语音、语法、词汇等方面开展《自迩集》专题研究。这一方面研究的实质在于把《自迩集》留存下来的书面材料看作是真实可信的 19 世纪北京官话口语语料库，应用于音韵语音、词汇语法等方面的研究。

语音方面，张卫东以“语音记录与官话之争”打开了《自迩集》研究的突破口。进一步来看，《自迩集》全书中保存的汉字注音、读音练习册、汉字字表以及这些记录的载体——威妥玛拼音方案，都是《自迩集》中珍贵的语音信息。前者例如张卫东（2002）、高晓虹等（2006）对书中《异读字表》和散见的入声字的研究。① 后者如孙伟杰（2009）对《自迩集》中的威妥玛拼音形式的考察，② 黄畅（2014）对《寻津录》(1959）与《自迩集》中的北京话音节表的对比分析。③

语法方面，《自迩集》实质上面向西方汉语学习者，用英语母语者可理解的语法阐释体系来构建的教科书，不仅是书中专论语法的“言语例略”章，还是散见于英文翻译、注释中对汉语语法现象的观察与分析，都是时人对当时汉语语言现象的客观观察与记录，尤为值得语法学界的关注。张卫东（2003）是国内首个以威妥玛的汉语语法观念为主体的研究，文章对其语法思想的梳理主要围绕的还是威妥玛“序言”中自述的内容。④ 研究近代汉语的日本学者中，内田庆市（2004，2009，2010）较早地从中西语言观念的差异入手，深入探究了西人进行汉语语法研究的优势，并选取《自迩集》中的语法论述探

---

① 张卫东：《从〈语言自迩集·异读字音表〉看百年来北京音的演变》，《广东外语外贸大学学报》2002 年第 4 期。高晓虹、刘淑学：《〈语言自迩集〉中的入声字读音》，《语言教学与研究》2006 年第 6 期。

② 孙伟杰：《“威妥玛式”拼音研究》，吉林大学 2009 硕士学位论文。

③ 黄畅：《威妥玛〈寻津录〉研究》，上海师范大学 2014 硕士学位论文。

④ 张卫东：《评威妥玛“汉语词的多功能性”之说》，载姚小平编：《海外汉语探索四百年管窥》，外语教学与研究出版社，2008 年。

究了其汉语语法研究的先驱性。[①] 宋桔（2015）作为《自迩集》语法内容的专门个案研究，借助“元语言”理论挖掘《自迩集》汉语语法阐释的方式与特点，横向引入同时代西人的汉语语法著述，纵向引入清末小学与近现代汉语语法研究成果，比较分析《自迩集》的汉语语法论述及其价值。[②]

词汇方面研究，主要指利用《自迩集》文本中保存的清代北京官话词汇进行的专题研究。张美兰（2007）是国内最早的专题讨论，不仅例证了《自迩集》中随文翻译、解释、注音对于我们了解当时的北京官话口语词汇的重要性，而且提出该书的价值在于“为系统研究北京口语词提供了较丰富的早期书面例证”。[③] 相关内容经修订又收入《明清域外官话文献语言研究》(2011)。[④] 党静鹏（2011）举例性地分析了《自迩集》中双音节、俗语、成语、谚语等材料的面貌，同时强调其对词汇现象和构词理论分析的先进性。[⑤] 值得重视的是，清代的满汉教科书《清文指要》实际上与《自迩集·谈论篇》的内容密切相关，张美兰、刘曼（2013）对包括《自迩集·谈论篇》在内的七个版本的《清文指要》的内容进行了考察，形成了重要的文献对比数据。[⑥]

国际上的相关词汇研究主要集中在日本。冰野步（2011）以满族旗人语“阿哥”为中心，讨论从《清文指要》到《问答篇》和《语言自迩集》中“阿哥”的使用情况。[⑦] 这也从侧面佐证了藤田益子（2008）的观点，即从《清文指要》到《问答篇》及《语言自迩集》，

① 内田庆市：《近代西人的汉语语法研究》，载邹嘉彦、游汝杰主编：《语言接触论集》，上海教育出版社，2004 年，第 258—275 页。内田庆市：《关于〈语言自迩集〉的若干问题》，载日本关西大学亚洲文化交流研究中心编《亚洲语言文化交流研究》，上海辞书出版社，2009 年。内田庆市：《〈语言自迩集〉源流及其在日本的传播》，载复旦大学历史地理研究中心编《跨越空间的文化：16—19 世纪中西文化的相遇与调适》，东方出版中心，2010 年。

② 宋桔：《〈语言自迩集〉的汉语语法研究》。

③ 张美兰：《〈语言自迩集〉中的清末北京话口语词及其贡献》，《北京社会科学》2007 年第 5 期。

④ 张美兰：《明清域外官话文献语言研究》。

⑤ 党静鹏：《〈语言自迩集〉的词汇学价值》，《河北大学学报》2011 年第 5 期。

⑥ 张美兰、刘曼：《〈清文指要〉汇校与语言研究》，上海教育出版社，2013 年。

⑦ 冰野步：《〈語言自邇集〉成立過程における語彙の変遷—旗人語“阿哥”を中心に》，《关西大学中国文学会纪要》2011（3）。

开始慢慢摆脱满语的影响。此类研究从一个微观的问题切入，整合域外汉语相关文献，从中分析论证词汇的演变。①

二、语料整理应用与文献版本研究

如果“语料”在这里是泛指形、声、义各个层面的语言材料，那么我们可以将《自迩集》语料的应用研究分为三个部分。

第一部分是利用原书中借助威妥玛拼音留存下来的线索分析和研究19世纪中期北京官话口语的发音情况与特征。这一部分最早得到国内语言学家的关注，并已取得了重要的成果。第二部分是以原书保存的时人对汉语语法的认识以及记录的书面材料的句子为分析对象，从汉语语法史的角度来考察编写者对汉语的认识和理解。第三部分是利用原书中记录的书面材料研究19世纪中期北京官话口语词汇的特点和性质，同时将这一语料视作论证和分析这一时期近代汉语的基础材料，并将其实际应用到语言分析或词典编纂之中。根据上一小节的综述，前两部分已有较为充分的相关研究。第三部分即狭义的“语料”，正是本书的核心所在。

（一）语料应用研究的成果与问题

如前一节所述，自21世纪初始国内学界打破了历史的与语言的隔阂，域外汉语文献已正式进入了国内学界的研究视野，成为研究近代汉语的新材料。其中《自迩集》作为早期西人汉语教科书的代表性文献，发掘之初即得到了学者的高度肯定，更被誉为亟待开发的北京官话口语语料的“富矿”：

> 书中对北京话语音、词汇和语法方面所做的记录与分析，精

① 藤田益子：《威妥瑪和漢語会話課本從〈語言自邇集〉考察威妥瑪所追求的語言境界（一）〈語言自邇集〉，〈問答篇〉和〈清文指要〉的对照》，《新潟大学国際センター紀要》2007（3）。

确可信、丰富多彩，学术价值甚高，……堪称百多年前北京话口语的精彩实录。①

《语言自迩集》是一部反映清末北京方言口语词汇面貌特征的历史文献，其中英文注解与汉文注解并重，真实地记录了当时北京口语里的特有词语、特有的读音或特殊含义。该书对研究清末北京口语词汇、北京方言词汇史也具有重要的学术价值。②

与此同时，在近代汉语基础语料的专题研究中，《自迩集》也越来越受到关注。高小方、蒋来娣（2005）是“汉语史语料学”的专书，该书在讨论清代汉语史料时在“教科书类”下简要列举了《语言自迩集》《华音启蒙谚解》《你呢贵姓》《学清》四部。③ 徐时仪（2013）在词汇研究文献部分提到“会话书”是“给母语不是汉语的人学习汉语用的教科书，因而多以当时的共同语为标准，具有一定的典范性，是研究近代汉语的极好材料”，文中提到《老乞大》和《朴通事》系列，以及清代的《语学举隅》《西汉同文法》《官话指南》《汉语入门》和《自迩集》，并评述《自迩集》为“19 世纪中期北京话口语的精彩实录”。④

如果说观念上的转变是某些文献得以应用的前提，那么资料的版本考察则是科学、有效地对其加以利用的先决条件。太田辰夫（2003）强调了在近代汉语研究中，版本鉴定的重要性。他分析了高明凯（1948）中介词“打”的语料年代问题，并由此提出了一个观点，“在语言的历史研究中，最重要的是资料的选择。资料选择得怎么样，对研究的结果起着决定性的作用”。⑤

以此观点来看《自迩集》相关研究，可见该书语料应用的拓展、

---

① 张卫东：《〈语言自迩集：19 世纪中期的北京话〉译序》，载威妥玛著，张卫东译：《语言自迩集：19 世纪中期的北京话》，第 1 页。

② 张美兰：《〈语言自迩集〉中的清末北京话口语词及其贡献》，第 83 页。

③ 高小方、蒋来娣编著：《汉语史语料学》，北京高等教育出版社，2005 年，第 273 页。

④ 徐时仪：《近代汉语词汇学》，第 67 页。

⑤ 太田辰夫：《中国语历史文法 · 跋》，载太田辰夫著，蒋绍愚、徐昌华译：《中国语历史文法》，北京大学出版社，2003 年，第 373 页。所讨论的文章是高明凯：《唐代禅宗语录所见的语法成分》，《燕京学报》1948 年第 34 期。

深入皆与文献版本调查密不可分的。

2002年出版的《自迩集》编译本不仅是对该书个案的首次探考，更是为学界提供了可资利用的文本资料，缩短了百年来尘封于图书馆书架上《自迩集》与国内学者的距离。① 编译本的出版中止了很长一段时间里《自迩集》、“威妥玛拼音”停留在书目介绍、词典条目的状况，启迪或直接开启了一批相关领域的多元调查与研究，大大推动了21世纪初期的《自迩集》相关语料应用研究。

编译本对原书的英文注解部分进行了翻译及注释，并将三卷内容合并到一卷。翻译虽有利于读者更快地进入这一文献，但从性质上说属于第二手资料。我们明显发现21世纪初利用《自迩集》展开的语料应用研究大多局限于第二版资料，多为“片段式而非系统性研究，……而非初版或完整三版”②。我们还发现，在国内直接引用《自迩集》中译本语料进行分析的已有研究中，对该书版本的模糊处导致了引证、应用上的一些问题。所幸，《自迩集》第一版和第二版的中英文卷已于2017年末影印出版，《自迩集》全书资料的一部分内容已可供研究者直接利用。③ 编译本也于2019年出版了修订的第二版。④

例如，已有研究利用《自迩集》的语料来讨论近代汉语虚词“给”的多义性，但将《自迩集》不同章节的语料完全作为均质材料来处理，未考虑语料在时间、来源上的差异，影响了其对“给”多义项沿革论证的科学性。⑤

通过材料考察，我们发现在《自迩集》中并没有出现标准的

---

① 目前的文献藏本调查可知，除了海外藏本，上海的徐家汇藏书楼、国家图书馆、北京大学图书馆等单位均藏有《自迩集》的完整版本，但2002年该书编译出版时这些国内藏本并未进学入者的视野。关于国内藏本可参看本书第二章第四节。

② 内田庆市：《〈语言自迩集〉的汉语语法研究·序文》，载宋桔：《〈语言自迩集〉的汉语语法研究》，第1页。

③ 威妥玛：《语言自迩集（第一版）影印本》，北京大学出版社，2017年。威妥玛《语言自迩集（第二版）影印本》，北京大学出版社，2017年。

④ 威妥玛著，张卫东译：《语言自迩集：19世纪中期的北京话》（第二版），北京大学出版社，2019年。

⑤ 李炜、李丹丹：《〈语言自迩集〉中含“给”字的给予句及其给予义的表达》，《文史哲》2004年第4期；李炜、李丹丹：《清中后期两种北京话口语材料中含“给”字的给予句及其给予义的表达》，《兰州大学学报》2008年第2期。

“给”字被动句，只有一些同“叫”“让”用法的“给”，从原书翻译来看，《自迩集》编写者也没有把它们理解为被动句：

（1）若是不能的事情就罢了、既然应承了、又不赶紧的办、只是给人家耽搁着、是甚么意思呢。

（翻译）but when you have undertaken a thing，what do you mean by keeping people waiting，instead of making all the haste in your power?（谈论篇 1.1p.195；2.1p.212；1.2p.15；2.2p.274）

根据排查，全书“给”字后出现的宾语都是有生命的，未见无生命宾语的用例，有生命的宾语更倾向于理解为致使的对象。

同时，“给”字句还出现在与“把”字句套合的环境里，根据现代汉语语法，这些句子也应归为“让”“叫”的兼语句：

（2）通知里头太太们、把小儿带进去、给太太们瞧瞧。（谈论篇 1.1p.144；2.1p.167）

（3）我想情度理、不肯把那扇子给老太太看。（践约录 2.1p.250）

（4）我借给人钱，是把我的钱拿给人使。（散语章 1.1p.44；2.1p.70）

由此我们认为《自迩集》中并没有收录“给”字被动句，即使在口语层面已经出现了可作为被动句理解的“给”字句，该书的编写者也没有充分认可这一用法。《自迩集》中没有出现翻译为被动句的“给”字句，没有把“给”放在被动标志词语中讨论，都是基于编写者对某这一句式的语义观察和理解，我们没有理由抛开编写者的英语语义翻译，单方面地将某些句子归为某一种用法。

又例如，有研究援引《自迩集》的例句来论证清代已经出现了表被动的“让”：

俗语儿说得好、银钱如粪土、脸面值千金。咱们俩从前是怎么样儿的相好来着、要让你白说了这句话、那不是前功尽弃了吗。The proverb says well，'Money is but dirt：One's reputation is worth any sum'[And mine is engaged in this matter]. We two were as great friends once upon a time as it was possible for us to be，and it would be to ignore all our past claims on each other，wouldn't it，if I were to let you tell me the story you have told me to no purpose?（践约录 2.1p.280；践约录 2.2p.357）

单以中文看，确如研究者所言，这个句子可看成"是用'让'来介引施为者，表达了相应的被动观念"[①]。但结合《自迩集》英文原文翻译来看，编写者并未在翻译中表现出"要让你白说了这句话"中的"被动观念"，而给出了一个使役动词引导的主动语态句。

可见，不完整的《自迩集》也就失去了这份"宝藏"的全部价值。更为全面的藏本版本调研，更为深入的《自迩集》编写背景与历史环境调查，更大范围的全书勘定整理当为《自迩集》进一步研究不可或缺之基础。

在北京官话词汇研究的大背景下，现有的《自迩集》词汇语料研究主要分为两个部分。一是以单篇论文形式展开的专题研究，如张美兰（2007）强调了《自迩集》所存词汇资料的口语性特征；[②]党静鹏（2011）以举例的形式展现了《自迩集》丰富的词汇类型。[③]二是整合利用多种域外文献中的词汇语料进行的系列研究，其中涉及《自迩集》词汇语料的研究，如张美兰、陈思羽（2006）对清末民初北京口语中的话题标记的比较整理。[④]

以目前《自迩集》词汇语料研究的情况来看，虽然以单篇论文形

① 屈哨兵：《被动标记"让"的多角度考察》，《语言科学》2008 年第 1 期，第 39 页。

② 张美兰：《〈语言自迩集〉中的清末北京话口语词及其贡献》。

③ 党静鹏：《〈语言自迩集〉的词汇学价值》。

④ 张美兰、陈思羽：《清末民初北京口语中的话题标记——以 100 多年前几部域外汉语教材为例》。

式展开的专题研究和整合性的多来源对比研究对《自迩集》专书词汇的特点已有了相当程度的调查，也明确提出了《自迩集》对于近代汉语词汇研究的重要价值，然而，以《自迩集》系列的具体内容来看，单篇论文展开的专题研究在词汇分析上只能是列举性的，无法通过量化统计全面、系统地分析论证《自迩集》词汇语料的特点。以与《自迩集》之相关的系列文献的复杂性来看①，在多来源文献的对比研究中，《自迩集》词汇内容本身的个性并未能得到穷尽性的考察与深入的挖掘。而上述两点正是本文希望能有所突破的地方。

（二）版本文献查考的成果与期待

有学者指出汉语词汇学研究相对滞后的原因有二，其一是缺乏足够的含有口语的白话文献语料来说明词义的变迁；其二是缺少对近代汉语某一时代、某一典型白话文献“整体观照”的研究。②根据已有研究，随着中土文献与域外文献的结合，北京官话词汇的研究视野日益扩大。而当口语的白话文献资料愈来愈丰富之后，对于每项文献资料细致而深入的调查分析则显得愈加迫切起来。

回顾来看，早期《自迩集》的版本研究主要集中在日本，该书系列文献从20世纪50年代开始就备受日本“近世汉语”学界的关注。当时的研究已涉及了该书的版本流传、成书过程、作者及价值评价等诸方面。文献方面，太田辰夫（1951）详述了与北京话相关的西人汉语语法文献，并对《自迩集·谈论篇》的底本进行了探讨。③尾崎实（1965）为《自迩集》的日存初版改定本和第二版做了词汇索引，奠定了专书研究的基础，同时明确指出《自迩集》各章语料来源不同。④

这些成果中的一部分虽已在20世纪末作为日本汉学研究成果介

① 包括不同章节的编写底本，与原书内容相关的前期试验性课本等内容将在第二章详述。

② 徐时仪：《近代汉语词汇学》，第23页。

③ 太田辰夫：《清代北京語語法研究資料について》，《神戸外大論叢》，1951（2，1）。

④ 尾崎實：《〈語言自邇集〉解說〈語言自邇集〉語彙索引（初稿）》，《明清文学言語研究会会報》1965（单刊9）。

绍到国内，却多局限于一隅。以六角恒广的《日本中国语教育史研究》为例，该书第二章对《自迩集》的作者情况、三个主要版本构成目录以及全部八个章节的内容作了系统的介绍。此书初版于1988年，1992年由王顺洪翻译并在国内出版。① 然而，该书多限于外国汉语教学史的范畴，其中关于相关文献版本研究的成果直到21世纪初才得到国内汉语语言学界的关注。

进入21世纪，更多的《自迩集》版本文献相关的海外成果直接在国内出版，与国内学界产生了有益的互动。内田庆市的《关于〈语言自迩集〉的若干问题》(2009) 不仅概述了日本对《自迩集》版本研究的相关成果，特别是对《自迩集》成书源流进行了初步的考察与推断。在前人基础上梳理出了"《清话百条》(1750) →《清文指要》(1809) →《问答篇》(1860) →《语言自迩集〈谈论篇百章〉》(1867)；《语言问答》(年代不确) ② →《语言自迩集〈散语十八章〉》(1867)"成书过程。其中还对《语言问答》与《自迩集》的关系进行了考述。③ 内田庆市（2010）重点考察了《语言自迩集》在日本的一个抄本和两个部分内容改编本对于《自迩集》个案语料应用研究的价值和意义，提供了很多值得关注的观察角度。④

相应的，日本国内的《自迩集》个案语料应用研究一直强调多版本、多来源文献的比较分析模式，与版本文献分析紧密相连。例如内田庆市（2001）不仅综合利用了《自迩集》三版资料，以及与《自迩集》编写相关的西人汉语研究论著。⑤ 藤田益子（2007）⑥ 通过三者的

---

① 六角恒广著，王顺洪译：《日本中国语教育史研究》。

② 《语言问答》内容与《自迩集》相关，关于《语言问答》的版本问题，参看本书第二章第四节。

③ 内田庆市：《关于〈语言自迩集〉的若干问题》。

④ 内田庆市：《〈语言自迩集〉源流及其在日本的传播》。

⑤ 内田慶市：《"您"に関わることがら》，载内田慶市：《近代における東西近代言語文化接触の研究》，関西大学出版部，2001：395—421. 本文的译文发表于《国际汉学》(第22辑)，内田庆市著，宋桔译《与"您"有关的问题》，载张西平主编《国际汉学(第22辑)》，大象出版社，2011年。

⑥ 藤田益子：《威妥瑪和漢語会話課本従〈語言自邇集〉考察威妥瑪所追求的語言境界(一)〈語言自邇集〉，〈問答篇〉和〈清文指要〉的対照》，《新潟大学国際センター紀要》2007 (3)。

语言对比，探究《自迩集》收录语料的标准及版本间的变迁。这些语料应用与版本文献结合的分析模式为本文的展开提供了值得借鉴的研究范式。

在前一节提到的国内学界对西人汉语著述文献态度转变的大背景下，也有越来越多的学者开始关注《自迩集》文献版本的问题。2002 年，张德鑫在英国牛津大学“对以英语为母语者的汉语教学研究”研讨会上也偶遇《自迩集》第二版，并请鲁健骥翻译了前两版的序言。[①] 此后，胡双宝（2002）依据六角恒广《日本中国语教学书志》[②] 补充了《自迩集》在日本的流通研究情况，成为国内《自迩集》研究中利用日本已有成果的首次尝试。[③] 王澧华（2006）对上海所藏三版《自迩集》的编刊流通情况进行了描摹与分析，对编者人物进行了考据整理。[④] 这些成果成为国内《自迩集》文献和版本研究的有益探索。陈辉（2010）对包括《自迩集》在内的 19 世纪东西洋士人留下的有关汉语官话的文献史料进行了梳理。[⑤] 宋桔（2010，2011，2012，2013，2016）在博士论文研究课题的主体框架下，持续关注《自迩集》的版本文献问题，对《自迩集》三版双语文献语料性质、国内藏本及存世文献的调查，该书在 19 世纪的实物流通情况，与之相关的佚名汉语教材《语言问答》以及威妥玛的汉语教师应龙田的生平行迹进行了考察。[⑥]《自迩集》不同章节内容的文本调查方面，黄善清（2015）对比分析了第二版新增的《践约

---

① 鲁健骥：《〈语言自迩集〉初版序言、〈语言自迩集〉再版序言》，载《对以英语为母语者的汉语教学研究》。

② 六角恒广著，王顺洪译：《日本中国语教学书志》，北京语言大学出版社，2000 年。

③ 胡双宝：《读威妥玛著〈语言自迩集〉》，《语文研究》2002 年第 4 期。

④ 王澧华：《〈语言自迩集〉的编刊与流传》，载《对外汉语研究》（第 2 期），商务印书馆，2006 年。

⑤ 陈辉：《19 世纪东西洋士人所记录汉语官话》，《浙江大学学报》2010 年第 6 期。

⑥ 宋桔：《清末佚名〈语言问答〉研究》，《或问》2010 年第 19 辑。宋桔：《〈语言自迩集〉的文献和语法研究》，复旦大学 2011 年博士学位论文。宋桔：《〈语言自迩集〉之协作者〈瀛寰笔记〉之主角》，《或问》2012 年第 22 辑。宋桔：《〈自迩集〉诸版本及其双语同时语料价值》，《语言教学与研究》2013 年第 1 期。宋桔：《国内〈语言自迩集〉存世文献及实物流通研究》，《国际汉学》2016 年第 1 期。

传》章内容中直接采纳或修改自第一版“续散语”章内容的具体情况。[①] 宋桔（2015）在对《自迩集》内部语法阐释内容进行系统分析和整理时注意到了研究对象的“完整性”，以《自迩集》完整的三版中英文双语资料为研究文本，强调了三版流变与中英文资料的互补关照。[②]

另一个备受中日学界关心的问题是《自迩集·谈论篇》与清代满汉合璧教科书《清文指要》等的关系。藤田益子（2007）列举了《自迩集》《问答篇》和《清文指要》中有差别的词汇，由此来挖掘威妥玛所推崇的目标语言。[③] 张美兰、刘曼（2013）将19世纪初至20世纪20年代百年间《清文指要》的流变和改编情况汇录成集，其中涉及了《自迩集·谈论篇》的编写底本《清文指要》以及《自迩集》流传到日本后的多个改编本等七个版本，以表格列举的形式直观地展现了百年间这一语篇内容的演变。[④] 竹越孝（2015）进一步回顾了与《自迩集·谈论篇》相关的满汉合璧会话教材，并以助词“是呢”的演变为例，揭示了满汉合璧会话教材从“满语的汉译”到“汉语的教材”的历史演变，提出的观点是“满汉合璧会话教材的汉语部分对中国本土人士来说可能仅是满文的翻译，但对西方人士而言却是一种纯粹的北京话”[⑤]。

一手资料是文献版本调查的基石。随着学界对《自迩集》文献版本调查的进一步重视与推进，一手文献资料的整理与汇编取得了重要的成果。2015年，内田庆市、冰野步、宋桔编著的《〈语言自

---

① 黄善清：《〈语言自迩集〉泛读材料——〈践约传〉编写研究》，中山大学2015年硕士学位论文。

② 宋桔：《〈语言自迩集〉的汉语语法研究》。

③ 藤田益子：《威妥瑪和漢語会話課本——从〈语言自迩集〉考察威妥瑪所追求語的語言境界》，《新潟大学国際センター紀要》2007（3）。

④ 张美兰、刘曼：《〈清文指要〉汇校与语言研究》。这七个版本分别是：《清文指要》的1809年三槐堂刻本、1818年西安将军署重刻本、1830年五云堂“三合语录”本以及1867年《自迩集》、1879年《亚细亚语言指南语官话部》、1880年《参订汉语问答篇国字解》、1921年韩国《支那语集成·谈论》。

⑤ 竹越孝：《从满语教材到汉语教材——清代满汉合璧会话教材的语言及其演变》，《民族语文》2015年第6期，第74页。

迩集〉研究》在日本出版，该书不仅影印出版了目前图书馆稀见的初版《自迩集》(1867) 以及威妥玛在编写《自迩集》过程中出版的试验课本——《登瀛篇》(1860)、《问答篇》(1860)，而且提供了以上三种文献的中文词汇索引以及部分版本文献研究成果。[①] 该书为《自迩集》个案研究，特别是词汇语料研究的进一步深入提供了重要的助力。[②] 上文提到，作为“早期北京话珍本典籍校释与研究（暨早期北京话文献数字化工程）”的阶段性成果，2016年“早期北京话珍稀文献集成”系列丛书逐步出版，2017 年《自迩集》第一版、第二版部分内容以及 1959 年威妥玛出版的《寻津录》均已影印出版，[③] 为学界《自迩集》相关研究提供了重要的原始资料。

诚然，国内《自迩集》版本研究的步伐晚于东邻，但愈加密切的国内外互动合作，以及影印本等一手资料的整理出版有力推动了该书词汇语料的有效应用研究。

第三节　展望：本文的观察视野与研究方法

综上所述，我们将从以下两个方面展开对《自迩集》所存的 19 世纪中期北京官话口语词汇语料的调查与研究。其一是以《自迩集》文献版本、成书源流、编写者背景、版本间修订校勘等多方面的研究为基础，全面调查该书各章节所存词汇语料的整体特点与内部的非均质性。其二是在全书词汇索引列表的基础上，利用定量统计的技术手段，形成基本的数据，对该书双语、多版本的词汇语料做进一步定性的讨论分析。

---

① 内田慶市、氷野步、宋桔编著：《〈語言自邇集〉の研究》。

② 参见松浦章：《〈語言自邇集の研究〉序》，内田慶市，氷野步，宋桔编著：《語言自邇集の研究》。

③ 威妥玛：《语言自迩集（第一版）》(影印本 2 卷)。威妥玛：《语言自迩集（第二版）》(影印本 3 卷)。威妥玛《寻津录》(影印本)，北京大学出版社，2017 年。

（一）结合文献版本调查分析双语语料

已有学者指出“训诂学”对于汉语史研究的重要意义：

> 汉语史研究的主要对象并非活的语言，而是历代流传下来的文献语言材料，因此摆在汉语史研究者面前的首要任务是广泛收集、认真鉴别、准确识读这些材料，然后才谈得上分析、利用这些材料。如果没有前期的训诂工作，那么对于汉语史研究来说是非常危险的。①

《自迩集》等近代域外汉语教科书文献虽比上古、中古资料更贴近现代的我们，其中的大部分文献甚至已经采用了现代的装帧，保留了详尽的版本目录信息，然而，这些文献是在中西语言接触的历史背景下产生的，其编写者群体性、编写底本源流、流通过程中的改版与修订、不同文献间的相互影响等问题都需要给予更多的关注。这应当是利用专书资料开展研究的先决条件。而这一点，也是本文希望在《自迩集》的专书研究中进行尝试的。

我们认为，内部语言的非均质性、复杂性以及其版本间的差异是《自迩集》文献资料的特点，也是利用《自迩集》文献语料时必须首先明确梳理的问题。

尾崎实（1965）已尤为强调《自迩集》各章节及各版本使用的语言不统一的问题，他曾针对《谈论篇》做过如下阐述：

> 《谈论篇》是《语言自迩集》中都有的一个章节，但我们可以看到在此篇章中使用的语言与其他章节相比更陈旧一些。另外，我们还可以发现随着每次再版时编辑上的修改，在其语言上都会加入新的要素，同时也会删除一些当时已成为特殊场合下才

① 董志翘：《训诂学与汉语史研究》，载董志翘：《中古近代汉语探微》，中华书局，2007年，第40页。

使用的语言或用法。因此，我们应该认识到，即使是清代同一时期的语言，仅以《语言自迩集》为例，根据版本的不同也会有相应的词语添加或删减。（尾崎实《语言自迩集语汇索引（初稿）》1965.10）

各版内容不统一的背后可能正是反映了不同版本编写者的取舍与时代变迁下社会语言环境的发展。对这一点内田庆市曾指出，《自迩集》“第一版与第二版之间的异同也是我们研究近代汉语中的一个重要课题”。①

我们进一步将《自迩集》内部封闭材料的复杂性归纳为三点：第一，该书包括中英双语内容，双语之间既有翻译对照，也有不同话语体系的独立内容；第二，各版本间内容有较多调整，涉及词汇、语法、观念各个方面；第三，各章节内容来源不一，一部分源自满汉合璧教科书，一部分来自编写者自创，有不同的语言风格与内容沿革历史。以上三点问题的明晰就需要以全面、细致的版本文献调查与校勘为基础的。

（二）应用定量统计开展文本定性研究

基础的统计整理包括文献的字数、词数、词频等内容。首先利用文字识别技术对其中三版文献的汉字部分进行转录，经过人工校对，形成电子文本。在转录过程中，保存词汇的原貌，以减少自动分词和标注的误差。尤其注意异体与符号标记，前者如“狠好”中表示“很”语义的“狠”，后者如《自迩集》在第二版中通过在“那”前添加逗号的形式来表示“哪”的语义，等等。

数据分析主要借助了中科院计算所 NLPIR 汉语分词系统（Natural Language Processing and Information Retrieval Sharing Platform），这一平台又名 ICTCLAS2013，主要基于“ICTCLAS 汉语分词系统”（Institute

---

① 内田慶市：《关于〈语言自迩集〉的若干问题》，载日本关西大学亚洲文化交流研究中心编《亚洲语言文化交流研究》，第 26 页。

of Computing Technology, Chinese Lexical Analysis System)。[①] 主要使用的是系统核心功能：自动分词、词性标注与词频统计。同时利用了内田庆市、冰野步在《〈语言自迩集〉研究》(2015) 中对《自迩集》第一版部分内容的词汇索引。[②]

一方面是利用统计工具对《自迩集》中词汇语料字形、语义场、语体特征等方面进行整理，旨在展示《自迩集》词语语料的整体面貌，同时以典型语料列举分析的方式阐释该书词汇语料在语义场和语体语用上的特点。

另一方面是分类整理《自迩集》中文语料部分，词语、单句、对话、语段等内容出现的区域、频次与形式。同时，举例论述《自迩集》双语翻译对照、语义注释等内容提供的具体信息。前者是对《自迩集》内部封闭中文语料的排查，后者则是准确、有效利用《自迩集》双语语料的基础。

蒋礼鸿曾在谈到近代汉语的研究时，欣喜于《敦煌愿文集》等新材料所带来的学术生机。他借此说道：

> 以前人们提到敦煌俗文学，大抵知道敦煌词、变文，然后是王梵志诗，不知道什么是敦煌愿文，敦煌愿文有哪些内容。当我们的研究材料局限在《敦煌变文集》等早期校录的老本子时，我们的研究就会速度逐渐变慢；而当我们获得一批新材料的时候，就会给这方面的研究带来新的生机，掀起新的研究热潮。[③]

语言的发展是复杂的，我们很难确保清楚无误地解释过渡时期内

① NLPIR 自然语言处理与信息检索共享平台，(又名 ICTCLAS2013)，主要功能包括中文分词；词性标注；命名实体识别；用户词典功能；支持 GBK 编码、UTF8 编码、BIG5 编码。新增微博分词、新词发现与关键词提取。线上平台地址：http：//ictclas.nlpir.org/docs。

② 内田慶市、氷野步、宋桔编著：《〈語言自邇集〉の研究》。

③ 蒋礼鸿：《〈敦煌愿文集〉序》，岳麓书社，1995 年。

所产生的一切语言现象，也很难把这些时期内所发生的语言演化都构拟出来。但是历史文献为我们留下了时间的印迹，后来者需要在这些不连贯的“印迹”中摸索出历史发展的脉络。张卫东说过，“对于中国语言学史、北京话史、普通话史、近现代汉语史及汉语教学史研究，《语言自迩集》都具有划时代的意义”①。我们现在将《自迩集》的文献版本调查和词汇语料价值作为本次研究的主体，核心目的是为近代汉语、清代北京官话的研究提供一份可资参考的材料，从而为这一材料的有效应用贡献一份力量。

① 张卫东：《〈语言自迩集：19 世纪中期的北京话〉译序》，载威妥玛著、张卫东译：《语言自迩集：19 世纪中期的北京话》，第 1 页。

第二章
文献与流通:《自迩集》版本考察与系列文献

我们不能仅仅判别一个文件所述者为真为伪，更重要的是去了解它究竟代表些什么意思，即使他的话是不可信的，我们也要更进一步地追问它何以不可信。

——余英时 ①

本章是对《自迩集》其人其书的考究，旨在明晰该书的编写背景与成书历程，在前人的基础上，进一步开掘这一“雪藏”百年的历史文献。

编写者方面，本章通过史料文献的爬梳整理威氏的行迹，讨论其仕途发展与官话学习间的关系。系统整理该书其他编写者的主要职责与生平情况，同时以中国协助者之一“应龙田”为个案，考据生平并探究其与《自迩集》的关系。通过点面结合，营造作为团队的《自迩集》“编写者”形象。

版本文献方面，结合实际的调查走访，明确《自迩集》的存世藏本与版本情况，细致描摹出海内外正式出版的洋装本、国内出版的线状本等各类文献形式；调查《自迩集》内部各章节的主体内容与语言风格，溯源各部分的撰写背景与参考底本，为下一步的语法本体研究奠定基础。

第一节　其人：19 世纪北京官话的权威见证人

《自迩集》第一版标注的作者是英国驻北京公使馆秘书威妥玛，

① 余英时：《人文主义的历史观——介绍柯林伍德的历史哲学》(1956)，载《文史传统与文化构建》，生活 · 读书 · 新知三联书店，2004 年，第 18 页。

第二版为前任英国驻中国外交官威氏和英国驻北京公使馆秘书禧在明（Walter Caine Hillier，1849—1927），第三版未题作者，为别发洋行（Kelly & Walsh，Limited.）全权代理出版。根据该书“序言”和周边文献的考察，我们认为《自迩集》的编写者实际上是一个包括西人学者与中国文人的“编写团队”，是一个“异语言的外来者”与“内部知识体系传承者”[①]共同协作的团体。他们既处在当时的语言环境之中，又大多具备了良好的学识与基本的语言自觉，我们称之为“19世纪北京官话的权威见证人”。以下，我们将结合史实与《自迩集》原文资料，描述这一全体的概貌与个案。

一、威妥玛：外交官与汉语教育者

威妥玛是清末一位重要的英国外交官，也是英国剑桥大学的首任汉学教授，是集政治与学术为一体的历史人物。作为政客，他曾参与鸦片战争，并与1870年“天津教案”、1875年“马嘉理事件”、《烟台条约》等密切相关，国人对其的评价从蒋敦复所写的《拟曾侯致英夷威妥玛书》(1870)[②]便可见一斑。但应当承认，在客观上，他依然是“一个出色的汉学家”[③]。然而，早期以汉学家为视角的威氏研究主要集中在威氏与剑桥汉学相关的记述中。[④]海外学者关诗珮（2013）从翻译政治的角度讨论了威氏主导的英外交部汉语译员培训等。[⑤]

① 关于晚明汉文西学经典编写过程中“外来者”与“族内人”的互相作用的讨论，可参看邹振环：《晚明汉文西学经典编译、诠释、流传与影响》，复旦大学出版社，2011年，第25—27页。

② 后收于《啸古堂文集》，改名《拟与英国使臣威妥玛书》，表现了时人对当时的英国公使馆参赞威妥玛干涉中国内政的强烈不满。

③ 周振鹤：《关于〈语言自迩集〉中译本的题外话》，载《知者不言》，生活·读书·新知三联书店，2008年，第182页。原刊《文汇读书周报》2002年7月12日。

④ 如艾超世：《威妥玛爵士与剑桥汉学研究一百年（1888—1988）》，《汉学研究》(台湾）1989年第7卷第2期；张国刚：《剑桥大学中国学的历史与现状》，《中国史研究动态》1995年第3期；王小甫：《对〈剑桥大学中国学的历史与现状〉一文的补正》，《中国史研究动态》1995年第10期；阙维民：《剑桥汉学的形成与发展》，载《国际汉学（第10辑）》，大象出版社，2005年。

⑤ 关诗珮：《翻译政治及汉学知识的产生：威妥玛与英国外交部的中国学生译员计划（1843—1870）》，第1—52页。

本文综合利用了国内的研究成果、晚清史料、《自迩集》原文资料、日本近代汉语学者的研究成果①及1895年汉学家考狄（Henri Cordier，1849—1925）在《通报》上发表的《讣告》②、Cooley James编写的威氏传记③、《剑桥大学校友录》档案资料、早期国人西游日记④、清海关总税司赫德（Hart Robert，1835—1911）的日记⑤等中外资料，我们的初步结论是：威妥玛的外交官生涯与他学习汉语、教授北京官话的经历与成就紧密相联。

（一）士兵生涯初涉汉语

威氏1818年8月25日出生于伦敦，是英国苏格兰高地警卫团（the Black Watch）韦德上校之子。儿时曾随父亲居住在毛里求斯（Mauritius，1814—1968年沦为英国殖民地）。⑥1832—1837年在英国著名的男子寄宿中学哈罗公学（Harrow）学习，其间又到剑桥大学的三一学院（Trinity College，Cambridge）学习了一年。剑桥的生活让他有机会沉浸到自己喜爱的外国语言学习之中。⑦

1838年他由父亲送入英军81步兵团，1839年进入皇家第42苏格兰高地联队士兵团。首次服役时来到爱奥尼亚群岛，在那里他利用空余时间学习了拉丁文与和现代希腊语。1841年升为陆军中尉，服役于98步兵团，第二年随军在香港岛登陆。那时第一次鸦片战争已发展到长江流域，他参与了攻打南京和镇江的战役，亦是他首次真正接触汉语。⑧

---

① 尾崎實：《〈語言自邇集〉解説〈語言自邇集〉語彙索引（初稿）》，《明清文学言語研究会会報》1965（单刊9）；高田時雄：《トマスウェイドと北京官話の勝利》，狭間直樹编：《西洋近代文明と中華世界》。

② Henri Cordier. Thomas Francis Wade，*T'oung Pao*，1895（4），pp. 407—412.

③ Cooley James. T.F. *Wade in China*：*Pioneer in Global Diplomacy 1842—1882*，Leiden：Brill，1981；该传记以威妥玛的外交生涯为主线。

④ 钟叔河编：《走向世界丛书》(第2版)，岳麓书社，2008年。

⑤ 赫德1854—1866年的日记收入凯瑟琳·F.布鲁纳、费正清、理查德·J.司马富编，傅曾仁等译：《步入中国清廷仕途：赫德日记（1854—1863）》，中国海关出版社，2003年；凯瑟琳·F.布鲁纳、费正清、理查德·J.司马富编，陈绛等译：《赫德与中国早期现代化：赫德日记（1863—1866）》，中国海关出版社，2005年。

⑥⑧ Henri Cordier. 1895，p.407.

⑦ 据Cooley James对威氏孙女（Rosalind Herschel Wade Seymour）的采访。参看Cooley James. 1981，p.8.

根据 Cooley James 的记述，威氏最初是在 1841 年来华的船上学习汉语的。当 1842 年 7 月船靠近中国港口时，威氏已成为当时船上唯一能说汉语的人，随即被任命为军队的翻译官。① 值得注意的是，威氏最开始学习的汉语是广东话（Cantonese），② 这与当时军队的驻扎地域密切相关。

（二）步入仕途北京官话

1845 年威氏从英国疗养归来，放弃了在军队的发展，转入仕途。1845 年中开始担任见习翻译官（Student Interpreter）。1846 年，他被指派为香港最高法院（the Supreme Court at Hong Kong）的临时翻译员（Superummerary Chinese Interpreter），该职位实为其事业上的转折点。③1848 年他担任香港总督般含（George Bonham，1803—1863）的私人中文秘书，两人在一起工作了六年，因对汉语和中国文化的共同兴趣而成为挚友。④1852 年威氏因疟疾回国，1853 年 7 月再次回到中国，升任上海副领事（the Vice Consulship），调离香港。⑤

这段时间威氏正式迈入仕途，且节节高升。根据我们的考察，也正是在这一时段，威氏正式开始学习北京官话。

威氏曾在《自迩集》“序言”中谈到指引他关注北京话的是密迪乐（Thomas Taylor Meadows，1815—1868）先生。⑥ 今人认为他就是为威氏开创了“新纪元”的人。⑦

综合两人在中国的行迹，他们应该就是在这一时期结识的。根据密迪乐在《关于中国政府和人民及关于中国语言等的杂录》(1847) ⑧

---

①③ Cooley James. 1981，p.9.
② Cooley James. 1981，p.27.
④ Cooley James. 1981，p.10.
⑤ Cooley James. 1981，p.12. Henri Cordier. 1895，p.407.
⑥ 参看序言 1.1p.vi—vii。
⑦ 凯瑟琳 · F. 布鲁纳、费正清、理查德 · J. 司马富编：《步入中国清廷仕途：赫德日记(1854—1863)，第 50 页。
⑧ Thomas Taylor Meadows.*Desultory Notes on the Government and People of China and on the Chinese Language*. London：Wm. H. ALLEN AXD Co.1847. 该书内容包括了英国对中国和汉语的误解、书面中文的特点、学习中文的困难、北京官话音节表、对汉语声调的简介、满族官员简介等，以下简称《杂录》。

中的自述，他 1843 年奉派至香港任英国驻广州领事馆翻译。大概就是两人都在港的这段时间，威氏有可能读到了密迪乐在《杂录》中提出的“北京话在中国是更加普遍通用的语言”，“是政府工作人员必须学习的语言”[①] 的新见，并受其影响。

密迪乐对威氏进入北京话研究的影响重大，威氏在《寻津录》书名中题写的“To Thomas Taylor Meadows In grateful acknowledgment of his guidance and assistance”（致密迪乐感谢他给予的指导与帮助）即明证。同时，威氏也提出密迪乐总结的北京话发音方案是第一个依据北京话所作的拼写系统，[②] 他在《寻津录》中引用了密迪乐的言论作为论证北京话地位的依据：

> 在远离京城的广州，密迪乐先生 1844 年就在他的论著中告诉我们，政府机构 231 人中有 74 人是北京本地人，15 人来自直隶省。……毫无疑问的是，北京话已经成为官方翻译人员必须学习的语言。（笔者译，《寻津录》序言）

显然威氏在《自迩集》中对这一观点予以了实际的继承和发扬。[③]

如果说密迪乐启迪威氏开始学习北京话的话，那么结识并聘请了中文老师应龙田则使他的北京官话的学习进入了实质性的阶段。根据我们的考究，应龙田虽祖籍浙江兰溪，但生长于北京，后随父亲官迁来到广州，1847 年成为威氏的汉语教师。[④] 他在京的生活经历及官宦出身的背景保证了他能胜任威氏心目中理想的“北京官话”发言人的位置。

结合威氏传记中的记录与王韬日记中应龙田的游英之旅来看，1852—1853 年威氏返英养病期间为了不耽误汉语学习，曾将他的汉

---

① Thomas Taylor Meadows.1847；pp.41—47.

② 参看序言 1.1p.vii。

③ 关于密迪乐拼写法与威妥玛拼写法的关系可参看 Song Ju The Overture of Peking Pronunciation’s Victory：The First Published Peking Orthography，*Journal of Chinese Linguistics*，2020（2）。

④ 详见下一节应龙田的人物考辩。

语老师一并带上，而此人正是应龙田。[①] 由此可见，威氏当时正处于北京官话学习的关键期。

（三）辗转沪港京方案初期

太平天国时期，英、美、法联合接管上海海关管理权。1854 年威氏受命担任上海海关税务司。[②] 亦在此期间，威氏定立了外籍海关官员须具备良好的中文能力、知晓中国文化的传统。[③] 总税务司赫德，也是他的学生之一 [④]，也继承并践行了这一理念。[⑤]

在海关的工作为威氏提供了与中国官员共事的机会，也使他越来越感受到现有译员中普遍存在的弊端，因之更强化了他通过加强语言学习加深中西交流的观念。1855 年 6 月威氏辞去了海关的职务，回到香港担任英国派驻香港的第四任港督宝灵（John Bowring，1792—1872）的中文秘书，并负责来华译员的汉语培训工作。[⑥]

其间，威氏多次提起他的语言培训建议。应宝灵的要求，威氏在 1856 年 3 月设计出一套旨在调查英国来华见习翻译人员的汉语水平及他们对中国的认知情况的调查表，[⑦] 并于 1857 年春天做了一次大规模的测验。调查的结果揭示出了现有语言培训制度的四大问题，其中最大问题即缺乏可供初学者使用的语言教材、词典（a lack of language text books）。[⑧]

---

① 参看 Cooley James. 1981；p.12。此段史料可与王韬《沪城见闻录》咸丰三年六月日记可以相互印证："应雨耕名龙田，直隶人，籍浙江金华府。六月初旬从海外来，持其居停威君（Thomas Francis Wade）札。"

② Henri Cordier. 1895，p.407.

③ Cooley James. 1981，p.18.

④ 赫德在 1854—1863 年的日记中多次提到威氏，谈到他对自己学习汉语的帮助。见《步入中国清廷仕途：赫德日记（1854—1863）(第 49、138、297 页)。《自迩集》也写于两人交往的时期，见《赫德与中国早期现代化：赫德日记（1863—1866）》(第 500 页注释 6)。

⑤ 参看凯瑟琳・F. 布鲁纳、费正清、理查德・J. 司马富编：《步入中国清廷仕途：赫德日记（1854—1863）》，第 425 页。

⑥ Cooley James. 1981，p.22. 以及序言 1.1pp.iii，v。

⑦ Cooley James. 1981，p.25.

⑧ 其余的三项是：现有汉语教师多来自社会底层、质量堪忧；大部分见习译员缺乏用于语言学习的整块的、充足的时间；政府对翻译人员的地位不够重视，仅作为翻译的工具，忽视了他们作为中西文化交流媒介的功能。参看 Cooley James. 1981，p.26。

以此项调查为基础，威氏向英外交部提交了一份汉语翻译官的教育方案。具体的计划是：第一年，把学生都聚集到香港，集中学习中文和中国文化。外交部负责招聘有经验的中文老师、足够的教材和经费。除了汉语学习之外，这些学生其他事务方面的工作量都降到最低。第一年年末进行考试，成绩优秀者获得职位。第二年开始跟着有经验的翻译人员实习。① 该方案提交时正值战争，当时的政府因时局动荡未完全接受。但威氏的计划并未因此停滞，他在工作之余开始了汉语教材的整理与编写工作。

1859 年，《寻津录》(*The Hsin Ching Lu*：*Book of Experiment*) 在香港出版，附录是一套他创制的“北京话音节表”(The Peking Syllabary)。此书成为威氏开始着手制定汉语拉丁字母注音方法的标志，也是威氏为汉语培训方案撰写的第一本“试验”教材。1860 年 4 月，他又在上海出版了问答式的汉语教材《问答篇》和《登瀛篇》。

为准备天津条约的谈判，威氏被指派为额尔金（Lord Elgin，1811—1863）使团的翻译人员，赴北京工作。值得注意的是当时他曾被评价“官话说得不好，有广东口音”②。他与应龙田往返两地的行程在王韬咸丰年间的日记中多有记录。③1861 年 1 月，威氏被正式任命为英国公使馆官员，第二年擢升英国公使馆汉文正使（Chinese Secretary)。

（四）驻华公使编订《自迩集》

公使馆的工作相当繁忙，工作间隙威氏一边学习汉语，一边在应

---

① 直接史料为 1857 年威氏提交的报告“Confidential Report on Ability of Chinese Interpreters”(关于中文翻译官能力的秘密报告)。文件内容可参看 Cooley James. 1981；pp.19—20；高田時雄：《トマスウェイドと北京官話の勝利》，狭間直樹编《西洋近代文明と中華世界》，pp.131—132。这一报告旨在改革当时应该外交部的来华译员语言培训计划，关于这一计划的具体情况与其对近代翻译学的影响可参看关诗佩：《翻译政治及汉学知识的生产：威妥玛与英国外交部的中国学生译员计划（1843—1870）》，《中央研究院近代史研究所集刊》2013 年第 81 期。

② Cooley James. 1981；pp.27—25.

③ 根据王韬咸丰九年的日记，应龙田 1859 年 6 月 7 日同威氏一起从香港到达上海，6 月 12 日又一同赴北京，在这六天里，两人几乎每天见面饮酒、散步。应龙田不仅以宝剑相赠，而且将自己弟弟应兰皋的儿子应名斋托付给王韬。参看王韬著，方行、汤志钧整理：《王韬日记》，中华书局 1987 年，第 125—127 页。

龙田等多位文人的协助下为他的系列汉语教材准备材料。1861 年夏天，他又向英政府提交了一份更详尽的汉语培训方案，同时开始了培训所需教材的实际编写工作。[①]8 月，方案终于获得了英外交部的认可。[②]

威氏为此有意辞职专心语言培训，但因其工作出色，受到了他当时的上司、英国公使普鲁斯（F. W. A. Bruce）的挽留。1864 年 6 月至 1865 年 11 月在普鲁斯回国期间，威氏担任代理全权公使，[③] 可见威氏是其公务上的得力助手。

1866 年因与商务部的冲突，威氏暂停工作。[④] 这也使他有更多的时间将前期准备好的教材资料整合起来。1866 年 11 月至 1867 年 12 月，威氏离开北京来到上海继续语言研究。[⑤]1867 年他正式出版了《语言自迩集》和《文件自迩集》[⑥]。

完成后，威氏回国休假一年。据当时多部华人出使日记[⑦] 的记载，威氏在休假期间多次接待了中国的使者，处理外交事务。1869 年威氏重新回到中国，续任代理公使。1871 年 8 月 1 日他被正式任命为英国驻华全权公使，任期至 1882 年 8 月 14 日；1876 年 3 月 31 日—11 月 16 日，他曾代办荷兰驻华公使职责。[⑧] 其间，威氏在禧在明等人的帮助下开始了《自迩集》第二版的修订。第二版在他回国三年后，即 1886 年由海关总署在上海出版。同年，因其在汉语教学上的贡献，他获得剑桥大学荣誉文学博士学位。[⑨]

威氏 1883 年回国，三年后将他的 4304 册中文藏书捐赠给剑桥大

---

① Cooley James. 1981；pp.47—48.

② Cooley James. 1981；p.48.

③⑨ Henri Cordier. 1895，p.409.

④ Cooley James. 1981；pp.49—50；Henri Cordier. 1895，p.407.

⑤ Cooley James. 1981；pp.54—55.

⑥ 《文件自迩集》包括如《提交香港政府的书面申请》(1845)、《湖南宝庆府来往文书》(1852) 等事务性的文书资料，同时也另卷出版了翻译和注释。

⑦ 如张德彝《随使英俄记》、刘锡鸿《英轺私记》，张德彝的《欧美环游记》等均有威妥玛与华人赴英外交官交往的记载，收入钟叔河编：《走向世界丛书》，岳麓书社，1984—1986 年。岳麓书社 2008 年重印出版。

⑧ 故宫博物院明清档案部、福建师范大学历史系编：《清季中外使领年表》，中华书局，1985 年，第 33、45 页。

学，[①]1888 年 4 月 21 日被任命为剑桥大学首任汉学教授，直至 1895 年 7 月 31 日去世。[②] 他自 1842 年随英军到中国后，留居长达 43 年之久，其间发表了大量中国国情方面的报道 [③] 及多部重要的汉语研究论著。

翻译官是外事工作中非常重要的职位，尤其在当时的中国，威氏优秀的汉语能力为他在仕途的晋升提供了优势。如刘锡鸿《英轺日记》所言“查英国官例，……其外差者，翻译官仕至总领事而上。威氏由翻译至公使，系属破格”[④]，可见并不是所有的翻译官都能做到驻华公使的，足见威氏的才干与能力。西方历史学家对威氏在华的政治生涯给予了高度的评价，将其一生归结为“一部中英四十年的外交史”[⑤]。

考狄在其身后评价：“作为一名汉学家，威氏因其学习研究汉语的方法而著名”[⑥]。威氏出身英国中上层阶级，拥有良好的教育背景及语言能力，在进入中国后不久，就开始了中文翻译工作。尽管他的中文水平还没有达到钱钟书要求的汉译英文诗歌的要求，[⑦] 但是这一点从《寻津录》《语言自迩集》的题名，以及由其定稿的阅读材料《践约传》中都可见一斑。同时，他具备良好的语言学与语法学、教育学知识，这些都在《自迩集》传达的汉语观念与教材编写理念中得以体

---

① 英国人翟里斯最早对威氏的藏书目录进行了整理，并于威氏去世三年后发表《剑桥大学图书馆藏威妥玛中文、满文书目》(1898) 一文。

② 根据记载，威氏对这一教职，对于继续汉语教学是心向往之的，在剑桥大学大学成立中文教授一职时，威妥玛不但捐赠自己的藏书，更表明他不需要薪水，以促成教席的成立。可参看 J. W. Clark, *Endowments of the University of Cambridge*, Cambridge: Cambridge University Press, 1906, p. 252。

③ 据考狄在威氏《讣告》中的附录：威氏这方面的文章如《中华帝国的军队：包括他们的组织、地域、待遇和状况》发表于《中国丛报》1850 年 3 月、6 月和 7 月。《1849 年中华帝国的状况及其政府》发表于《北华捷报》1850 年 8 月、9 月等。

④ 刘锡鸿：《英轺私记》，岳麓书社，1986 年，第 168 页。

⑤ 参看 Henri Cordier. 1895，p.408。英文原文为：“A fullbiography of Sir Thomas Wade would be at the same time a history of ourdiplomatic relations with China during a period of 40 years”。

⑥ Henri Cordier. 1895，p.410. 英文原文为：“As a Chinese scholar, Wade is known by his method to learn the Chinese language”。

⑦ 参看钱钟书《汉译第一首英语诗〈人生颂〉及有关二三事》(载《七缀集》，上海古籍出版社，1985 年，第 117—178 页）对威氏翻译《人生颂》的评价。

现。他在中国的经历亦成为其汉语研究的优势，考狄将他界定为实践型的汉学家（the practical sinologist），是与那些只留在欧洲书斋里的闭门造车者（sinologists at home）不同的人①。从这几点来看，称威氏为那个时代汉语的“权威见证人”并无过誉。

威氏热心于汉语教育事业离不开他的个人兴趣，也与其所处的时代与外交官身份相关。高田时雄认为是威氏推动了北京话成为国际认可的中国通用语言的进程，他的工作标志着“北京话的胜利”，甚至推动了中国的现代化。②

不论威氏汉语教学工作的政治意义何在，作为一名具备专业语言知识和研究能力的学者，他在强烈的语言教学动力的推动下与编辑团队共同完成了《自迩集》，保留了当时北京官话的口语读音、词汇、对话等第一手的共时资料，留下了西人早期对汉语语法的基础认识，具有深远的历史意义与学术价值。

二、应龙田：汉语老师与协作者

《自迩集·序言》前后八次直接提到“YING LUNG-T’IEN”这个名字。他不仅“是威氏的老师（my teacher，YING LUNG-T’IEN）”，而且“是一位优秀而值得尊敬的受过良好教育的北京人（a fairly educated Pekingese and an admiral speaker）”，并“于1861年去世（He died in 1861）”，参与了多个章节的编写工作。

现有翻译中，鲁健骥将“YING LUNG-T’IEN”音译为“应龙天”；③张卫东录为“应龙田”，但无任何说明；④也有研究者只是无奈地指出“这些未曾留名的‘中国人士’，包括已经具名的YING

① Henri Cordier. 1892，Half a decade of Chinese Studies（1886—1891），*T’oung Pao*，No.5. pp.532—533.

② 高田時雄：《トマスウェイドと北京官話の勝利》，狭間直樹编：《西洋近代文明と中華世界》，p.132。

③ 鲁健骥：《〈语言自迩集〉初版序言、〈语言自迩集〉再版序言》，载《对以英语为母语者的汉语教学研究》，第376页。

④ 参见中译本（2002：10、15、17）。

LUNG-T'IEN，目前皆未考订其生平行事”[①]。

日本学者尤其重视《自迩集》的版本及源流研究，较早就明确了威氏口中的 YING LUNG-T'IEN 就是“应龙田”。但至今对其生平情况仍未完全明晰：

> 关于应龙田的资料稀见，他的详细来历不太清楚。仅知的如：“a good native scholar, born and bred in the capital”（一位优秀的本地学者，在北京出生去世）（《寻津录》序文）“a fairly educated Pekingese and an admiral speaker”（一位优秀而值得尊敬的受过良好教育的北京人）（《自迩集》第二版序文）等。[②]

“YING LUNG-T'IEN”是否就是“应龙田”，他是何方人士？在历史上还有哪些印迹？以下我们主要依据王韬的早期日记[③]，结合其他史料，寻觅这位晚清学人的线索。

---

① 王澧华：《〈语言自迩集〉的编刊与流传》，载《对外汉语研究》（第 2 期），第 185 页。

② 藤田益子：《威妥瑪和漢語会話課本従〈語言自邇集〉考察威妥瑪所追求的語言境界（一）〈語言自邇集〉，〈問答篇〉和〈清文指要〉的对照》，《新潟大学国際センター紀要》2007（3），p.80。

③ 上海图书馆所藏咸丰八年至同治元年《蘅华馆日记》于 1987 年校点出版为《王韬日记》，道光二十九年至咸丰五年的日记只存手稿，目前藏于台湾“中央研究院”史语所图书馆。

王尔敏指出“世传王氏刊行之著述，甚难追寻踪迹。惟其早年手稿，留有道光二十九年（1849）至咸丰五年（1855）之日记，收为蘅华馆杂录六册，则可略见痕迹，至堪珍视。在此数年间之日记，时断时续，而道光三十年（1850）及咸丰元年（1851）者全年缺略”（王尔敏《王韬早年从教活动及其与西洋教士之交游》，载《近代中国与基督教论文集》（第 2 版），第 279 页）。

美国历史学者柯文亦指出“王韬 1852 年 7 月到 1855 年 5 月的日记为手稿，这些日记藏于台湾‘中研院’史语所图书馆中，《苕花庐日志》1849.6.11—22；《苕乡寮日记》1852.7.17—10.12；《瀛壖杂记》1852.10.13—1853.4.17；《沪城见闻录》1853.7—9 月；《瀛壖日志》1853.4.18—1854.1.29；《蘅花馆日记》1854.9.22—1855.5.4”（柯文《在传统与现代性之间：王韬与晚清改革》，江苏人民出版社，1994 年，第 16 页注）。

以下引文中已刊日记均引自《王韬日记》中华书局 1987 年，未刊日记或转引自王尔敏（1981）、柯文（1994），或直接摘自台湾“中央研究院”史语所图书馆所藏手稿，凡转引内容也均已按手稿原文核对。

（一）应龙田生平考据

王韬日记也多次提到一位姓应，名龙田，字雨耕的人，字音上与《自迩集》中“YING LUNG-T'IEN”相符，但此“应龙田”是否即“YING LUNG-T'IEN”？

首先从王韬记述的家庭背景等信息来看：

> 雨耕名龙田，祖籍浙江兰溪人，固武世家。其父谒选至京，遂家焉，后为广东副将，又徙于粤。（《蘅华馆日记》）咸丰八年1858年9月30日）①
>
> 应雨耕名龙田，直隶人，籍浙江金华府。（《沪城见闻录》咸丰三年1853年6月）②

应龙田的父亲是武官，兰溪应氏后人。他祖籍为浙江金华府兰溪县，随父亲在京城长大。后因父亲任广东副将，他又来到广东。

他出身官宦，自然受过较好的传统教育，从小在北京长大，那么威氏称他是“北京人”，是“受过良好教育的优秀的北京话发音人”(序言2.1p.ix)，都是自然的事。更重要的是，他后来去了广东，在那里与到达中国后在港工作的威氏相遇也就更加顺理成章。

再对照威氏的履历，他于1845年至1852年在香港，1846年被任命为对华贸易总管的助理中文秘书，1852年从普通的见习翻译员升任上海副领事，调离香港至上海。1852年因疟疾回国治疗，次年返回上海。③

从威氏在港时间来看，他们两人很可能是在1845—1852年间在南方相识的，这一点与日本学者考订的“1847年威氏雇佣了应龙田

① 王韬著，方行、汤志钧整理：《王韬日记》，第16页。

② 转引自王尔敏《王韬早年从教活动及其与西洋教士之交游》，载林治平编：《近代中国与基督教论文集》(第2版)，宇宙光出版社，1981年，第289页。

③ 参看 Cooley James. T.F，1981；pp.4—6。

作为汉语老师”[①]亦相符。

更为直接的证据是，王韬日记中提到的应龙田1853年从英国返回的经历[②]与威氏1852—1853年回国的时间完全契合：

> 应雨耕名龙田，直隶人，籍浙江金华府。六月初旬从海外来，持其居停威君（Thomas Francis Wade）札，谒见麦公（都思），谓将入教，服膺耶稣。嗣是每日来读圣书。正斋亦来合并。麦公为之讲解，娓娓不倦。(《沪城见闻录》咸丰三年1853年6月）[③]

由此可知，1853年应氏从英国回上海后，多次拜访墨海书馆。有研究者认为王韬最终的信教也有可能是受到了应氏每每来读“圣书”的影响。[④]

同时，王韬在1854年日记中多次提到至英署拜访应雨耕的事例：

> 二十二日戊子，俞碧珊来舍，同赴英署，与应雨耕、孟春农往游。
>
> 二十三日己丑，薄暮，同陶星垣、许桂山至英署访应雨耕，不遇。
>
> 二十五日辛卯，午后至虹口访胡少文不遇，继而雨耕、春农、潞斋至酒肆沽饮。
>
> （《蘅花馆日记》咸丰四年1854年9月）[⑤]

推知当时应氏已作为威氏的中文老师就职于英署。

---

① 高田時雄：《トマスウェイドと北京官話の勝利》，狭間直樹编：《西洋近代文明と中華世界》，p.8。

② 这次旅行后，应龙田将经历口述于王韬，成文后刊于1854年7月号和8月号的《遐迩贯珍》，题名为《瀛海笔记》与《瀛海再笔》，参看王韬《瀛壖日志》咸丰三年七月十一日（1853年8月15日）记述。

③ 转引自王尔敏《王韬早年从教活动及其与西洋教士之交游》，载林治平编：《近代中国与基督教论文集》(第2版)，第289页。

④ 参看张海林：《王韬评传》，南京大学出版社，1993年，第63页。

⑤ 王韬著，方行、汤志钧整理：《王韬日记》，第94页。

王韬在咸丰十年（1860）1月至7月的日记中记录了近五次他和朋友看望应氏的事，或“雨耕宅中煮酒”，或“饭于雨耕宅中”的事，① 还记载了应龙田1860年曾到墨海书馆求医，裨雅各为其治疗的情况。② 据此来看，应氏晚年居于上海，在时间上也与威氏所言的“应龙田于1861年去世”一致。③

王韬日记中所记述的应雨耕的家庭背景、生活环境、旅英时间、沪上工作等细节都与威氏本人生平中的若干时间点、《自迩集》中描述的“YING LUNG-T'IEN”的种种信息相符。这证实了我们最初的猜测：《自迩集》中的“YING LUNG-T'IEN”与王韬日记中提到的“应雨耕（名龙田）”是同一个人。

从王韬日记中，我们看到了王韬与应龙田之间的友谊及王韬眼中应龙田的性格特质。现存的王韬的书信集《弢园尺牍》中有一封“寄应雨耕”的书信，据考写于1856年，王韬这样描述两人的交情：

> 一别三年，素心人远。……韬来海上，以文字交者，固不乏人，以意气交者，足下一人耳。④

由是观之，王韬与应龙田最晚在1853年已结识，并互为知己。根据王韬咸丰九年的日记，应氏1859年6月7日同威氏一起从香港到上海，6月12日又一同赴北京，在六天里，王韬与应龙田两人几乎每天见面饮酒、散步。应氏不仅以宝剑相赠，而且将自己弟弟应兰皋的儿子应名斋托付给王韬，⑤ 可见两人情谊。

关于应氏的性格，王韬曾有两次描写：

---

① 王韬著，方行、汤志钧整理：《王韬日记》，第131、182、187、190页。

② 王韬著，方行、汤志钧整理：《王韬日记》，第157页。

③ 王立群认为应雨耕卒年不考，“1954年后应雨耕携家人定居香港，二人（指王韬和应龙田——引者注）就此失去了联系”（王立群《中国早期口岸知识分子形成的文化特征：王韬研究》，北京大学出版社，2009年，第93—94页），我们以上的分析对这一论断提出了质疑。

④ 王韬：《弢园尺牍》，中华书局，1959年，第15页。

⑤ 王韬著，方行、汤志钧整理：《王韬日记》，第125—127页。

雨耕名龙田，……为人慷慨，以胆略自负，待友至悱恻，意气激昂，亦奇男子也。(《蘅华馆日记》咸丰八年1858年9月30日)[①]

既夕，独往应雨耕寓斋，数语即别。雨耕胸中固无只字，性情乖溜异常，终日唯痼癖于烟云中而已，何足与谈!(《蘅华馆日记》咸丰十年1860年4月14日)[②]

这两次描写差异很大，第一条以应氏的人品、胆略为赞；第二条中似两人出现了意见不合，王韬贬其毫无学识，沉溺烟云。这些文字虽然带有较强的主观色彩，但对于我们认识一个立体的“应龙田”亦有所帮助。[③]

(二) 应龙田与《自迩集》系列教材

日本学者已就应龙田对《自迩集》的贡献作出高度评价，认为他“在威氏的汉语方面给予了决定性的影响”[④]。以下将根据《自迩集》系列资料梳理应龙田的具体职责。

1. 提供作为威氏拼音系统[⑤]基础的词汇表

1855年应龙田主动提供给威氏一份以《五方元音》为基础的词汇表（an index of words），成为威氏进行汉字拉丁字母标注研究的

---

① 王韬著，方行、汤志钧整理：《王韬日记》，第16页。

② 王韬著，方行、汤志钧整理：《王韬日记》，第157页。

③ 笔者已根据应龙田的名号、父亲的职位查找了现存光绪和民国编修的《兰溪县志》，上海图书馆、浙江图书馆所藏的《应氏家谱》等资料，但未见此人相关记录，有待进一步考证。

另孙邦华编《弢园老民自传》曾提到“友人驻挪威公使应雨耕（名龙田，直隶人）转道英国归国”（孙邦华编：《弢园老民自传》，江苏人民出版社，1999年，第203页），但未注出处。1985年《清季中外使领年表》中也并无该条记录，附记于此，以待后续研究。

④ 高田時雄：《トマスウェイドと北京官話の勝利》，狭間直樹编：《西洋近代文明と中華世界》，p.4。

⑤ 威氏开创的汉语拼音方式在《寻津录》中草创，并在《自迩集》三版修订中不断改进，最后由汉学家翟理斯（Herbert Allen Giles）加以完善，称为威氏拼音（Wade-Giles System）。威妥玛拼音在汉学界应用广泛，其影响延续至今。

基础：

> 直到 1855 年，……我的老师应龙田已经主动为我编写了一份词汇表（but my teacher, YING LUNG-T'IEN, had already of his own motion compiled for me an index of words），我把它简化为一个按字母顺序排列的音节表，作为北京话音节附在《寻津录》之中。（笔者译，序言 1.1p.vii）

这份音节表就是后来享誉世界的"威妥玛拼音"的基石。除音节表外，应龙田还协助完成了《寻津录》的词汇检测、编辑工作：

> 一位土生土长在京城的优秀的本地学者检验了这个分类中的词汇和词组，剔除或替换了其中的一些非纯正的口语，把留下来的词汇尽量地组合到一起，或者连在一个纯正口语的句子中，用以说明这些词汇的用法。这个过程并不容易，因为中国的知识阶层熟习的书面用语，要用纯粹的口语来说话是有点困难的，不过他最终还是完成了这个章节，同时也在 1856 年完成了北京话音节表。（笔者译，《寻津录·序言》）

段末提到的北京话音节表及《寻津录》的编写时间帮助我们确认了上文中提到的中国助手就是《自迩集》中提到的应龙田。

2. 果断取消了北京话中的"入声"

应龙田根据他对北京官话的观察，剔除了《五方元音》中那些非北京官话的词汇，将其余部分重新分类；更重要的是，他依据当时北京话的实际读音果断取消了《五方元音》中的第五声，即入声调（re-entering tone）：

> 应龙田制定表格的基础是一部旧版的《五方元音》，……他从表中剔除了他认为不适应口语学习的词汇（Having struck out

> of this all words that he thought unavailable for colloquial purposes），将其余部分重新分类，保留基本声韵母，作为音节分类的依据。对于许多词，或改其音，或改其调，或者两者都改，完全取消了第五声，即入声调（reentering tone）。（笔者译，序言 1.1pp.vii—viii）

在《自迩集》编写的时代，北京官话刚刚兴起，南京官话仍占有传统优势。去掉入声调的行为在当时研究汉语的西方学者眼中实属异类①。在第二版“序言”中，威氏再次强调了应氏在编写词汇表时去掉入声的科学性，证实了应氏这一做法的重要意义：

> 他曾自发地为我编制了一份完整的词汇表，这份词汇表的声调系统是根据实际的使用情况来分类的。在他的表格中，第五声声调完全并入了第二声。第二年我搬去北京住之后，我发现应龙田是对的。我听过一位绝对具有资质的鉴定家表示应龙田对于声调的判断“无懈可击”（invulnerable）。（笔者译，序言 1.1p.ix）

3. 直接参与《自迩集》部分章节的编写

在《自迩集》成书前，应龙田就完成了“续散语十八章”的短语采集工作，这些短语在第二版中串写进了根据《西厢记》改编的故事“践约传”：

> “问答章”之后是“续散语十八章”，使用“Section”这一术语没有什么特别的原因，只是为了将这第五章与前面的部分和后面接连的部分区分开来。在这 18 章中每一部分包含的词组有一大部分是多年前应龙田已经收集好的短语的一部分（The phrases contained in each of its 18 pages are a portion of a larger collection written out years ago by YING LUNG-T'IEN）。1860 年，我将这一

① 威妥玛选择无入声的北京官话作为《自迩集》目标语言，这一决定在当时实颇受学界反对，例如当时的汉语权威卫三畏、考狄等人纷纷激烈指责，详见本文第三章。

部分中文课文加上一些我自己增添的一些内容出版了。（笔者译，序言 1.1p.x）

引文中 1860 年出版的书即《登瀛篇》[①]。相应地，在《登瀛篇·序言》中，威氏也提到应氏：

> 予奉命来中土，职兼教习翻译事务，因与应君龙田以官话为问答，笔之于篇，又为登瀛篇，是二编也。诚后学之舌人翻译之嚆矢也，刊成于上海官舍，因书其首。降生一千八百六十年四月初七英国威氏序。（《登瀛篇·序言》）

同年出版的小册子《问答篇》采用与《登瀛篇》相同的序言，其中有 20 篇与《自迩集》中“谈论篇”内容一致。威氏在“序言”中也提到了应龙田对这部分内容的贡献：

> 最后的这几部分几乎就是一本 200 多年前教授满族人汉语和汉族人满语的中国本土教材的全部，是 1851 年古伯察神父（Abbé Huc，1813—1860）神父带来南方的一套书。这部书中的那些太过文言化的措词已经由应龙田全部修改过了（Its phraseology，which was here and there too bookish，having been thoroughly revised by YING LUNG T'IEN），我曾把这部分和现在本书中缩减为“续散语章”的部分一同印了出来，也已经让有能力的中国人多次仔细润色修改过了。（笔者译，序言 1.1p.x）

对照《问答篇》《登瀛篇》与《自迩集》的“续散语十八章”“谈论篇”的内容，可以发现《问答篇》《登瀛篇》中用词、用语与第一版正式出版的《自迩集》中的相关内容基本一致，可见威氏对应龙田

① 该书相关情况详见本章第三节。

早期工作的认可。

综上所述，应龙田分担的《自迩集》系列教材的编辑工作可分为两部分：语音方面，他创编了去除入声调的“北京话词汇表”，这一索引成为威氏拼音的基础；词汇语法方面，他协助完成短语采集工作；改编满汉课本中较古旧的用语；并协助编写了《问答篇》和《登瀛篇》。[①] 我们认为，他的教育背景、语言情况、思想观念，对于《自迩集》中的北京官话口语的面貌起到了深远的影响。

三、其他：中西合璧的编写团队

根据序言提供的材料，我们总结了一份《自迩集》三版编写工作的分配表，并根据档案史料补充了人物的生平情况。[②]

表 1 涉及西士九人、中国协助者四人（具名两人，未具名两人）。尤应注意的是，西人虽然都有具名，但其中的两位只与印刷监制相关，中国协助者中未具名的两位却承担了与“问答章”“词类章”相关的重要编写工作。于此推测，威氏在撰写序言时是否具名与具体的工作内容或重要性无关。

从实际工作来看，中国文人在《自迩集》编写过程中担当的绝非“润笔”性质的工作。他们的任务涉及了具体结构设想、提供原始资料、改定现有底本、与威氏合作编写、勘定内容等诸多方面，可以说他们对《自迩集》最后呈现出的语言特征有着重要的影响。

其中威氏的老师应龙田的工作涉及面最广，着重在《自迩集》的筹备阶段，我们已经在上一节做了具体考证。第二版序言中出现的

---

① 日本学者内田庆市认为应龙田是《问答章》和《登瀛篇》的第一作者。参看内田庆市：《近代西人的汉语语法研究》，第 269 页。但目前所见的威氏档案材料未见关于这两本书的作者记录。这两部书究竟是威氏在应龙田的协助下完成的，还是主要由应龙田独立完成，目前尚存疑。

② 鲁健骥《〈语言自迩集〉初版序言、〈语言自迩集〉再版序言》（《对以英语为母语者的汉语教学研究》，第 371—392 页）、王澧华《〈语言自迩集〉的编刊与流传》（《对外汉语研究》第 2 期，第 183—185 页）和顾亮《威妥玛与〈语言自迩集〉》（华东师范大学 2009 年硕士学位论文，第 37—39 页）对其他协助编写者亦有所论述，本文作为参考，亦有修订补益。

“Yü TZŭ-PIN”（于子彬）在“践约传”的编写中起到了开创性的作用，他的生平情况我们还无法确知。[①] 但根据威氏注明的“满族学者”的身份来看，“践约传”相比其他章节更多的北京话口语应该与此人的身份背景相关。

序言之外，《自迩集》中一段文献或可成为威氏与中国人合作编写的“实录”：

西[②]：阿、先生来了。

中：是、咱们昨儿定规的。

西：我的敝友请先生教话、您想出甚么教的头绪来没有。

中：我们人学满洲话、有一样儿话条子、不知道贵国有这宗样儿入手的书没有。

西：话条子是有阿、但是竟有英文的、学生们那儿可以知道翻甚么汉话呢、若说到汉文、他们不认得字、怎么能解那个意思。

中：那是不错的、总得要英汉合壁的字典、察一察。

西：察一察是必得的、还是先明白部首、是不是。

中：我们人向来没有专学部首的理。

西：那是贵国的人念书的时候儿、都认得的是整字、不用分其原归那一个部首、细算笔画儿、这么个累赘。

中：阁下说得就是我们人有不认得的字、也得按着部首察、虽然没有专学的、那却不大很难、部首的字、通共也不过二百多

---

① 中译本（2002）音译为“于子彬”，鲁健骥（2002）音译为“俞子宾”，均无说明。据查《清代人物生卒年表》中“于、俞、余、虞、郁、裕”等条，未见名音为“Yü TZŭ-PIN”者，所见“余治平”“于子平”生年皆在19世纪中期（分别为1855年和1848年）。其中有一人，名叫“毓检”，字“次坪”，生于1808年，满洲正蓝旗。参看江庆柏编著：《清代人物生卒年表》，人民文学出版社，2005年，第815页；顾廷龙主编：《清代硃卷集成》（第10册），成文出版社有限公司，1992年，第101—110页。从生辰和名号看，此人有可能是威氏所记“Yü TZŭ-PIN”，但限于资料无法断定，有待履历、行迹等资料的进一步查考。本文沿用中译本（2002）音译名“于子彬”。

② 这里的“西”指“西人”，“中”指“中国协助者”，原文无此标注，仅有序号将每个人的话分开，这里为明示添加。

个、不用很大费事、就可以熟习。……（问答章 1.1pp.80—81）

以上仅录至讨论到“部首”的部分，后文中两人还论及了“词类章”“散语章”的编写思路。结合“序言”提到的“问答章”的编写过程，我们有理由推测以上对话就是在威氏和那位“口语极好的教师”间进行的。即使此段“问答”是虚拟的，也在字里行间透露出威氏借鉴本土学者的意见，调查本地的语言学习工具，比较中西语言异同，从而形成自己的教材编写思路的大体过程。

除表格提到的中国文人外，“序言”中还出现了一些以泛称的形式出现的中国人的形象，多从事语言修订的工作，作为主编的威氏可能并不完全知晓他们每个人的名字：

> 这部书中的那些太过文言化的措词已经由应龙田全部修改过了，我曾把这部分和现在本书中缩减为“续散语章”的部分一同印了出来，也已经让有能力的中国人（competent natives）多次仔细润色修改过了。（笔者译，序言 1.1p.x）
>
> 应龙田于 1861 年去世，从那时起，为了弥补他提供字表的不足，另外的一些中国助手（other native assistants）开始了一项独立的筛选工作，在一个比应龙田已分析过的大得多的词汇范围中挑选。（笔者译，序言 1.1p.vii）
>
> 这个想法很好，笔者从未自以为是地让于子彬承担所有的任务。工作是在多位中国朋友的帮助下（with the help of some Chinese friends）完成的，他们对故事结果中的一些段落加以缩减和修订，另一些加以扩展。（笔者译，序言 2.1p.vii）

这些在应龙田、于子彬工作之外进行语言修订、整理的中国文人，为《自迩集》语言的非完全“个人性”提供了一定的保证。可以想见，这也是威氏在“序言”中多次强调这一修订群体的目的所在，即由所录语言材料的普遍性与科学性来论证教材本身的权威性。

表 1 《自迩集》三版编写者背景及工作分配

姓名 / 身份	生平资料	工作内容
威妥玛（Thomas Francis Wade，1818—1895）	英国外交官、著名汉学家，在中国生活四十余年，历任使馆中文秘书、汉文正使、驻华大使等职，是剑桥大学首任汉学教授。因创制“威妥玛注音”著称，在华期间曾编汉语课本《语言自迩集》等系列汉语教材。	设计教材编写思路；组织人员进行教材编写、修订； 编写修订“散语”“问答”“谈论”章英文； 编写第二版“践约传”英文； 提出第二版“散语章”增加英汉翻译练习的设想。
第一版		
应龙田（约 1829 ～ 1832—1861）	字雨耕，祖籍浙江金华兰溪，因父亲移居北京，后父迁广东副将，又随之至粤。1847 年始任英国外交官威妥玛的汉语教师，为“威妥玛拼音法”提供基础材料，协助编写《登瀛篇》《谈论篇》《自迩集》。1852—1853 年随威氏访英，游记登于《遐迩贯珍》。①	以《五方元音》为基础编写北京话词汇表； “续散语章”短语采集； 修改前代满汉课本中作为“谈论篇”的底本。
璧斯玛 ②（Charles Bismarck，?）	1864 年随德国首任驻华公使的翻译官到中国，1874 年任驻天津领事，1877 年改任厦门领事，不久离任回国。	监督新的北京话词汇表妥善完工；编写第一版分册《音节表》的附录“改变语音或声调的汉字表”。
口语极好的教师 ③	详情不知 很可能为应龙田去世后威妥玛的中文老师	听威氏口述“问答章”内容，并作修正；与威氏翻阅英文教学语法书，共同完成“词类章”的编写。
另一位有学问的中国人	详情不知	查看“词类章”原文，建议改章节名为“语言例略”“用语法则总论”（但威氏并未接受）。

① 中国协助者应龙田的基本情况详见本文第二章第一节。

② 赫德 1854—1866 年的日记（凯瑟琳 · F. 布鲁纳、费正清、理查德 · J. 司马富编：《步入中国清廷仕途：赫德日记（1854—1863）》；《赫德与中国早期现代化：赫德日记（1863—1866）》）多次提到这位外交官：1863 年 6 月 9 日前往英国公使馆见到了威妥玛、瓦特斯、柏卓安、俾斯麦和默里（2003 年，第 339 页）；俾斯麦是普鲁士公使馆的翻译。他和赫德在北京是邻居，两人的孩子是游戏的伙伴（2003 年，第 479 页）；往访勒曼、比拉内和璧斯玛，同威氏和博郎闲谈（2005 年，第 418 页），这里采用 2005 年音译。鲁健骥：《〈语言自迩集〉初版序言、〈语言自迩集〉再版序言》，载《对以英语为母语者的汉语教学研究》，第 394 页）注释为“璧斯玛（Karl Bismarck），德国外交官，1864 年来华”，疑英文名及来华时间有误。

③ 顾亮《威妥玛与〈语言自迩集〉》（第 37—39 页）将此人界定为应龙田，实不确。序言（1.1p.x）原文为“a remarkably good teacher”，这个非定冠词说明这并非上文中已明示姓名的“应龙田”。

续表

姓名 / 身份	生平资料	工作内容
莫瓦特（MOWAT，?）	上海领事馆的领事助理	监制印刷，提醒威氏“声调章”练习的结构安排上的一个重大疏漏。
詹姆（JAMIESON，?）	上海领事馆的领事助理	监制印刷。
第二版		
禧在明（Walter Hillier，1849—1927）	英国外交官，1867年为英国驻华使馆翻译见习生，1870年任汉文副使，1880—1881年代理汉务参赞，1883—1889年任汉务参赞，后调任总领事，1904—1908年任伦敦皇家学院汉文教授，1908—1910年被中国政府聘为财政顾问。著有《华英文义津逮》（The Chinese Language and How to Learn It: a Manual for Beginners，1907）和《袖珍英汉北京方言词典》（An English-Chinese Dictionary of Peking Colloquial，1908）等。	编写“散语章”英汉练习，改编第一版的“散语章”，补充用于新词汇说明的小型的短句； 校正了第二版前七章的每个汉字的声调标号； 删除第一版“问答章”之十，编写了新的问答内容； 为“践约传”加注； 修改声调章。
斯宾士（Donald Spence，?—1896）	英国英事官，1869年来华，进入英国领事界。一度任《泰晤士报》驻中国记者，怡和洋行驻天津代表。1880年任宜昌领事，1881年调任驻上海领事。	协助完善第二版增添的“散语章”短句。
Yü TZŭ-PIN 于子彬（音译）	满族学者，其他情况未详	以《西厢记》为框架，将第一版“散语章”和“续散语章”中的短语串联起来编入框架。
Mr. Drew 德鲁（音译）	海关统计署的负责人	监督第二版的印刷。
Palamountain 帕雷蒙坦（音译）		协助监督第二版的印刷。
Bright 布莱特（音译）		协助监督第二版的印刷。

综上所述，《自迩集》是集中西之力编写而成的。下文我们将以“编写者”来概指威氏等西人和应龙田等中国文人，作为整体的“他们”才是《自迩集》真正的作者。

第二节　其书：三易其版的 19 世纪汉语口语教材

18 世纪末以前，英国并没有像欧洲大陆那样掀起所谓“中国热”。直到 1793 年，马嘎尔尼（George Macartney，1733—1806）使团访华时还曾遭遇无法找到合格译员的尴尬。[①]1840 年鸦片战争后，大批英国传教士、外交官、商人来到中国，各方面利益需求推动了汉语学习的热潮。[②]《自迩集》正是在这样的历史背景下产生的。

《语言自迩集》（Yiu-yen Tzu-erh Chi，A progressive course designed toassist the student of colloquial Chinese，as spoken in the Capital and the Metropolitan department）的完整书名中涵盖了其性质与使用对象——它是“一套循序渐进的教材，供学习首都和直隶衙门汉语口语的学生使用”。书名使用的是威氏拼音法，中文名中的“自迩”取自《中庸》第九章：“君子之道，辟如行远，必自迩；辟如登高，必自卑。”由此可见，这套教材是供零起点学生学习北京官话口语而编撰的，也是由编写者们一点一滴集聚编写而成的。对该书成书历程的探考、文献情况的分析亦是本文“致远由迩”的基础。

作为教材，《自迩集》经历了三次修订，其间既有外部语言环境的变迁、汉语学习风气变化的客观因素，也有编写者的主观原因。本小节中我们将结合《自迩集·序言》及相关资料明确三版的编写背景与版本内容上的沿革创新。

---

① 参看季压西、陈伟民：《语言障碍与晚清近代化进程：中国近代通事》，学苑出版社，2007 年，第 1—27 页。

② 参看赵欣：《18 世纪英国汉学研究》，浙江大学 2008 年博士学位论文。

一、第一版 1867：始创

第一版标注的出版单位是当时以出版汉学论著闻名的伦敦特吕布纳公司（Trubner & Co.）[①]。这一出版信息看似与初版“序言”中提到《自迩集》在上海印刷的情况有所不同：

> 在过去的两年里，这整个口语系列经过了反复的修改，在数月前，它与文件系列（即《文件自迩集》——译者注）一同在上海印刷。同时使用了五台印刷机[②]来印刷现在所发行的这几卷书，它们都不能完全适应印刷这么大规模书籍的任务。这一事实只能是我附加在其后的长长的勘误表的借口。（笔者译，序言 1.1p.ixv）

王澧华（2006）推测威氏是为了提高教材的权威性而挂名特吕布纳公司，[③]但情况可能并非如此。根据赫德 1865 年 8 月 10 日的日记，威氏提到自己的书时，常常面有喜色，且告诉赫德“至于印书的事，必须存放银行 15000 两”[④]，可见威氏确实因为要在大出版公司出版图书而将一大笔保证金存在英国的银行里。

同时，从 19 世纪 40 年代开始，上海已成为西籍在中国的出版中心。[⑤]根据美国长老会传教士姜别利（William Gamble，1830—1886）

---

① 该出版公司创立于 1851 年，创始人 Nicholas Trubner（1817—1884）是一位著名的汉学家和书商。该出版社以语言、词典、翻译、游记等内容为主，涉及语言学、宗教、社会学等的领域。至 21 世纪初仍活跃在出版舞台上。公司网页 http：//www.trubnerandcompany.com。

② 2002 年中译本翻译为“五家出版社”笔者认为不确。

③ 王澧华：《〈语言自迩集〉的编刊与流传》，载《对外汉语研究》（第 2 期），第 189 页。

④ 凯瑟琳 · F · 布鲁纳、费正清、理查德 · J · 司马富编，陈绛译：《赫德与中国早期现代化：赫德日记（1863—1866）》，第 397 页。

⑤ Lust，J.，*Western books on China published up to 1850：in the Library of the School of Oriental and African Studies，University of London：a descriptive catalogue*. London：Bamboo. 1987，p.ix.

与长老会通信可知，姜别利曾提到上海的美华书馆负责了《自迩集》第一版的汉字印刷工作。①

> 另一部书书名为《自迩集》，包括口语系列和文件系列，是由威妥玛编写的，是一部可以帮助学生学习中国朝廷口语与书面语的大型著作。然而，我们（美华书馆——译者注）只是负责了这部书的汉字印刷。②

关于为何要在美华书馆印刷汉字部分，西籍中的汉字印刷一直是一个难题。1860 年美华书馆从宁波迁到上海后，应用了发明的电镀中文字模和元宝式字架两项技术，大大便捷了中文印刷，使得汉字的印刷水平大踏步提高。当时西人出版的很多包含中国文字的书籍都因此送到上海印刷。

综上所述，《自迩集》是一部由伦敦的公司出版，且同时利用了上海的汉字印刷技术的书籍。

第一版在结构上包括四个单行册。第一册即第一卷：《语言自迩集·口语系列》共八个章节、五个附录：

Part I	Pronunciation 发音
Part II	The Radicals 部首
Part III	The Forty Exercise 散语章四十章
Part IV	The Ten Dialogues 问答章十章
Part V	The Eighteen Sections 续散语十八章
Part VI	The Hundred Lessons 谈论篇百篇
Part VII	The Tone Exercises 声调练习

① 台湾学者苏精曾在主讲复旦大学光华人文基金讲座——《姜别利与上海美华书馆》(2011 年 5 月，上海）中曾提及这一问题。美国长老会档案资料也由苏精教授提供，谨在此表示感谢。

② Annual Report of the Presbyterian Mission Press at Shanghai, from October 1st 1866 to October 1st 1867.reel 199, vol. 8, no. 229. ——笔者译

Part VIII	The Chapter on the Parts of Speech 言语例略（十三段 + 附篇）
Appendix I	Characters in the Forty Exercises 散语章部分生词
Appendix II	Characters in Part IV 问答章部分生词
Appendix III	Characters in Part V 续散语章部分生词
Appendix IV	Characters in Part VI 谈论篇章部分生词
Appendix V	Characters in Part VII 声调练习部分生词

第二册即第二卷，题名为《自迩集的解说》(Key to the Tzu Erh Chi. Colloquial Series）包括第一卷第三章、第四章、第五章、第六章、第七章和第八章的英译、注释及勘误。① 在形式上多为英译后，随文标注字词、句式注释。唯“散语章”略有不同，第一部分是“Single Words（单词）”，将该课的生词用注音引用并给出英文词义解释；第二部分是“Words Combined（词组）”，是该课全部词组的语义翻译。相关注释内容未随文标出，而集中在该卷“Note of the Forty Exercises（散语四十章注释）”的部分。

第三册题名《平仄编》(P’ing-Tse Pien)。② 正文共 161 页，外观尺寸同第二卷。经查考，该册是《寻津录》(1859）中所附《北京话音节表》的修订版，为配合《语言自迩集 · 口语系列》重新编写的。主要包括北京话语音表、分声调表、多音字表三项内容。

第四册题名《汉字习写法》(Han Tzu Hsi Hsieh Fa)，这是一套与《自迩集》中出现的汉字相配合的汉字书写练习，全为汉字毛笔正楷书写。包括汉字笔画、书写汉字的姿势解说、200 个部首的写法、第一卷第三章汉字列表、第一卷第二章口语中的部首汉字列表等内容。

---

① 以下我们常称第二卷为英文卷。

② 《平仄编》为独立的内容，但目力所及之藏本第一版多为三卷本，即《平仄编》在保留完整的首页和独立的页码的基础上，直接附录在第二卷的后面。我们在上海图书馆徐家汇藏书楼藏本中也发现了独立装订为一册的《平仄编》，在北京大学图书馆看到了独立装订为一册的英文卷，且都保留了原始装帧。由此，我们推测可能存在两种装订形式的第一版《自迩集》。

二、第二版 1886：修订

据版权页说明，第二版的出版与发行是分开的，由上海海关总署出版，由上海、横滨、香港的别发洋行（Kelly and Walsh）和伦敦的 W.H. 阿伦出版公司（W.H. Allen & Co.）联合发行。作为出版单位，上海海关拨款，还负责了具体的印刷。这一点在考狄撰写的威氏“讣告”中就有特别注明。[①] 威氏在“序言”中也特别感谢了上海海关的大力支持：

> 结束前，我必须对在中国的海关总税务司赫德先生以及全体海关工作人员表示衷心的感谢。在赫德先生的允许下，新版得以在上海的海关印刷厂印刷，且不收我分文。他的专员德鲁先生（Mr. Drew）是海关造册处（the Statistical Department）的负责人，监督了本书的印刷工作，他和他属下帕雷蒙坦（Palamountain）和布莱特（Bright）两位先生，尽心竭力，对于他们在过去的两年里对新版出版的悉心工作，我已经背负了道义上对他们的亏欠，这对于我来说是无力偿还的。（笔者译，序言 2.1p.xi）

根据旧海关文献的记载，这里提到的海关“造册处”成立于 1873 年，前身即 1865 年海关总税务司设立的印书房（Printing Office）与报表处（Returns Department）。[②] 海关的拨款与监制说明了《自迩集》在当时的重要性。

第二版包括三卷，第一卷为八章内容及勘误表，第二卷为第一卷部分章节的英文翻译和注释及勘误表，第三卷为索引和附录。

---

① Henri Cordier. Thomas Francis Wade, *T'oung Pao*，1895（4）. pp. 407—408.

② 海关总署编译委员会：《旧中国海关总税务司署通令选编》（第一卷 1861—1910 年），中国海关出版社，2003 年，通令第 17 号（第一辑），第 179—180 页。

前两卷内容主题与第一版近似，第三卷是第一版后两册内容和附录的重新整合，包括词语汇编（Glossary of Words and Phrases）、汉字索引（Index of Characters）、音节表（the Peking Syllabary）、北京话字音表（Peking Syllabary）、多音字表（Table of Characters Subject to Changes of Sound or Tone）以及汉字书写练习（Writing Exercises）等内容。

结合两版“序言”及全文的校读，第二版与第一版前两卷的具体内容主要有以下几个方面的修订：

（一）内容的删减

A. 删除“续散语章”

第二版删除了第一版“续散语十八章”的内容。但这仅是形式上的“删除”，其实质内容大部分都“复现”在第二版的故事“践约传”中，如下例所示：

（1）这井是顶深的啊、小心跌下去了。（续散语 1.1p.116）
那井是顶深的、小心些儿、失了脚可不是玩儿的。（践约录 2.1p.248）

（2）难道你给多少么。（续散语 1.1p.117）
郑恒说难道你还肯给我多少么。在我是越多越好。（践约录 2.1p.280）

例（1）和（2）是两版完全一致的用法。另一部分在具体的用词上有所改变：

（3）别占这们宽地方儿。（续散语 1.1p.116）
别占这么宽地方儿。（践约录 1.1p.262）

（4）越旧的更好。（续散语 1.1p.117）
这书倒是越旧越好。（践约录 2.1p.256）

例（3）将第一版中的“这们”换成了当时更流行的形式“这么”，[①] 例（4）的“越旧的更好”换成了固定结构“越旧越好”。这些都展示了编写者在第二版修订过程中对语言事实的敏锐把握。

B. 缩减生词量

第二版在生词量上较第一版有了大幅度的缩减，其中“散语章”的生词从原来的每课 20—25 个生词缩减到 5—10 个。由第二版序言可知，这是威氏结合第一版的读者反馈所作的修改：

> 另一方面，将这本书作为汉语入门课本的青年学者抱怨这部分练习采用的方式，每个练习要求掌握 20—25 个在书写形式、读音和意义上完全新的生词，这对于一般的记忆能力是一个不小的负担。（笔者译，序言 2.1p.v）

这一修订表现了编写者对读者意见的尊重，以及对教材内容的不断完善。

（二）内容的增添

A. 扩充英译汉练习

第二版“散语章”的每个练习后增加了一篇英译汉练习。英语练习题印制在第二版第二卷，汉文翻译印在第二版第一卷第三章中文课文后的“Exercise Key（练习答案）”部分。根据序言，这一项内容主要是威氏的助手禧在明和斯宾士完成的。

---

① 元明时期比较常用的是“这们、那么”，“这么”“那么”始现于元曲宾白，数量较少，至《红楼梦》时代才渐多起来。参看吕叔湘著、江蓝生补：《近代汉语指代词》，第 266—302 页。蒋绍愚、曹广顺编：《近代汉语语法史研究概况》，北京大学出版社，1994 年，第 53—54 页；王力：《汉语史稿》，第 331—332 页。整体而言，《自迩集》中存在混用“X 么”“X 们”的情况，编写者对此的论述和注释详见宋桔：《〈语言自迩集〉的汉语语法研究》，第 175—177 页。

从内容上看，课文和英译汉的句式设计是相互补充的，有效地实现了知识点的复现，提升了练习的有效性：

（5）这个东西很好。这个东西好得很。你要买马、'得[①]买个好的。那竹子长得很长。他来了你'得走。（散语章2.1p.48）

（6）那鹿肉是很好。……这儿的山水很好。那个人长得很高。那长虫有三寸多长。他来了我'得见他。（散语章key2.1p.49）

如引文所示，英译汉的练习部分复习了课文中涉及的表示程度的“很+形容词”“形容词+得很”以及在动词前表示必须的“得”的句法形式。同时，第二版第二卷的“散语章”每篇后附的英文练习之后也增加了注释和例句。

B. 增添汉字的声调符号

第一版英文卷“散语章”“问答章”每课列出的汉字、“声调章”举例的汉字都是标有声调符号的，威氏的助手禧在明将这些符号一一校正：

> 禧在明先生是北京方言声调方面的大权威，他校正了新版本前七章每个汉字的声调标号。（笔者译，序言2.1p.vi）

另外，禧在明还为“谈论篇”注释中的大部分汉字添加了注音与声调。（序言2.1pp.vi-vii）这些修订、增添的声调是保存当时语音情况的重要资料。

C. 新增阅读材料

第二版增加了一篇短文“秀才求婚”，也叫“践约传”。内容上，

---

① 《自迩集》“得”字前的上标逗号表明不同的读音，用于区分“de”和“děi”。在统计中我们手工区分了是否前加逗号的“得”。

它是初版“散语章”“续散语章”材料的重新分配：在形式上，它以中国古典的爱情故事《西厢记》为框架。

这一增补并非心血来潮，而是威氏策划久矣。第一版“序言”中，威氏就曾强调阅读通俗小说对于提高汉语水平、学习习俗文化方面的作用：

> 有了适当的指导，通俗小说中的对话和描写就能丰富学习者的词汇，而且他能从中汇集关于中国思想与个性两方面的知识，这些被界定为文化差异的知识教会我们与中国人交流，在其他任何地方都找不到这样令人满意的、有用的知识了。（笔者译，序言 1.1p.xv）

他还推荐了《好逑传》(*The Fortunate Union*，1829)、《平山冷燕》(*Les deux jeunes filles lettrées*，1860）和《玉娇梨》(*Les deux Cousines*，1864）等译作作为学习时的辅助。但显然这些阅读材料的中文版并不适合初学者。

威氏增补这一部分的初衷正在于：借用简单的阅读材料弥补分散的短语和句子在表义上不够清晰的问题，帮助学习者习得汉语字里行间的意思：

> 随后的问题显而易见，在“口语系列课程”中这两章给出的句子间的关系让阅读者很难捉摸，为了避免持续出现这种问题，笔者便有了以连贯的形式将句子结合起来的想法。（笔者译，序言 2.1p.vii）

通过补充上下文的语境义使词汇和句式的语义、关系更加明晰，不失为一种将原有学习材料重新编排的创新。

（三）内容的修订

A.“散语章”注释的语法化

第一版“散语章”英文卷仅有课文翻译，且翻译与注释内容分开。第二版“散语章”英文卷增添了相关生词的语法讲解和相近词义的比较，词汇用法举例等内容，可划分为两个方面：

19. 的 *ti*^{1}. This word, which is properly a substantive meaning a bright spot, the blot on a target, has come to perform various duties. Appended enclitically to substantives and pronouns, it forms, as we should say, the genitive or possessive case. Appended to adjectives or adjective constructions, it adverbialises them. It is sometimes a relative pronoun; sometimes an indefinite pronoun, such as one, some, etc.

In all these cases it has presumably usurped the place of other words, notably that of the verb *tê*^{2}, noticed immediately below (**21**).

20. Attention is here directed to *ti*^{1} as forming the **Possessive** of substantives or pronouns. Thus,

tzŭ^{4}*-chi*^{3}*-ti*, of or belonging to oneself.	*ta*^{4}*-jên*^{2}*-ti*, his excellency's.
wo^{3}*-ti*, mine.	*wo*^{3}*-mên-ti*, ours.
ni^{3}*-ti*, thine.	*ni*^{3}*-mên-ti*, yours.
t'a^{1}*-ti*, his.	*t'a*^{1}*-mên-ti*, theirs.

21. The following brief examples will help to confirm the student in his knowledge of the words just learned (**10–19**):—

己 *chi*^{3}	的 *ti*	咱 *tsa*^{2}	人。*jên*^{2}	咱 *tsa*^{2}	的。*ti*	你 *ni*^{3}	這 *chê*^{4}	這 *chê*^{4}
的 *ti*	馬。*ma*^{3}	們 *mên*	咱 *tsa*^{2}	們 *mên*	他 *t'a*^{1}	我 *wo*^{3}	兒。*'rh*	個。*ko*^{4}
馬。*ma*^{3}	我 *wo*^{3}	這 *chê*^{4}	們 *mên*	兩 *liang*^{3}	們 *mên*	他。*t'a*^{1}	那 *na*^{4}	那 *na*^{4}
	自 *tzŭ*^{4}	兒 *'rh*	倆。*lia*^{3}	個 *ko*^{4}	的。*ti*	你 *ni*^{3}	兒。*'rh*	個。*ko*^{4}

This one. That one. This place here. That place there.
Thou, I, he; we three. Thine. Theirs.
We two persons here. We two.
A horse (or horses) of our place here.
My own horse (*lit.*, myself's horse).

Note.—There is nothing to show whether *ma*, horse, in the 4th example, is singular or plural.

图 1　第二版第二卷“散语章”生词解释样式

第一，是以知识点的方式增加了约 900 个汉字的语义解释和例句说明，以每课的生词为主，汉字、注音、释义，再加上例句说明用法。

如图 1 所示，第 19 条是对汉字“的”的语义和用法的分析，第 20 条是所有格形式的“我的”“你的”“他们的”等短语的列举，第 21 条利用“的”及其所有格组成的一些短句及其翻译。

第二，在“散语章”每课前设置了语法讲解，其中涉及课本中的生词的精讲和部分“词类章”未涉及的语法概念，如基数词（The Cardinal Numbers）、名词（The Noun Subtantive）、形容词性的名词（The Noun Adjective）、关系代词（The Relative Pronoun）等。其形式举例来看：

> The Ordinal Numbers—Any cardinal number or group of cardinal numbers becomes Ordinal when 第 is prefixed to it. Thus, 六, 6; 第六, 6th.…… 三百零二, 302; 第三百零二, 302nd.（散语章 2.2p.4）(序数词——任何的基数词或者基数词组都可以通过附加“第”形成序数词，如：六，第六；三百零二，第三百零二。)

以上引文即“散语章”中增补的汉语中基数词如何形成序数词的说明文字。

这些内容在“散语章”第一卷中都未涉及，是第二卷通过英文形式增补的语法内容。

B. 章节内容替换

第二版用一篇禧在明编写的有关酒店宴请的对话替换掉了第一版“问答章之十”。原版对话涉及威氏编写《自迩集》各章的用意和设计思路，显然更有助于学习者了解编写者的意图。根据“序言”，编写者考虑替换主要还是出于对学习者反馈意见的尊重：

> 新的这段对话是两个朋友在餐馆里的对话，毫无疑问，它比删去的那段对话更适合这一章的主题。已经听过不止一个认真的初学者抱怨说，原来的那段很难消化理解。（笔者译，序言 1.2p.vi）

编写者指出“酒店宴请”的内容和难度都更适用于《自迩集》的学习者。

（四）细节的修订

细节方面的修订主要有中文词汇的改换，英文翻译的修正和注释内容的调整等。这些内容反映了编写者对语言事实的观察与认知，是研究《自迩集》语法阐释的重要资料。

A. 中文细节修订

中文部分修订表现为个别性和整体性两个方面。

个别性的调整多出现在自编的“问答章”“词类章”，修订旨在提高文字的正确性、正规性和精确度，择选两例：

（7）可以雇一个小车儿装上、同老爷一块儿走。（问答章 1.1p.84）
可以雇一辆小车儿装上、合老爷一块儿走。（问答章 2.1p.132）

（8）国势大乱、就仿佛墙要躺下了。（词类章 1.1p.261）
国势大乱，就仿佛墙要坍塌似的。（词类章 2.1p.326）

例（7）中小车的量词从“一个”变为“一辆”，后者与“小车”搭配更加合用。例（8）中原来的用词“躺下”被修订为更适用于描述墙壁的“坍塌”。

整体性的调整或是编写者对某一语言形式的理解变化，或与新纳入的语言现象相关。其中规模最大的一项，即编写者将第一版“问答章”所有的 13 处“你纳”都改为“您纳”，仅举一例：

（9）有别人给你纳这儿买的。给我买画儿是甚么意思。买的意思你纳倒不用打听。（问答章 1.1p.92）
有别人给您纳这儿买的。给我买画儿是甚么意思。买的意思您纳倒不用打听。（问答章 1.1p.139）

如此大范围的修订为这对词语语义用法差异的考察提供了重要的材料。①

① 有关“您”“你纳”“您纳”在《自迩集》不同版本、章节的具体使用情况我们将在下文详述。

B. 英文细节修订

英文内容的修改相对汉语部分要少一些，大部分时候汉语有细节的改动，但英文翻译一般不做调整。但当英文翻译也随汉语内容作出调整时，往往涉及较大的观点或整体性的变化，是我们在整理中尤应注意的方面。如例（10）是对“他”是否可用于非生命体用法的分析：

（10）汉话里头提起禽兽来、他字可以说得、论死物那他字用不着。The word 他 may be used in speaking of birds and brutes in Chinese，but can not be applied to inanimate things.（词类章 1.1p.267；1.2p.116）

汉话里头提起禽兽来、他字可以说得、论死物那他字不大常用。The word 他 may be used in speaking of birds and brutes in Chinese，but it is not often applied to inanimate things.（词类章 2.1p.331；2.2p.116）

第一版使用的是“用不着”(it can not be applied to)，第二版修订为“不大常用”(it is not often applied to)，表现了编写者在“他”指代无生命物是否合法这一问题上的观点变化。

英文另一方面的细节修订集中在注释上，表现为注释内容的变动增删。如下文是对“索性”的注释：

（注释）索性：索，properly，a cord；In combination with various words to draw，to extort；here，apparently，used corruptly for 率，to the sense of which it does not，either adhere；索性 with all one's might with one's whole attention.（谈论篇 1.2p.15）(索性：“索”的本义是绳索。可以与不同的词汇结合表示“拖曳”“勒索”等意思。这里的用法显然是“率”的讹用，在这个含义上“索”与“率”不同。“索性”就是把某个人的力量都投注到某个

关注的问题上。)

(注释)索性：索 properly, a cord; in combination with various words, to draw, to extort; also to tie up; hence, to curb or force; 索性 to do violence to, or curb, the natural bent of one's will, to stretch a point; e.g. although you prefer dawding, 索性, make an effort, stretch a point, and tell him the real truth; in some instances it may be fairly rendered "nevertheless," or "in spite of the fact that". (谈论篇 2.1p.274)(索性："索"的本义是绳索。可以与不同的词汇结合表示"拖曳""勒索"等意思，也有把东西系起来，引申为强力的意思。"索性"有依靠力量做某事，倾向于某人的意愿，在某一个点上延伸开来的意思。例如尽管你喜欢一直唠叨，索性，一鼓作气，在某个方面作出努力，告诉他全部的事实。在某些情况下，这个词可用"nevertheless(然而，不过)"或"in spite of the fact that(尽管事实是)"来替换。)

第一版中编写者认为"索"是"率"的讹误，第二版他放弃了这个思路，并强调从语境的角度解释"索性"的用法，并指出了可对译的英语短语，在第一版的基础上变动较大。

C. 注释细节修订

某些第一版未作注释的词语、句式在第二版中增补了详尽的注释。略举两例：

(11)我遭遭儿来了、你都没在家、没见你、含糊着拿你的东西去、有这个理么。(谈论篇 1.1p.184; 2.1p.203)

(注释)含糊：to be reticent; 含, to hod in mouth; 糊, in the sence of mystery, confused. (谈论篇 2.2p.286)("含糊"是成为沉默的样子。"含"有东西在嘴里，"糊"是神秘、困惑的意思。)

例（11）中的“含糊”在第一版未设置注释，属于第二版新增的内容。

（12）我在道儿上的时候儿、听见说病了、到了家几天、就不在了。（谈论篇 1.1p.255；2.1p.320）

（注释）不在，not to be，to be dead.（谈论篇 1.2p.43）（不在：不在这里，或已经死了。）

（注释）不在，not to be，to be dead；Not so used in the South，where it means not at home.（谈论篇 2.2p.325）（不在：不在这里，或已经死了。在中国的南方不这样用这个词，在那里“不在”的意思只是不在家里。）

例（12）的“不在”在第一版注释是“去世的委婉语”，第二版又在原注释的基础上添加了南北方言相关的内容，强调了这个特殊用法的地域差异。

（五）版式的调整

A. 分栏中英对照

中英文对照是《自迩集》汉语教学的一个重要的特点。在第一版的“问答章之十”可以看到编写者将这种理念付诸排版的构想：

中：这我都明白了、就是有一件事、学生不认得汉字、那儿可以知道是甚么音、怎么讲呢。

西：等我们刷印出书来、半篇是汉话、半篇是英话、凡是那个题目字、应该甚么音的、都相对着记出来、其余的解法都按着分段的次序、翻译明白。（问答章 1.1p.77）

因技术限制，第一版并未实现这一设想，终在第二版的英文卷中以如图 2 这种中英分栏的形式得以实现，编写者还特别在第二版“序言”强调了这种印刷的改进使得课文“对于学习者而言，更为方便、醒目”(序言 2.1p.v)。

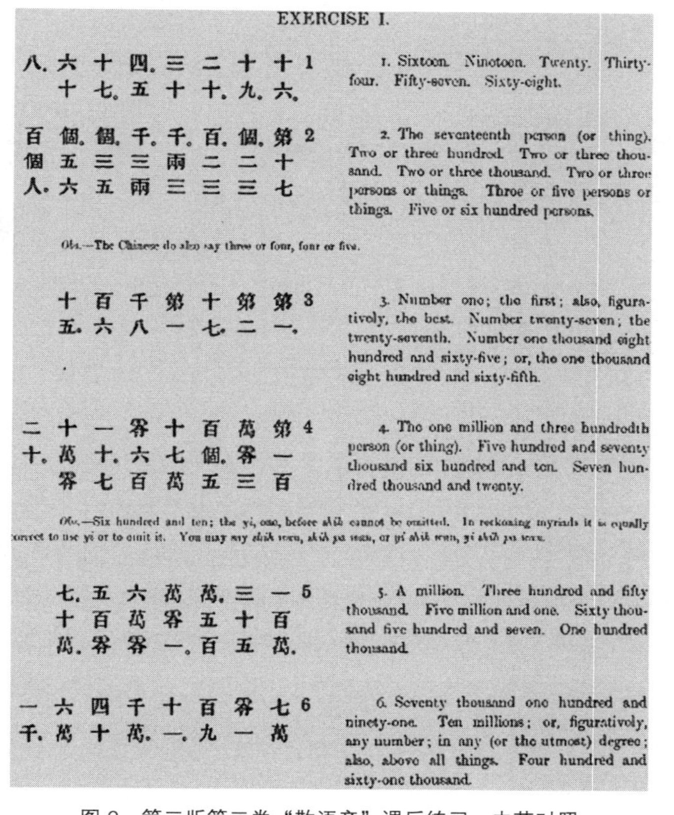

EXERCISE I.

1 十六。十九。二十。三十四。五十七。六十八。

1. Sixteen. Nineteen. Twenty. Thirty-four. Fifty-seven. Sixty-eight.

2 第十七個。二三百。二三千。兩三千。三兩個。三五個。五六百個人。

2. The seventeenth person (or thing). Two or three hundred. Two or three thousand. Two or three thousand. Two or three persons or things. Three or five persons or things. Five or six hundred persons.

Obs.—The Chinese do also say three or four, four or five.

3 第一。第二十七。第一千八百六十五。

3. Number one; the first; also, figuratively, the best. Number twenty-seven; the twenty-seventh. Number one thousand eight hundred and sixty-five; or, the one thousand eight hundred and sixty-fifth.

4 第一百萬零三百個。五十七萬零六百一十。七十萬零二十。

4. The one million and three hundredth person (or thing). Five hundred and seventy thousand six hundred and ten. Seven hundred thousand and twenty.

Obs.—Six hundred and ten; the *yi*, one, before *shih* cannot be omitted. In reckoning myriads it is equally correct to use *yi* or to omit it. You may say *shih wan*, *shih pa wan*, or *yi shih wan*, *yi shih pa wan*.

5 一百萬。三十五萬。五百萬零一。六萬零五百零七。十萬。

5. A million. Three hundred and fifty thousand. Five million and one. Sixty thousand five hundred and seven. One hundred thousand.

6 七萬零一百九十一。千萬。四十六萬一千。

6. Seventy thousand one hundred and ninety-one. Ten millions; or, figuratively, any number; in any (or the utmost) degree; also, above all things. Four hundred and sixty-one thousand.

图 2　第二版第二卷“散语章”课后练习一中英对照

另外上文已经提到第一版第二卷“散语章”的注释是在四十课课文之后集中给出的。如图 2 所示，第二版的所有注释已在该段文字翻译之下以通栏的方式呈现，使查阅愈加方便。

B. 半西式印刷

第一版的中文课文字外有边框，采用的是从右至左的直排书写方式。不分段，内容以上标的小写阿拉伯数字分开，与中文刻本的版式相近。如图 3 所示，第一版第一卷“散语章”课文右侧一栏是本课的生词，左边栏为课文。第二版采用西式的块状分段编排方式，取消了外边框。但在每个数字标号内，中文内容仍然是从右至左直排书写的，我们称之为“半西式的段落”排印方式。

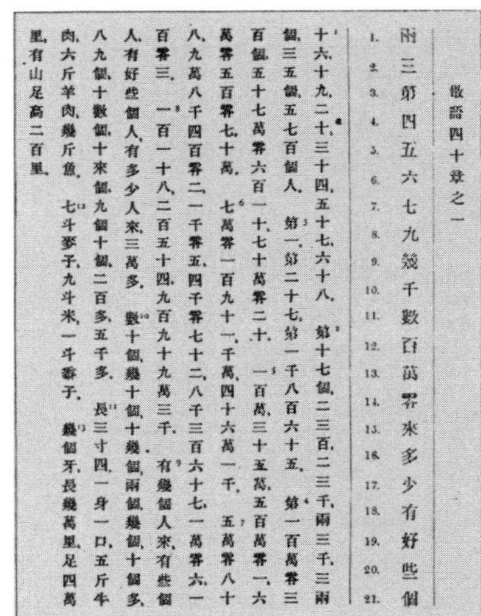

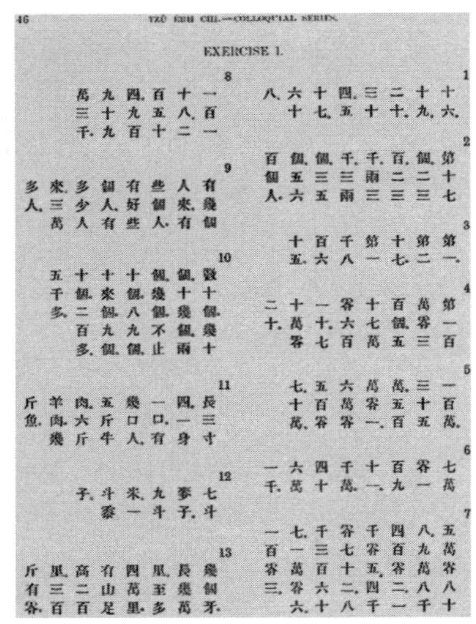

图 3 “散语章”第一版第一卷（左）与第二版第一卷（右）版式

此类版式变化使内容在分段上更为明晰，当然这种改变也是与第二版“散语章”修订后课文中每个句段的长短趋向一致的情况相符。

C. 增加随文汉字注音

《自迩集》第一版中文课文有两种汉字注音方式：第一种方式是第一卷仅有汉字，第二卷在解释汉字时仅标注注音，用注音代表该汉字，如“散语章”；第二种是第一卷无汉字注音，第二卷在引用汉字的同时注音，汉字字形与读音匹配，如第二版的“问答章”“谈论篇”等：

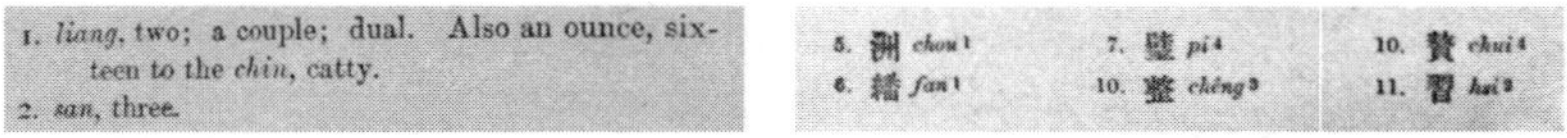
1. *liang*, two; a couple; dual. Also an ounce, sixteen to the *chin*, catty.
2. *san*, three.

5. 洲 *chou*1　6. 繙 *fan*1　7. 壁 *pi*4　10. 整 *chêng*3　10. 贅 *chui*4　11. 習 *hsi*2

图 4　第一版“散语章”(左)与第二版“问答章”(右)的汉字引用

如图 4 所示，第一版引用汉字仅使用拼音，第二版则实现了汉字与拼音组配。显然，第二种方式对于学习者而言更加方便。

同时，“散语章”第二版英文卷还新出现了如图 5 所示在简短的课文中直接随文标注拼音的方式。

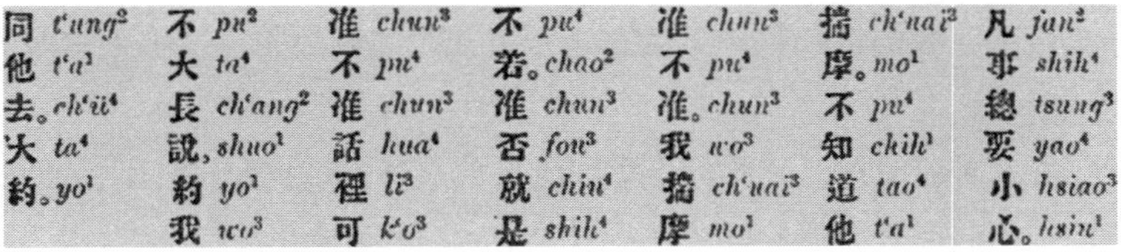
同 *t'ung*2 他 *t'a*1 去。*ch'ü*4 大 *ta*4 約。*yo*1
不 *pu*2 大 *ta*4 長 *ch'ang*2 說，*shuo*1 約 *yo*1 我 *wo*3
准 *chun*3 不 *pu*4 准 *chun*3 話 *hua*4 裡 *li*3 可 *k'o*3
不 *pu*4 着。*chao*2 准 *chun*3 否 *fou*3 就 *chiu*4 是 *shih*4
准 *chun*3 不 *pu*4 准。*chun*3 我 *wo*3 揣 *ch'uai*3 摩 *mo*1
揣 *ch'uai*3 摩。*mo*1 不 *pu*4 知 *chih*1 道 *tao*4 他 *t'a*1
凡 *fan*2 事 *shih*4 總 *tsung*3 要 *yao*4 小 *hsiao*3 心。*hsin*1

图 5　第二版“散语章”第二卷竖排随文注音

三、第三版 1903：删节

第三版即删节版（abridged），出版于威氏去世后的第七年（1903 年），与第二版相隔 18 年。封面注明的编者与第二版一致，实则由别发洋行整理改编、印刷、发行，同时获得了威氏的继承人和主要协助者禧在明的认可。①《自迩集》在 20 世纪初由著名出版商再版，是当时北京官话口语学习市场需求的真实体现。

在具体内容上，第三版只保留了第二版“发音”“部首”“散语章”和“问答章”四章的课本和注释内容，删除了“谈论篇”“词类章”“声调章”以及一系列附录。

根据出版前言，删节的原因是顺应教材领域逐步简约的趋势，并以满足汉语初学者的最基本要求为底线：

> 自 1886 年起，一大批新的汉语口语教材涌现，以至于原来

① 参看序言 3.1p.i。

由《自迩集》占据的在英国领事馆的见习译员规定的学习课程中的份额的大部分被取代了。原来的“问答百篇”和“践约传”的内容模式早已被其他教材论著舍弃多年，而且，因为《自迩集》最初就是为公使馆学生的使用而编写的，我们在这里，暂时最少地，只再印这些可使《自迩集》称为教材的章节。（笔者译，序言 3.1）

出版商认为保留的四个章节是汉语初学者“入门学习”必备的。除此之外，我们认为这一版的出现也可能与印刷成本、成书销售等方面的因素相关。

根据出版前言，当时的汉语界一直对《自迩集》存有争论，① 即便如此，出版商还是高度评价了《自迩集》，特别是其拼音系统，“这是目前为止仅有的一种传播地域如此之广，并获得如此长时间成就的罗马字拼音系统”（序言 3.1p.i），可见其影响。

第三版的出版再次印证了《自迩集》在北京官话口语教学方面的重要地位。经核对，第三版所沿用的第二版的课本及注释的内容皆一致，故下文涉及的版本比对将主要在第一版和第二版之间进行。

第三节 溯源：成书过程与内容来源

《自迩集》初版于 1867 年，但就其成书过程来看，关于它的构想始于 19 世纪 50 年代初威氏提出的汉语教学方案，大部分内容是逐步积累而成的。全面梳理成书过程，特别对其参考底本、编写背景的钩沉整理，对于界定《自迩集》提供的具体语料信息是不可或缺的。

日本学者在这一问题上多有创获，较早就注意到了《自迩集》各

① 如出版说明中提到关于“威氏先生音译系统的正反面的意见已经很多了，我们在这里无意于对这场旷日持久的争论添加什么”（序言 3.1p.i）。

章语料的非均质性。[①] 同时，针对“谈论篇”梳理出一条“《清话百条》（1750）→《清文指要》（1809）→《问答篇》（1860）→《语言自迩集〈谈论篇百章〉》（1867）”的内容传承脉络。[②] 内田庆市（2009）主要依据《自迩集》“序言”部分的内容简要介绍了其中“谈论篇”“散语章”“续散语章”的成书过程以及它们之间的关系。[③]

本小节中，我们将结合前人的研究成果与《自迩集》系列教材原文，追溯《自迩集》全书内容的成书源流，作为下一章节全书语料性质研究的基础，概述如《寻津录》《登瀛篇》《问答篇》等在《自迩集》前出版的“初级教程（the elementary course）”[④] 和《清文指要》等参考书目的情况。

一、继承创新：北京官话拼写系统与《寻津录》

《自迩集》的语音相关内容包括“语音章”“声调章”以及第一版《平仄编》中“北京话音节表”“语音表”等内容。

“语音章”包括“a”“ao”“e”“ê”“ch”“f”“hs”等韵母、声母的读音。“声调章”即“练习燕山平仄编”(Lien-Hsi Yen Shan P’ing Tsê Pien)，即“北京及其所在直隶府声调系统练习”(Exercises in the Tone System of Peking, and the prefecture in which it stands)。主体是一张区分四声的北京官话的读音全表（SOUND TABLE），共计 420 个读音，以及一个读音代表汉字及词组的练习。

“平仄编”仅存于第一版，是该版的四册之一。根据该篇的书名

---

① 参看尾崎實：《〈語言自邇集〉解説〈語言自邇集〉語彙索引（初稿）》，《明清文学言語研究会会報》1965（单刊 9）。

② 参看内田慶市：《“您”に関わることがら》，《近代における東西近代言語文化接触の研究》。内田庆市：《关于〈语言自迩集〉的若干问题》，载日本关西大学亚洲文化交流研究中心编《亚洲语言文化交流研究》。

③ 内田庆市：《关于〈语言自迩集〉的若干问题》，载日本关西大学亚洲文化交流研究中心编《亚洲语言文化交流研究》，第 26—36 页。

④ 威氏在第一版序言曾提到出版《自迩集》前，曾出版了一批“初级教程（the elementary course）”，笔者认为即以上三部，参看序言 1.1p.xiii。根据其编撰性质，本文称之为《自迩集》系列教材的“试验本”。

及序言，“平仄编”内容源自对《寻津录》(1859) 中“北京官话音节表”的修订，同时与《自迩集》内容相互搭配，“原本第一卷中的‘练习燕山平仄编’是打算放在一册中”的，所以两部分共用同一张含有 420 个读音的读音全表。①

根据“序言”，威氏是在《自迩集》初版的二十年前，即 1847 年前后就确定了这套教材要以北京官话为目标语。② 正是此时，应龙田受雇为威氏的中文老师，③ 威氏又遇到了推崇北京话的密迪乐，并在他的《杂录》(1847) 中看到了第一个关于北京话正音法方案，确定了研究北京官话的志愿。

1855 年，威氏的中文老师应龙田编写并提供给威氏一份以《五方元音》为基础修订的北京话的音节表。④ 此后该表又被简化为一个按字母顺序排列的音节表，后附于 1859 年出版的《寻津录》。1861 年后，为了弥补原字表词汇量的不足，威氏又组织中国文人增补了原表的内容，后成为《自迩集》的第一版中单行本《平仄编》(SYLLABARY)。

威氏在“问答章之十”中将这份音节表与传统音韵学的“反切”作了比较：

> 中：用贵国的字记我们的口音、是按着我们的反切的理么。
>
> 西：我们那反切的理、有不大相同的地方儿、比贵国那反切的理细些儿、中国反切、不过上下两音凑到一块儿、也不能很合、我们那二十多个音母、不算是字、单写出来、并没实义、不

---

① 这一册的完整书名为：平仄编，*P'ing-Tsê Pien*，*A New Edition of The Peking Syllabary*, *Designed to Accompany The Colloquial Series of Tzŭ Erh Chi Being a Revised Collection of The Characters Reperesenting The Dialect Spoken at The Court of Peking*, *and in The Metropolitan Prefecture of Shun-T'ien Fu*, *Arranged in The Prder of Their Syllables and Tones*；*With an Appendix*。

② 参看序言 1.1p.vi。

③ 参看高田時雄：《トマスウェイドと北京官話の勝利》，狭間直樹编：《西洋近代文明と中華世界》，p.130。

④ 参看序言 1.1p.vii。

过是用他定音、有四五个音母成中国一个字音的、虽然不能个个恰对、还比贵国反切、较近一点儿、那京话字音的定数儿、先生知道不知道。（问答章 1.1p.76—77）

这段话中并未使用术语，只是将罗马字的注音法称为“我们那反切”，但强调了中西两种方式的差异在于表音的准确程度。

威氏的“正音法”在当时一直备受质疑，当时以传教士为主体的汉学家尤其对“入声”的剔除大为不满。威氏对他设计的“正音法”则始终坚持着辩证的态度：他要寻求的是一种既简单又包含所有读音，便于印刷与学习的正音系统，但无论如何成功的“正音法”都只能是最大程度接近而不可能达到的“精准”(序言 1.1p.viii)。

尋津錄

00722

THE

HSIN CHING LU,

BOOK OF EXPERIMENTS;

THE FIRST OF A SERIES

CONTRIBUTIONS TO THE STUDY OF CHINESE.

BY

THOMAS FRANCIS WADE,

HONGKONG.

图 6 《寻津录》书名页书影

这里提到的《寻津录》是威氏于 1859 年在香港出版的一本汉语教材。据该书“序言”，威氏编写的这一教材主要是为了满足当时在香港学习的一批见习译员的需要。[①] 当时的印量不多，记录显示仅 250 份。[②]

该书的完整英文书名是：“试验之书：作为汉语学习系列教材中的一部”(*Book of Experiments*：*Being the first of a series of contribution to the study of Chinese*)，这部书不仅是威氏第一部正式出版的汉语教材，也是《自迩集》系列第一部“初级教程”，亦是相关内容的“试

① 《寻津录 · 序言》中提到：开始创作该教材的最初动力来自那些为英国政府工作的领事馆见习生。当 1855 年笔者接受汉文秘书的职责的时候，他们中的一些人正在香港。

② 参看 Henri Cordier. Thomas Francis Wade. *T'oung Pao*, 1895 (4), p.410 注释。

验本”[①]。关于书名，威氏解释是寻找津口。翟理斯（Herbert Allen Giles，1845—1935）则评论这本书的中文书名似“新京路”的谐音，即“一条达到北京的新的道路”，是运用双关语的结果。[②]此说，亦可作为时人对该书性质的一种解读。该书的目录如下：

Part I　Category of T'ien（“天类”）

Part II　Sacred Edict，Cap.1（圣谕广训）

Part III Section I Tone Exercises（声调练习）

Section II Do phonetically arranged（读音准备）

Section III Sound，Tone，and Rhythm（读音、声调和韵律）

第一章“天类”(The Category of T'ien)，是北京话与“天”概念相关的词组和句子的集合，包括汉字课文和英文翻译注释两部分；第二章采用了当时受西人推崇的学习材料“圣谕广训”(Amplification of the Sacred Edict)，[③]翻译和注释了其中“雍正广训”第一章。第三章是读音方面的内容，包括汉字课文 139 句及附录“北京话音节表”。汉语部分提供了约 400 个北京话词汇和 2000 个左右的短句。

① 《寻津录·序言》中提到：这本“寻津录”，即寻找一个渡河津口的记录，就像它的题目所指示的，它还不能算作一本真正的可以帮助那些在学习方法上有问题的初学者的指南。

② 参看 Herbert A. Giles，*A Glossary of reference on subjects connected with the Far East*，Hongkong，1878；p.62。原文为“Hsin Ching Lu 寻津录 the book of experiments，or first handbook of the Court Dialect Published by Sir T. Wade. Was wittily travestied into 新京路 'the new road to Peking' the sounds of the two sets of characters being sufficiently near，for a foreign ear，to admit of such a pun.”(“寻津录”也是“the book of experiments”的书名，是威氏出版的第一部官场方言的手册。这个书名被戏称为“新京路”，即“一条新的通向北京的道路”，两组汉字的读音非常类似，外国人听起来就像是一组双关语。)

③ 如周振鹤指出“中国传统学者对《圣谕广训》这样的书，内心是看不起的，认为这是皇帝愚民遵守道德规范的教科书。……但对外国学者而言，《圣谕广训》却是一部重要的著作，一方面是可以借此了解中国民众的心态，一方面又可作为研究中国话的材料或学习中国话的教本，对于用中国话进行布道以及用中文撰写布道书颇有好处”(周振鹤：《圣谕广训：集解与研究》，上海书店出版社，2006 年，第 618 页)。

二、自编整理：部首、散语章、问答章

（一）“部首章”

“部首章”由若干表格组成，表格一是根据笔画将214个部首分成17类的通表（The Radicals General Table），介绍了每个部首的读音和含义，及汉字字例。

表格二是部首在汉字中的变化表（The Radicals Abbreviations），例如“人”“耳”“心”等作为汉字部首时在各位置不同的书写方式。

表格三是测试汉字部首的表格，之一和之二收录了近700个汉字；之三是214个部首的分类表，分为“口语”（Colloquial）、“古典”（Classical）和“弃用”（Obsolete）三类。“口语”系列就是经常在日常会话中使用的142个单字；“古典”系列是那些一般不在日常会话中使用，但在书本或书面语言中使用的25个单字；“弃用”系列指单纯作为部首来使用，不能单独作为汉字的47个。[①]

表格四是一张按语义分为十三类的字表，如第一类为“人”相关的名词：

> 人氏、子女、父子、户口、自己、贝子、臣子、士子、鬼子、鼓手。（部首章 1.1p.28）

这一划分系统带有中国古代分类词典的痕迹。第二版仅在表格四上略有修改，改名为“口语类部首练习”（Exercises in the Colloquial Radicals），分类更为细致。

第一版“问答之十”介绍了威氏“部首章”编写的过程，首先是将部首分为三类列表。然后通过各种方式使这三类部首在课本中复现：第一类是“把那话里头可用的部首作成一章字眼儿，教学生学

① 参看部首章 2.1p.47。

习，是一面学几句话，一面认得那些部首”；第二类和第三类因不在口语中使用，威氏便“选择这些部首里所属的字”做成一张表。熟悉了部首的字形后，再“把所有的部首按义分类，是为学生学得快熟的时候儿随时看了，可以提补他们的意思”（问答章 1.1p.79）。

（二）“散语章”

“散语章”是以词汇和短语为主体的一个章节，亦是《自迩集》的重点之一。如威氏所言，“使用过练习手稿的公使馆见习生所取得的进步为这些练习作为基础教程的效用提供了很好的证明”（序言 1.1p.x）。

第一卷是生词和散语[①]，第二卷包括每个生词的读音、解释及生词组成短语的翻译和重点词汇注释。该章两版间有较大改动，详见本节第一小节。

“问答之十”介绍的该章的成书过程可作为参考：

> 25 这是我都听见说过得、是按着类分出字来、是不是。
>
> 26 那说按着类的理、还有一点儿、也不能全是按着类。
>
> 27 怎么呢。
>
> 28 我当初的主意、是把数目、你我、房屋、家伙、动作等类的字、各归一张、试了一试、不行。
>
> 29 有甚么不行呢。
>
> 30 那些类里头、竟用本类的字、不能成话、总得把外字凑上才行。
>
> 31 这些散话章、阁下可以给我看一看。
>
> 32 可以、这儿有这头一章、请细细儿的看一看、头一行是题目、凡是数目的字、都在这儿。
>
> 33 那可不够罢、一、二、八、十、这些字、在那儿呢。

① 这里的“散语”包括词组、短句。

34 那都是部首的字、学生已看熟了、这四十章的题目里头、不用再提。

35 我这就明白了、连部首算足了。

36 可自然的、就瞧底下那些几、数、零、来、各等字、那都是望数目字连络的、才成小句儿、做成小句儿之后、您看、就连着小句儿编成话条子、先生瞧明白了没有。（问答章 1.1 pp.78—79）

虽然原文中仅以序号划分了段落，但还是能由此想象中西两人对答的情景。最初的设想是像“部首章”那样完全按照词义来分类，但并未实行。实际采用的方法是：在同类散语中加入与本类密切度最高的一些词语，如数字和表示约数的“几、数、零、来、各”等，再组成小句。值得注意的是，这段内容指明“散语章”的汉字与“部首章”已有的汉字是互补的，这表现了威氏较为成熟和经济的编撰思想。

“散语章”完成于 1866 年，前期编写者不明，很可能是威氏和他的一位教师。[①] 初稿完成后，威氏曾邀人来做“试验”，测试该章是否适合学习者水平：

一位在某种欧洲语言上有着高于平均水平的人，偶然做了这部分练习的“试验品”，他对练习的数量持有异议，认为这对初学者是个负担。词汇量相应减少了，经过四次修订，练习便成了今天的样子。（笔者译，序言 1.1p.x）

由此可知，“散语章”在定稿前经过了实际的教学印证和四次修订，在词汇量和生词的编排方式上皆有较大改变。故无论从成稿时间，还是修订情况来看，该章语料反映的都是较晚近的用法。

---

① 如原文提到“部首熟了之后、有先生帮我作的四十张散话儿”（问答章 1.1p.78），目前尚无法确认这位教师是否就是应龙田。

（三）“问答章”

“问答章”包括十篇课文，每篇包括50条以上的对话，涉及陌生人之间、生意人之间、老爷与下人之间、老相识之间的谈话，话题内容广泛，旨在帮助见习译员解决日常翻译过程中容易遇到的各类“琐碎”问题。①

第一版“问答章”包括第一卷课文十章，第二卷为课文内容翻译和词汇注释。第二版改动较少，最明显的是更换了“问答十”的内容，第二卷的英文翻译稍有修订，英文注释所引用的词语略有增减。

该章由威氏在某位口语教师的帮助下编成的，由威氏口授，汉语老师对具体用词进行修改，最终定稿：

> 第四部分问答十章（The Ten Dialogues of Part IV）是由我口授给一位极好的口语教师写成的，当然，这位老师在记录时纠正了我的一些用语。（笔者译，序言1.1p.x）

原文资料未给出该章的成稿时间，但综合来看，我们认为“问答章”也是较晚近才定稿的。又因它是编写者全新编写的内容，语料的时代性和口语性都较强。

三、小说编创：续散语、践约录与《登瀛篇》《西厢记》

（一）“续散语章”与应龙田和《登瀛篇》

“续散语章”即第一版的第五章，第二版中本章整体被删除，但

① 参看序言1.1p.x。原文为“The matter of most of them is trivial enough, but they give the interpreter some idea of a very troublesome portion of his duties”（这部分涉及的某些主题非常琐碎，但这些内容可以为译员处理一些他职责相关的困境时提供帮助。）。

大部分词汇、短语经改编后编入了新版的“践约录”，第三版中不见。

“续散语”共计 18 章，每章约 50 个短语，较简短，不设置生词栏。在内容上，因其是对“散语章”的补充，编写者定为“续篇”；① 与“散语章”相比，短语的内部逻辑性不强，不具类别特征。该章内容源自威氏的老师应龙田早期搜集的资料，② 故这部分的语言风格较为古旧。

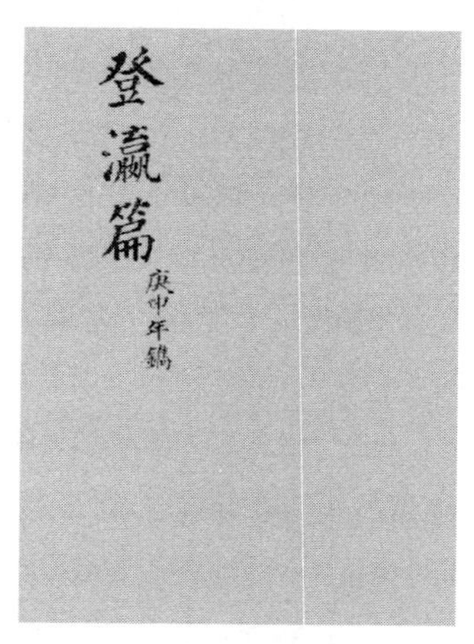

图 7 《登瀛篇》封面页

根据“序言”，其中的部分内容最早作为《登瀛篇》(deng ying pian，1860）的一部分出版，也是威氏“自迩集”系列“基础教程”之一，书影如图 7 所示。

《登瀛篇》全 48 章。分为两部分：第 1 章到第 10 章，每章的第一行都先列出此章中使用的主要词汇，然后出示例句，与后来我们在《自迩集》中看到的“散语章”的形式一致，但其内容不见于后来出版的《自迩集》。如先列举词语“商、矮、低、房、做事、懒惰”等词，再出示如下例句：

> 一他比我高、二我没他矮、三你这房子太低、四他做事、懒惰的了。……（《登瀛篇》p.1a 面）

根据内田庆市的推测，“威氏最初是想把《登瀛篇》的第 1 章到第 10 章写成‘散语章’，可是后来由于需要把那个部分写成 40 章，于是又重新改写”③。

从《登瀛篇》原文看，第 11 章到第 48 章无生词栏，形式与“续

①② 参看序言 1.1p.x。

③ 内田庆市：《〈语言自迩集〉源流及其在日本的传播》，第 50 页。

散语章”一致。[①] 更重要的是，根据原文比对，基本上“续散语”的例句都可在《登瀛篇》的这个部分找到：

> 一可以呀、二他砍我、三我猜是这们着、四在那儿、五这个是了、六你必定要作死、七点灯、八这个没用头、九那个不对、十这个不对我的劲儿、十一快起来、十二谁这么说的。(《登瀛篇》p.11b 面)
>
> 1 他砍我。2 我猜是这们着。3 这个是了。4 你必定要作死。5 这个没用头。6 那个不对。7 谁这么说的。8 你要说破了。9 穿小袄儿。10 拿了他来。(续散语 1.1p.112)

于此可见，《登瀛篇》第 11 章到第 48 章的内容在正式编入《自迩集》时略作缩减、修订后成为第一版的“续散语十八章”。

综上所述，《登瀛篇》前半部分即威氏在 1860 年出版时“自己的增添”的部分，后半部分源自应龙田早期收集的资料，后又编入《自迩集 · 续散语十八章》。

(二)“践约传”与 Yü TZǔ-PIN

“践约传”的英文题目是“The Graduate's Wooing，or the Story of a Promise that was kept”(秀才求婚，信守约定的故事)，以元代王实甫《西厢记》为底本。第一卷含中文四十段，约两万字，语言风格口语化，采用的是从左至右的中式竖排印刷，第二卷为翻译和注释。[②]

从行文风格看，编写者熟练运用北京口语，大量使用了生动、形象的俗语，如“耍牌子摆架子”“勾搭连环”“戴高帽子”“滚刀肉”，等等。[③]

---

① 内田庆市已经指出“〈续散语〉的例句都出自《登瀛篇》的第 11 章到第 48 章”。内田庆市：《〈语言自迩集〉源流及其在日本的传播》，第 50 页。

② 已有硕士论文对《践约录》的具体情况有过考察。参见黄善清：《〈语言自迩集〉泛读材料——〈践约传〉编写研究》。

③ 鲁健骥整理分析了《践约录》的词汇特征。参看鲁健骥：《〈践约传〉——19 世纪中叶中国人编写的汉字简单读物》，第 4 页。

从内容看，编写者在《西厢记》的基础上，大大简化了情节，在内容上既抓住“践约”的主线，使故事更加明了；又增加了原著中的“郑恒”这一角色的戏份，甚至增添了一些不属于那个时代的场景，以运用到所需串联的词汇短语。对于故事内容与时代的不一致性，威氏并未否认，如他所言“由于一个失误，在这篇文章第一行就定下了故事发生的时代是公元600—900年的唐朝，在那个时候，还不知道与西方国家签订的条约是何物，当然也不会发生在第三十六段提到的外国猎手在一个中国港口附近打鹿的事情”。[①] 除了这一处，该章还出现了诸如“需要上弦的钟”“通商口子”“信局子”等唐代没有的事物。显然，这个故事的合理性是服从于词汇、语言学习的需要的。

威氏在第一版“序言”就提到过小说文献对提高汉语口语的重要性，他明确指出编写“践约录”的主要目的在于“将特定的一些短语组合起来，以此来减少学习者孤立地学习这些短语的厌倦情绪”[②]。在威氏的构想下，中国文人参与了文字的编写，其中一位就是“主要担负重新组织编写故事汉文原文”[③] 的于子彬[④]：

> 一位满族学者于子彬（Yü TZŭ-PIN）主动拿来《西厢记》或者名为《西厢房的故事》作为框架，将初版第三章和第五章中的短语串联起来编写进入框架，这项工作无疑给后来的学生带来了很大的便利。（笔者译，序言2.1p.vii）

由此可知，编入“践约录”的大部分词汇、短语来自“初版的第三章和第五章”即第一版的“散语章”和“续散语章”。这一现象，我们在内容爬梳中看到一些非常明显的例证，如：

（1）煎点儿、下剩的煮罢。（续散语1.1p.117）

---

①② 序言2.1p.viii。

③ 序言2.1p.vii。

④ 此处姓名沿用中译本（2002）音译文字，此人生平行迹有待进一步查考，参见本文第二章第一节第三部分对《自迩集》编写者的查考。

张生说、叫厨子煎点儿、下剩的煮罢。（践约录 2.1p.267）

关于此，威氏称赞“这富有独创性的构想无可争议地应当属于”于子彬。[①] 除他之外，还有几位中国文人参与了内容的修订工作。[②] 文章的英文翻译和注释分别由威氏和禧在明完成。威氏希望让学习者决定哪些部分需要给出注释：

> 当这部分翻译完成后，我把它们拿给一些我的学生们看，这些学生将在 1881 年通过两年的使馆见习期，这样做是为了看看他们会指出这篇文章还需要怎么样的解释。那些满足了学生们的需求的丰富的注释，完全是禧在明先生的手笔。（笔者译，序言 2.1p.vii）

在编写注释前先让教材的目标使用人群试用，结合他们的需求决定需要注释的内容，这一做法在同时期的教材编写中尚未多见，是威氏的一大创见。

我们可以确定的是，“践约传”应在 1881 年之前完成了中文部分的编写工作，也正是威氏任英国驻华全权公使的时期。可见，这一章的语料内容是较为晚近的，且受其底本和编写主体的影响，或多或少地带有白话小说和地道京话的色彩。

威氏对这一章中短语的“机械布局”表现得非常谦虚，[③] 现代学者则从对外汉语教学的角度给予了这一编写方式充分的肯定：“编写简易读物，这在一个多世纪之前应该说是很超前的想法和做法（今天看来，也是很了不起的创造）”。[④]

四、底本改编：谈论篇与满汉合璧教科书、《问答篇》

“谈论篇”即一百篇课文，每篇 300 至 400 字，属较长的对话。

---

①② 序言 2.1p.vii。

③ 序言 2.1p.vii-viii。

④ 鲁健骥：《〈践约传〉——19 世纪中叶中国人编写的汉字简单读物》，第 2 页。

内容包括介绍学说满洲话的方法、满洲家庭的情况，讨论朋友交往与为官之道，如何与仆人交流和朋友闲谈以及宴请、打猎、买东西时的对话内容等等，多为日常交流用语，口语性质显著。

第二版中该章的内容相对其他章节变化最小。第一卷仅个别汉字有所修改，如将部分“你纳”改为“您纳”，“在座”改成“在坐”，“沿袖口儿”改为“缘袖口儿”等。英文卷是课文翻译和注释。翻译中用“[ ]”的形式附加了说话人之间的身份关系，如年幼者和年长者（senior & junior）、客人和主人（neighbour & host）等。注释内容与其他章节相比尤为丰富：不仅涉及该词的包括含义、词源、语法类别、文化内涵，同时联想阐释与该字相关的多音字，与文中含义相关的本义与引申义以及字面义与比喻义，以及该词在不同方言中的含义、带有该词的其他词组等。英文注释部分在第二版增加了约 5% 的注释词语，第三版完全删除了这一章的内容。

关于“谈论篇”的编写，威氏曾提到由古伯察神父（Abbé Huc，1813—1860）[①] 从中国的南方带来的一套“教授满族人汉语和汉族人满语的中国本土教材”[②]。威氏的教师应龙田以这套教材为底本，对其中时代较久远的“文言化措辞”进行了修改，后未有大规模修订。可以确定“谈论篇”的中文在应龙田 1861 年去世前已大致完成。[③]

这本从南方带来的本土教材又是怎么样的一本书呢？原书的“问答章”和“谈论篇”都保留了重要的信息：

西：那清文指要、先生看见过没有。

中：仿佛是看见过、那是清汉合璧的几卷话条子那部书、是不是。

西：是那部书。

---

① 古伯察，Évariste Régis Huc，是一位法国遣使会传教士，以其早期探访西藏地区的经历闻名，1839 年来华游历了澳门、广东、蒙古、西藏等地，主要在浙江进行传教活动，1852 年回国。

② 序言 1.1p.x。

③ 有关应龙田的工作内容参看本书第二章第一节。

中：那一部书却老些儿、汉文里有好些个不顺当的。

西：先生说得是、因为这个、我早已请过先生、重新删改了、斟酌了不止一次、都按着现时的说法儿改好的、改名叫谈论篇。

中：这就很好了、才刚说不是还有一本、正在办着、那也是本着我们这儿的成书作的么。（问答章 1.1p.75）

老弟、你天天从这儿过、都是往那儿去啊。念书去。不是念满洲书么。是。现在念的、都是甚么书。没有新样儿的书、都是眼面前儿的零碎话、和清话指要、这两样儿。（谈论篇 1.1p.211；2.1p.226）

这里提到的《清文指要》是清代出现的一本满语教科书，根据《续修四库全书总目提要（稿本）》的记录，历史上有过两部《清文指要》。①

一部是清代富俊②撰写的满蒙汉《三合便览》③中的一编，内容为满语的正字法和语音、语法，还有一些虚字的用法举例说明，内容与《自迩集》无涉。另一部撰人未详，包括“字音指要”“清文指要”和“续修清文指要”三部分内容，现存清代嘉庆十四年（1809）夏的重

① 参看中国科学院图书馆整理：《续修四库全书总目提要（稿本）》（第六册），齐鲁书社，1996 年，第 72 页。

② 富俊，字秀升，号松岩，卓特氏，蒙古正黄旗人。由翻译进士，授礼部主事，迁内阁学士，兵部，盛京工部侍郎，理藩部、工部尚书、副都统、都统等职，后以内大臣卒，赠太子太傅，谥文诚。著有《三合便览》《清文指要》《蒙文指要》《三合语录》《蒙古托忒汇集》等书，父子二代致力于满蒙译学的发扬，对后来学人裨益甚多。参看中国科学院图书馆整理：《续修四库全书总目提要（稿本）》（第五册），齐鲁书社，1996 年，第 497 页。《清史稿》“富俊列传”。

③ 该书是一部满汉蒙三文合璧、集语法和词典为一体的工具书，也是清代最早按音序编排的满汉蒙文对照词典。清敬斋辑、富俊增补。现存清乾隆五十七年（1792）富俊刻本，凡十二册，序云：“《三合便览》一书先大夫敬斋公所手辑也……分四格，首冠以国语（指清文），次汉语，次蒙古语，末则以清书书蒙古语，使览是书者，既易得蒙古书之本体与蒙古语之本音。其次序即依十二字头，而每字头之中又自为次序之……以故新语多所未备。今年春，余小子不自量，偕二三友人依例增补，缮写成帙……”首册有《序》《十二字头》《清文指要》《蒙文指要》。

刻本，书影如图 8 所示。①

此《清文指要》版本信息不明，目前仅知所收内容来自作者的日常收集，② 且编者很可能是一位为朝廷工作的满族翻译官。③

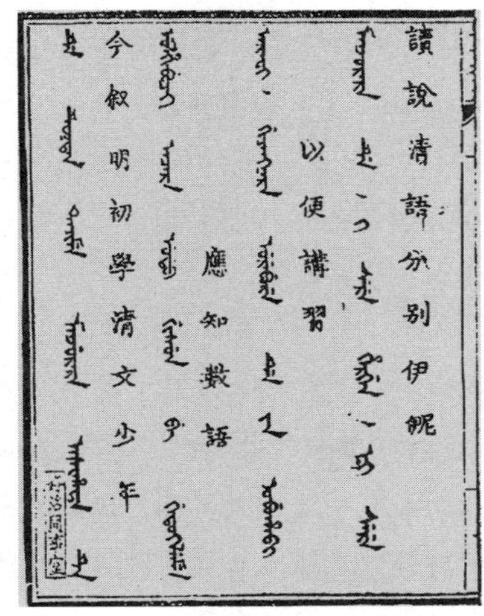

讀說清語分别伊們
以便講習
應知數語
今叙明初學清文少年

清文指要
嘉慶十四年夏重刻
三槐堂

图 8 《清文指要》(三槐堂版) 题名页、序言首页

是时，满族“国语骑射”的传统已不再，很多在京城长大的满族子弟不识满语，日常使用的是受汉语影响的“京话”，或称为“旗人话”。因此，《清文指要》像当时大部分的满汉合璧教材一样，同时使用两种语言。该书“清文指要”和“续修清文指要”两部分加起来共计 100 段对话，汉语部分的各段主题和对话内容与《自迩集 · 谈论篇》近似。举“学说满语”相关的一段内容为例：

你的清话说的有了些规模了，那里，人说的我虽然懂得，我

① 该刻本书影由内田庆市提供。

② 据嘉庆十四年三槐堂版《清文指要 · 序言》：“因此，我在里头走的空儿，将老辈传说，并我学记，一句一句的集凑着，共集百条，教我族中子弟，以书名曰，清文指要。此内，贯串落脚，各样说清语的方法，虽不周旋，大概眼应用最紧要者具备。”

③ 有关此人的身份论证可参看张华克：《清文指要解读》，文史哲出版社，2005 年，第 2—3 页。

说起来总还早呢，不但不能像别人说的成片段，一连四五句话都接续不上，况且还有一个怪处，未从说话，只恐怕差错了。说的迟疑不敢简断，这样光景教我仔么说呢，我也灰了心了，想来就是怎么样的学去，不过这个本事儿罢了，那里能长进，这都是你没有熟的缘故，我教给你，别论他是谁，只是大凡遇见的就赶着他说，再我[1]书理通达的师傅念书，就了清话精熟的朋友去说话，每日家念话就记得了。时刻的说舌头就熟了，要这样学了去，至狠一二年间，自然任意顺口不打蹬儿的说上来了，又何愁不能呢。(《清文指要》嘉庆十四年三槐堂版）

听见说、你的清话、如今学得很有点儿规模儿了么。那儿的话呢、人家说的我虽懂得、我自家要说、还早呢、不但我说的、不能像别人儿说的成片段儿、而且一连四五句话、就接不上了、还有个怪处儿、是临说话的时候、无缘无故的怕错、不敢简简决决的说、这么样、可叫我怎么说呢、我也灰了心咯、想着就是这么样儿、学来学去、也不过就是这么个本事儿咯、那儿还能够有长进呢。这都是你没熟的缘故、我告诉你、无论他是谁、但凡遇见个会说清话的、你就赶着和他说、再有那清话精通的师傅们、也要往他们那儿去学、或是和清话熟习的朋友们、时常谈论、天天儿看书记话、平常说惯了嘴儿、若照着这么学、至多一两年、自然而然的、就会顺着嘴儿说咯、又愁甚么不能呢。（谈论篇 1.1p.213）

显然两段文字的主体内容具有传承关系，差异仅在一些口语词汇上，如上文《清文指要》中的“这样光景”“未从”“每日家”“至狠”“顺口不打蹬儿”在《自迩集·谈论篇》中就改为了“这么样”“临”“天天儿”“至多”“顺着嘴儿”，体现了五十年左右的语言变

① 此处的“我”当为“找”的刻写错误。

迁，也表现了《自迩集》编写者对“顺口不打蹬儿”这类土语性质京话的态度。①

目力所及之《清文指要》，除嘉庆十四年三槐堂藏版、大西堂藏版两个刻本外，还有仅有汉文内容的《清文指要全册》②和咸丰三年（1853）春抄本③。可见，在《自迩集》第一版编写的咸丰年间，《清文指要》是比较流行且很可能已为外国人知晓的一种书。④

但这部《清文指要》是否即《自迩集·谈论篇》的底本？日本学者根据两者篇目顺序的差异⑤对此提出了疑问：

> 但是，《语言自迩集》与《初学指南》及《三合语录》的内容顺序相近，跟《清文指要》非常不一样，这个事实可以用来质疑《清文指要》是《语言自迩集·谈论篇百章》底本的观点。⑥
>
> 我认为应龙田或者威妥玛参考的内容可能是《初学指南》（1794）或者《三合语录》（1829）。也就是说，《语言自迩集》中说到的“清文指要”不一定是指《清文指要》这本书，如果认为它指的是当时流行的《清话百条》系统的各本书的统称，也是妥当的。⑦

---

① 张美兰等汇校了《清文指要》相关七个版本的语言材料，并分析了其中若干的常用词沿革情况。参见张美兰、刘曼：《〈清文指要〉汇校与语言研究》，上海教育出版社，2013年。

② 藏于日本天理大学图书馆，是一个刊行时间未详的稿本，第五十章有残缺，之后的章节已佚。参看内田慶市：《“您”に関わることがら》，《近代における東西近代言語文化接触の研究》p.413。

③ 上海图书馆藏，外衣17mm×26.3mm内框14.2mm×20.7mm，白口，单鱼尾，无栏线，中缝有页码。内容与嘉庆十四年刻本近似，不同内容或为抄写者的改订。

④ 丹麦哥本哈根大学图书馆、日本天理大学图书馆的早期藏书中也都有《清文指要》，可见是书当时在外国人之间可能也是比较流行的。参看张华克：《清文指要解读》，第1页。

⑤ 具体的差异可参看内田庆市《“您”有关的问题》（内田慶市：《“您”に関わることがら》，《近代における東西近代言語文化接触の研究》，pp.404—405）中《自迩集》《问答篇》《清文指要》《初学指南》《三合语录》主题顺序比较表。

⑥ 太田辰夫：《清代北京語語法研究資料について》，p.22。转引自内田慶市：《“您”に関わることがら》，《近代における東西近代言語文化接触の研究》，p.403。

⑦ 内田慶市：《“您”に関わることがら》，《近代における東西近代言語文化接触の研究》，p.403。

这里提到的《清话百条》是清乾隆时期满人智信编撰的一套满洲话条，又名《清文百条》《一百条》，存世亦有不撰作者的版本，内容上仅重点、难点有汉文的对照。[①] 后富俊又“将前书（指智信撰《清话百条》）满洲蒙古话条，赘以汉语，三合缮写成编”[②]，即将《清话百条》补全了汉文，以《初学指南》和《三合语录》的书名两次出版。

目前针对《清话百条》与《清文指要》有两种意见：《续修四库全书总目提要（稿本）》的编者认为《清话百条》“大抵以清文指要为蓝本”[③]；现代学者认为“《清文百条》可能即嘉庆年间刻印的《清文指要》的原本”[④]。据目前所见之原书材料尚不能判断孰是孰非。我们的观点是《清话百条》与《清文指要》原本就是同一种书的不同变体，而这种书应该就是《自迩集·谈论篇》的底本。[⑤]

综上所述，“谈论篇”是以嘉庆年间的一本满汉教材为底本的，虽经过了应龙田等中国文人的修订，其语言风格、遣词造句仍保持了一定的时代面貌。这也就可以解释如“罢咧”“了手”“成 / 整……家”“汉仗”“几几乎”，字形“多偺”“出来……来了”等词汇、短语多仅在“谈论篇”出现的原因了。

由“序言”可知，“谈论篇”在《自迩集》出版前的 1860 年就曾和其他内容一起出版，书名为《问答篇》。[⑥]《问答篇》存线装一册，上下二卷（本文全 47 页），上卷 53 章，下卷 50 章，一共有 103 章，书影见图 9[⑦]。该书与《登瀛篇》共用一篇汉文序言。

从内容上看，《问答篇》段数多于《自迩集·谈论篇》。据原文比

---

① 参看卢秀丽、阎向东编：《辽宁省图书馆满文古籍图书综录》，辽宁民族出版社，2002 年，第 205 页。竹越孝：《从满语教材到汉语教材——清代满汉合璧会话教材的语言及其演变》。

② 卢秀丽、阎向东编：《辽宁省图书馆满文古籍图书综录》，第 207 页。

③ 中国科学院图书馆整理：《续修四库全书总目提要（稿本）》(第五册)，第 527 页。

④ 张华克：《清文指要解读》，第 1 页。

⑤ 我们认为古伯察交给威氏的满汉教科书应该是《三合语录》中的一册，关于该问题的论证将另文详述。

⑥ 序言 1.1p.x。

⑦ 该书书影由内田庆市提供。

对，其中关于一对奇怪的夫妇的言论，暴行和外遇相关的两段内容不见于“谈论篇”。

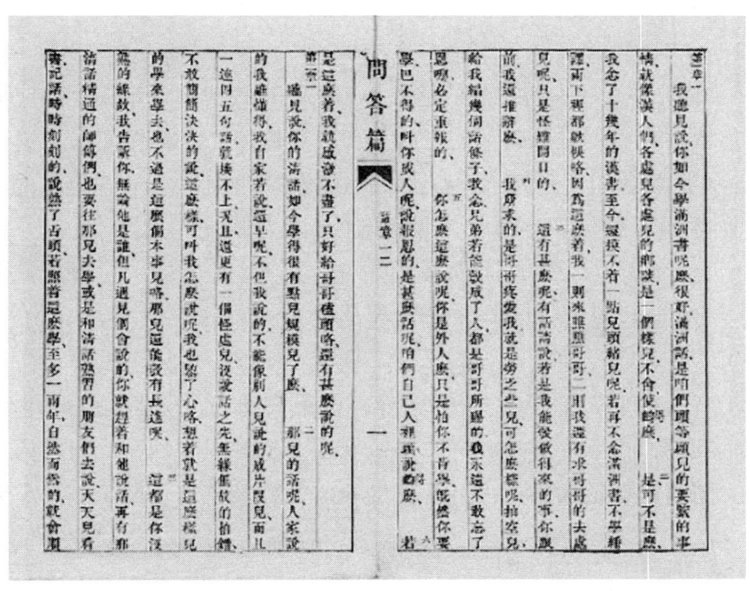
第一章
我聽見說、你如今學滿洲書呢麽、很好、滿洲話、是咱們頭等頭兒的要緊的事
情、就像漢人們、各處兒各處兒的鄉談、是一個樣兒、不會使得麽、二 是可不是麽、
我念了十幾年的漢書至今、還摸不着一點兒頭緒兒呢、若再不念滿洲書、不學繙
譯、兩下裏都就耽悞咯、因爲這麽着、我一則來瞧瞧哥哥、二則我還有求哥哥的去處
兒呢、只是怪難開口的、三 還有甚麽呢、有話請說、若是我能彀做得來的事、你與
前、我還推辭麽、四 我所求的、是哥哥疼愛我就是弟之些兒、可怎麽樣呢、抽空兒、
給我編幾個話條子、我念兄弟若能彀成了人、都是哥哥所賜的、我永遠不敢忘了
恩哪、必定重報的、五 你怎麽這麽說呢、你是外人麽、只是怕你不肯學、既然你要
學、巴不得的、叫你成人呢、說報恩的、是甚麽話呢、咱們自己人裏頭、說得麽、六 若

問答篇 篇章一二 一

是這麽着、我就感激不盡了、只好給哥哥磕頭咯、還有甚麽說的呢、
第二章 一 聽見說、你的清話、如今學得很有點兒規模兒了麽、二 那兒的話呢、人家說
的我雖懂得、我自家若說、還早呢、不但我說的、不能像别人兒說的成片段兒、而且
一連四五句話、就接不上、况且、還更有一個怪處兒、沒說話之先、無緣無故的怕錯、
不敢簡簡決決的說、這麽樣、可叫我怎麽說呢、我也灰了心咯、想着就是這麽樣兒
的學來學去、也不過是這麽個本事兒咯、那兒還能彀有長進呢、三 這都是你沒
熟的緣故、我告訴你、無論他是誰、但凡遇見個會說的、你就趕着和他說話、再有那
清話精通的師傅們、也要往那兒去學、或是和清話熟習的朋友們去說、天天兒看
書記話、時時刻刻的、說熟了舌頭、若照着這麽學、至多一兩年、自然而然的、就會說

图 9 《问答篇》正文首页

仍以前引“说满语”的对话为例，《清文指要》《问答篇》《自迩集·谈论篇》三者内容是大致接近的，但也有明显的词汇用语差异。《问答章》的内容如下：

听见说、你的清话、如今学得很有点儿规模儿了么。那儿的话呢、人家说的我虽懂得、我自家若说、还早呢、不但我说的、不能像别人儿说的成片段儿、而且一连四五句话、就接不上、况且、还更有一个怪处儿、没说话之先、无缘无故的怕错、不敢简简决决的说、这么样、可叫我怎么说呢、我也灰了心咯、想着就是这么样儿的学来学去、也不过是这么个本事儿咯、那儿还能够有长进呢。这都是你没熟的缘故、我告诉你、无论他是谁、但凡遇见个会说的、你就赶着和他说话、再有那清话精通的师傅们、也要往那儿去学、或是和清话熟习的朋友们去说、天天儿看书、记话、时时刻刻的、说熟了舌头、若照着这么学、至多一两年、自然而然的、就会顺着嘴儿说咯、又愁甚么不能呢。(《问答篇》p.1)

根据比对,《问答篇》的这段内容与《自迩集·谈论篇》相应段落基本一致,仅有如表示假设的"若"和短语"没说话之先""说熟了舌头"等显示出不同。可见这个"试验本"的内容虽已与后来的成稿非常接近,但也不是完全照搬进《自迩集》的。

五、体系借鉴:词类章与《清文启蒙》和西方教学语法①

第八章中文题名为"言语例略",英文题名为"Part of Speech"(词类章)。② 共计 13 章,约一万五千字,内容以中西人士对汉语与英文的语法特征的讨论展开。英文卷前的目录清楚表明了该章主要内容:

1 Introductory observations(导言)

2 The noun and article(名词和冠词)

3 The Chinese numerative noun(量词)

4 Number(数词)

5 Case(格)

6 Gender(性)

7 The adjective and its degrees of comparison(形容词和程度表达)

① 关于《自迩集》对汉语语法的论述及其中蕴含的语法分析模式的详细阐释分析,请参看宋桔:《〈语言自迩集〉的汉语语法研究》。

② 据序言 1.1p.xiii,本章的题目经历了一番改动,威氏在该部分中译文完成后,提交给了另一位有学问的中国人,这位中国人建议题名为"语言例略"(Yen Yü Li Lüo),或者"用语法则总论"(Summary of the Laws of Phraseology),威氏不喜欢"总论"这样"多少有点自命不凡的标题",觉得与《自迩集》整体谦虚的风格不符合。

8 The pronoun（代词）

9 The verb（as modified by tense，mood，and voice）（动词的时态、语气和语态）

10 The adverb（of time，place，number & c）（时间副词、地点副词、数量副词等）

11 The preposition（介词）

12 The conjunction（连词）

13 The interjection（叹词）（词类章 1.2p.101；2.2p.480）

从目录结构来看，“词类章”的内容与西方的语法分析体系非常相近，但威氏多次强调他想编写的不是一部汉语语法理论专著，不是用西方语法来对汉语进行分析，而是“旨在为学生指明有屈折变化（inflected）的英语和无屈折变化的（uninflected）汉语的语法情况的一些主要的比较与类比”（序言 1.1p.xii）；同时，威氏也想到了这种中西语法对照对要学英语的中国人“也有点儿益处”（问答章 1.1p.75）。

应当说“词类章”的内容集中地呈现了编写者（威氏为代表的西方人和以应龙田为代表的中国文人）对于汉语语法的观念与辨析。具体来看，第一版第一卷包括了十三章内容和一个附编。正文内容采用中式竖排，不设篇名，以对话的方式组织篇章。论述中以例子和感性描写为主，除“纲目”“虚实”“死活”等内生于中国传统的术语外极少涉及西方语法。相反，第二卷的西文翻译中，威氏不仅以西文语法概念如“数词”“代词”“名词”“动词”“语态”“所有格”“副词”等大类为题目，而且在翻译中通过“[ ]”指出了每个大类下的不同小类，如“时间副词”“处所副词”“数量副词”“程度副词”等小类。术语使用的差异凸显了威氏探索汉语特有语法体系的设想与其无法摆脱的西方语法分析模式的“矛盾”。第二版对涉及的文字和注释略有修订，变动程度是全书各章节中最小的。

本章的成书历程与“问答章”类似，是威氏与中文老师合作的成果：

> 我拿了一本我能找到的最简单的教学语法书（school grammar），与前面提过的那位很有能力的老师一起翻阅它的词法部分，将例子口译给他听，尽我所能来详细解释这些例子被用来着意说明的语法规则与定义，我们的困难在于“语法术语”，因为对像中国这样不具有语法科学的国家来说很难找到汉语语法的术语。读者将会发现，我这个自封的语法学家在描写诸如“名词的格”这样的问题时，是如何困窘。随着我们继续往下读，这位听着我的“灌输”的老师提出各种增删的意见，才最后得出了译文。（笔者译，序言 1.1p.xiii）

由是观之，“词类章”是以一部西语的教学语法为底本的。威氏用汉语把西方语法书上的概念与例子翻译给老师听，老师再做语言方面的修正删减，最后定稿。其中最大的困难在于如何借助汉语这样缺少“语法术语”的语言来阐释西方化的语法思想。

我们推测默里（Lindley Murray，1745—1826）①的《英语语法》(*English Grammar*，1795)，这部18—19世纪在英国占有主流地位的教学语法书可能就是那部“最简单的教学语法书（school grammar）”。②

威氏提到的另一部与“词类章”相关的汉籍是《清文启蒙》：

> 中：这就很好了、才刚说不是还有一本、正在办着、那也是本着我们这儿的成书作的么。
>
> 西：不是那么着、是我和我的先生、这几个月里零碎做

① 默里，出生于宾夕法尼亚州，是旅居美国的英国人，英国语法学家，被称为“语法之父”，其《英语语法》初版1795年，后多次重印，是英语语法学界最重要的教科书之一，本书参考的是1852年重印版。

② 推论过程及两者的异同比较请参看宋桔《〈语言自迩集〉的汉语语法研究》第三章第二小节“内在元语言冲突与西方语法教材底本”。

的。……

西：也不然、贵国除了清文启蒙之外、怕没有这样儿的书、就是清文启蒙、那个相似的地方儿、也有些个得细细儿分的。

中：依您这么说、这部书所论的、想来是我们这儿说话的神气、层次、句法呀。

西：有些微点儿那么着、别的不别的、先把这些书做成了、底下还可以有别的要续上也不定、总是望着学生念了、有一步一步的长进、那工夫不间断、自然一个月比一个月的见强。（问答章 1.1pp.75—76）

编写者将"词类章"和《清文启蒙》作了比较，还提出了"词类章"涉及的"神气""层次""句法"等语法核心概念。

《清文启蒙》（*cin wen kimen bithe*）也和上文提到的《清文指要》《三合语录》一样是清代学习满语的教科书。该书于雍正八年（1750）由满人舞格[①]撰成，共 4 卷。存世有宏文阁、品经堂、文宝堂、三槐堂多个刻本，以及《满汉字清文启蒙》（*manju nikan her en i cin wen kimen bithe*）、《兼满汉字满洲套语清文启蒙》（*manju nikan her en kamcihamanjurara fiyelen i isun cin wen kimen bithe*）等修订本，[②]被誉为"译学入门第一善本"[③]。

该书包括四个部分：第一卷为满文十二字头、满文切音、满文写法、满文字母拼写规律；第二卷介绍满语套话；第三卷讲述满语助词、满语虚词及词尾变化规律，介绍了后置词、连词、语气词以及作为助语虚字的名词的格，动词的时间、祈使、副动、形动等形式的附加成分约 100 个，并有用法说明和例句；卷末列举了约 130 个常用的副词、代词和惯用词组；第四卷解释、分辨了满文中形态和意义相似

① 舞格，字寿平，雍正年间满族人，祖籍长白山，其他不详。生平参看中国科学院图书馆整理：《续修四库全书总目提要（稿本）》（第 6 册），第 107 页。

② 参看卢秀丽、阎向东编：《辽宁省图书馆满文古籍图书综录》，第 71—75 页。

③ 中国科学院图书馆整理：《续修四库全书总目提要（稿本）》（第 6 册），第 107 页。

的词语。①

其中的第三卷就是威氏在对话中提到的《清文启蒙》介绍满语语法的内容，我们猜测威氏对《清文启蒙》亦可能有所接触。② 从具体内容上看，该书与《自迩集·词类章》并无明显的关联。然而，站在当时中国国内缺乏汉语语法的研究的背景下，威氏与他的中国老师很可能从《清文启蒙》这一类的满语语法教科书中吸取了某种相关的思路或经验。

另有一点值得注意，三槐堂刊行的《清文启蒙》的篇首录有作者程明远于雍正八年（1730）题写的"序"，开头为：

> 清文启蒙一书，乃吾友寿平先生著述，以课家塾者也，其所注释汉语，随甚浅近，然开蒙循序，由浅入深，行远自迩之寓意。③

这里提到的"由浅入深，行远自迩"与威氏取名《自迩集》的用意和解释颇有巧合：

> 那儿的话呢、登高自卑、行远自迩、彼此两国的人、互相受教、都无非是由浅以及深的这个理阿。（问答章 1.1p.74）

或许威氏对《自迩集》的命名也是受到了舞格、程明远的影响，也未可知。

---

① 《清文启蒙》的现有研究不多，集中在语音方面，参看季永海：《〈清文启蒙〉语音研究》，《满语研究》1994 年第 2 期；赵志忠：《从〈清文启蒙〉看清代前期满族人的双语使用》，《满语研究》2000 年第 1 期。

② 介绍满语语法的书籍在当时并不少见，如沈启亮的《清书指南》、万福《清文虚字指南编》、富俊的《三合便览·清文指要》等都有介绍虚词助语用法的内容。参看中国科学院图书馆整理：《续修四库全书总目提要（稿本）》（第 6 册），第 72 页。威氏单说"贵国除了清文启蒙之外、怕没有这样儿的书"，并不确，或是威氏本人受该书的影响较大，故有此论。

③ 故宫博物院编：《清文汇书清文指要》（故宫珍本丛刊第 719 册），第 226 页。

第四节　实物：存世版本与流通传播[①]

静态的书籍只是书架上的一件陈列品，是孤立的个体，一本真正的书包孕了关于这种书为何出现、当时如何被使用、被什么样的人使用、被何种机构收藏等问题。这些是现代出版流通学的题中之义，[②]也是在“古籍流通学”之理论模式下分析实物流通的视角之一。[③]以下，我们从《自迩集》的存世版本出发，调查其图书形态，以此为基点分析该书在当时的使用、流通的状态，梳理其从国内向国外，从专业领域向普通畅销书发展的脉络。

一、正式出版：三版洋装铅印

《自迩集》正式出版的三版都是洋装大16开本。根据笔者的调查，可确知海内外多个图书馆藏有不同版本的《自迩集》。国外如美国哥伦比亚大学图书馆、加拿大多伦多大学图书馆、荷兰莱顿大学、日本国立国会图书馆、京都大学图书馆[④]及庆应义塾大学图书馆等；国内的藏本主要集中在《自迩集》出版和流通的集中地——北京和上海，如国家图书馆、北京大学图书馆、北京语言大学图书馆、上海图书馆徐家汇藏书楼等。

其中1886年版和1903年版较常见，1867年版存世较少。根据我们的调查，国内藏有完整三版的机构有两处：国家图书馆和上海图

① 本节部分内容曾发表于《国际汉学》，后经修订和扩充后收入本书。宋桔：《国内〈语言自迩集〉存世文献及实物流通考察》，《国际汉学》2016年第1期。

② 参看陈悟朝：《定位图书流通》，中国书籍出版社，2005年；仓理新：《书籍传播与社会发展：出版产业的文化社会学研究》，首都师范大学出版社，2007年。

③ 高桥智：《古籍流通的意义——善本和藏书史》，《中国典籍与文化》2010年第1期。

④ 该馆藏本情况可参看Paul Sinclair. Thomas Wade's Yü yen tzu êrh chi and the Chinese Language Textbooks of Meiji-Era Japan. *Asia Major*, Vol.16, 2003.

书馆徐家汇藏书楼。[1]国家图书馆外文图书子库藏有《自迩集》三个版本，分别是1867年三卷，1886年三卷和1903年两卷，其中第一版为馆藏善本。上海图书馆徐家汇藏书楼藏有多套《自迩集》，版本较全，以下以徐藏本为对象分三个版本略作介绍：

1. 第一版

第一版1867年版为三卷本，徐家汇藏书楼有两个藏本。藏本一三卷完整，属馆藏孤本。米色普通硬壳封面，封面上贴有如图10（左）的白色花纹装饰纸片，上题按正文部分偶数页页眉内容标识的卷名。[2]

封二加盖如图10（右）紫色圆形法国遣使会“首善堂”[3]章，中心为“首善堂”标志，边缘一圈拉丁文为“PROOURE DES LAZARISTES SHANG HAI”（原意天主教遣使会账房）。

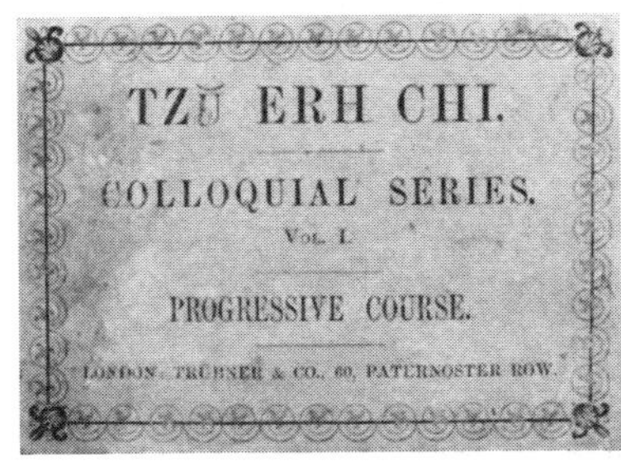

图10　徐藏第一版封面花纹标签（左）、封二“首善堂”藏书章（右）

根据藏书楼工作人员的查证该套书原系天主教耶稣会的财产，可能最初由“首善堂”购得，后进入徐家汇神学院藏书，最后保存在徐家汇藏书楼。

---

① 根据北京大学图书馆电子检索得该馆特藏室收藏了1867、1886和1903年的若干卷，但根据笔者2011年3月的实地考察，特藏室工作人员仅查得1867年版两卷《语言自迩集》。

② 据徐家汇藏书楼馆员判断该封面属后代修缮，但装饰纸片很可能保留了原书封面的面貌。

③ 首善堂是天主教遣使会曾经在中国天津、上海、汉口等城市所设立的办事处（俗称账房），神父以法国籍居多。遣使会曾经在中国河北（包括京津）、江西、浙江等省传教，建立了诸多教区。为支持传教事业，在天津、上海等通商口岸设立办事处，经营房地产业。

第一册为《语言自迩集·口语系列》(*Yü-yen Tzu-erh Chi Colloquial Series*)，310mm × 235mm 开本，正文部分共计 295 页，附录 15 页，共八个章节、五个附录。凡中文内容都加了单边框，似模仿中国刻本书籍，内框大小为 154mm × 201mm。

第二册为《自迩集的解说》(*Key to the Tzu Erh Chi. Colloquial Series*)，开本与第一卷相同。卷末附录了完整的《平仄编》的内容，即两册合为一册，但《平仄编》保留了完整的书名首页，独立编写页码，计 161 页。

第三册为《汉字习写法》(*Han Tzu Hsi Hsieh Fa*)，开本略小于前两卷，约为 298mm × 229mm，是与《自迩集·口语系列》中出现的汉字相配合的汉字书写练习，全为汉字毛笔正楷书写，计 47 页，共计收录汉字 1150 个。

藏本二与藏本一开本一致，仅存第一版第一卷，加盖大书房藏书章（biblioth major)，说明是 1896 年大书房建成后入库的。该藏本保留了暗红色硬壳四角包皮封面，① 书名页盖“董家渡”藏章，应在进入大书房前归董家渡天主堂 ② 所有。

另有一份独立的《平仄编：新版北京话音节表，与〈自迩集〉口语系列相配，根据在顺天府和北京京城内的方言作了修正整理》(*p'ing tse pien*：*a new edition of the peking sylabary*, *designed to accompany the colloquial sseries of the tze erh chi*；*being a revised collection of the characters representing the dialect spoken at the court of peking. And in the metropplitan prefecture of Shun-Tien Fu.*)，根据书目记载原藏于“亚洲文会”③ 图书馆，外观尺寸、具体内容与第一版第二卷后附的内容完

① 该封面与北大图书馆特藏本一致，很可能就是第一版的原书封面。

② 董家渡天主堂位于上海市董家渡路和万裕街的交汇处，兴建于公元 1847 年。在 19 世纪曾是天主教江南教区主教座堂。自徐家汇天主堂落成后，它的传教中心地位才被取代。

③ 亚洲文会图书馆是近代西人在上海运营的三大图书馆之一，与徐家汇藏书楼、租界工部局图书馆齐名，创办于 1872 年，对公众开放借阅，是最早引进西方图书分类法的图书馆。藏书主要靠会员与上海外侨的捐赠，在汉学研究方面颇有特色。建国前曾运出一批图书，1956 年后文会图书馆并入上海图书馆徐家汇藏书楼。参看王毅：《亚洲文会图书馆考略》，《图书馆理论与实践》2006 年第 4 期。

全一致。尽管目前的国内馆藏都以三卷本，即“平仄编”附录于第二卷的组合形式为主，但结合考狄对威氏论著的著录，[①]《平仄编》应该也有过如该徐藏本这样单独装订的版本。

2. 第二版

1886 年版三卷本，徐藏加盖的都是大书房藏书章（biblioth major），为 315mm × 250mm 开本，略大于第一版，采用西洋纸、铅印排版。封面如图 11 所示为绿色暗纹硬壳封面，四周装饰典雅黑色暗纹，比照其他图书馆藏本可确定为 1886 年原始封面。

图 11 《自迩集》第二版原书封面页

第一卷奇数页页眉题有“Tzu-erh Chi Colloquial Series（自迩集——口语系列）”的主题，与第二卷、第三卷页眉内容一致，这一点与第一版各卷页眉随文变化的情况不同。该卷无附录，正文计 349 页。第二卷内容分布与第一版第二卷一致，正文部分计 523 页。该卷卷末页有一行小字“Shanghai：Statistical Department of the Inspectorate General of Customs（海关总署造册处）”，与本卷的出版单位相关。第三卷包括四个附录表[②]和一个勘误表，正文计 264 页。另外，除徐家汇藏书楼，上海图书馆近代书库也保存了《自迩集》第二版第三卷一册，尺寸、款式、装帧与徐藏本一致。

3. 第三版

1903 年版为两卷本，徐藏本未加盖藏书章，来源不明。绿色暗纹封面，306mm × 237mm，奇数页页眉内容与第二版一致。

---

① 参看 Henri Cordier. 1895，Thomas Francis Wade，*T'oung Pao*，No.4.p. 411 注释。

② 附录表的具体内容详见本章第二节对第二版内容的介绍。

第一卷计 172 页，包括“语音章”“部首章”“散语四十章”“问答十章”四章内容；第二卷计 262 页，包括“散语四十章”和“问答十章”的英文翻译和注释内容，皆与第二版相应内容一致。另外徐藏本收录的亚洲文会藏书中亦藏有 1903 年版两卷，形制、内容与上述藏本一致。

值得注意的是，现存的多个藏本不同程度地保留了铅笔批注的汉字或拉丁文、法文，对我们查考该书在当时的流通和应用情况提供了重要的线索。①

据笔者对国图和北大图书馆藏《自迩集》三版的装帧、行款、大小情况及出版信息的核对，可确知它们与徐藏本版本相同。下文相关引文，若无注明皆援引自徐藏本。

二、坊间翻刻：铅印本与线装刻本

除正式出版版本外，还有若干线装《自迩集》存世。这些印本或刻本多来自坊间，形制各异，尚未得到现有《自迩集》个案研究的充分重视。

1. 国图铅印本

国家图书馆藏有一本铅印排版的《自迩集》，单 1 册共 55 页。馆藏信息著录为普通古籍，清代佚名辑，黄纸本。如图 12 所示，该书内部白口四周双边单鱼尾，版面无栏线，分若干块，字数不等，外衣尺寸为 210mm × 140mm，内框尺寸为 180mm × 116mm。

该书无版本信息，封面作“习官话用语言自迩集”，“习官话用”双行小字；书名页作“语言自迩集”；每页的版心则题“语言字迩集”，其中的“字”应是“自”之误。

经原文比对，该印本与《自迩集》第二版第一卷“散语章”和“问答章”的中文课文内容基本一致，其中“散语章”的英文翻为中

① 详见本文本节第四部分对“实物流通”的分析。

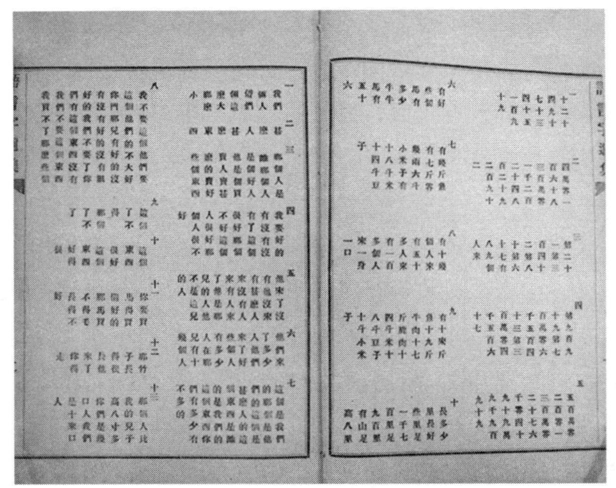

图 12　国图《自迩集》铅字印本正文首页

文的练习答案也收录在内，但在形式上并未区分课文和答案，且不设句读，其中的“问答章”对话用空格划分段落。从内容上看，国图的该印本是以《自迩集》的第二版或第三版为底本印刷的。

内田庆市曾提到东京大学图书馆亦藏有一本铅印的《语言自迩集》，版心也是“语言字迩集”，且内容一致。① 根据对铅印线装技术、文献文本与所存钤印的考察，我们认为线装铅印《自迩集》是清末民初，应市场需求翻印的一批教科书，正是当时在华外国人对北京官话学习需求的体现。②

2. 上图刻本

上海图书馆龙阳路书库藏有《语言自迩集》刻本，有 8—10 个副本。外衣尺寸为 200mm × 137mm，封面黄色，无书名。首页加盖徐家汇藏书楼藏书章。内框大小都为 174mm × 114mm，白口，单

---

① 内田庆市于 2019 年 11 月在“四百年来东西方语言互动研究——第二届近代东西语言接触研究学术会议”（北京）的会议上向笔者展示了东京大学图书馆的藏本，并介绍了相关情况，在此表示衷心感谢。

② 关于《自迩集》翻印本，笔者曾于 2019 年 11 月在“四百年来东西方语言互动研究——第二届近代东西语言接触研究学术会议”（北京）的会议上做专文报告，相关内容将另文详述。

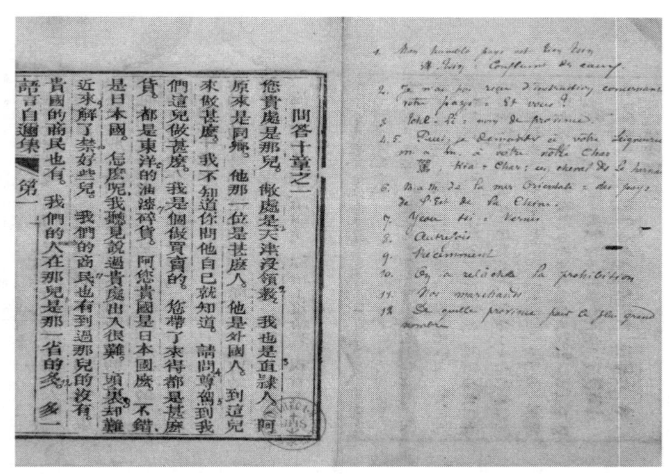
問答十章之二

您貴處是那兒。敝處是天津沒領教。我也是直隷人。阿

原來是同鄉。他那一位是甚麼人。他是外國人。到這兒

來做甚麼。我不知道你問他自已就知道。請問尊駕到我

們這兒做甚麼。我是個做買賣的。您帶了來得都是甚麼

貨。都是東洋的油滌碎貨。阿您貴國是日本國麽。不錯、

是日本國。怎麼呢我聽見說過貴處出入很難。項裏却難

近來解了禁好些兒。我們的商民也有到過那兒的沒有。

貴國的商民也有。我們的人在那兒是那一省的多。多

語言自邇集 第一

图 13　上图《自迩集·问答十章》刻本正文

鱼尾，版心题写“语言自迩集”，每半页 9 列，单列 24 字，有栏线，共 30 页，刻写错误时以双行小字处理①。根据内容比对，可以确定该刻本收录的就是《自迩集》第一版“问答十章”的内容。如图 13 右面所示，上图藏本并非单纯的刻本书籍。我们看到的几个副本中，每两个中文页中间夹了一张空白对折的白纸，纸张为较厚的西洋纸，与刻印部分的毛边纸不同，很明显是印制完成后另外加入的。白纸上记录了对应页每句中文的拉丁语翻译，同时用红点在正文页标点生词，以红点的个数做区别，附页上标注威氏拼音和生词语义解释。我们认为这一刻本对于《自迩集》实物流通的研究具有重要的价值。

3. 私藏刻本

北京社会科学院的钟少华私人还藏有“问答十章”的木刻本，尺寸为 205mm × 135mm。如图 14② 所示，白口，单鱼尾，版心题写“语言自迩集”。③ 封面已烂，亦无书名。

---

① 如 p3a，“儿分”是双行小字，p5b“这个张来顺是马驹桥人么”是双行小字等。

② 该书影由内田庆市提供。

③ 参看内田庆市：《〈语言自迩集〉源流及其在日本的传播》，第 62 页。

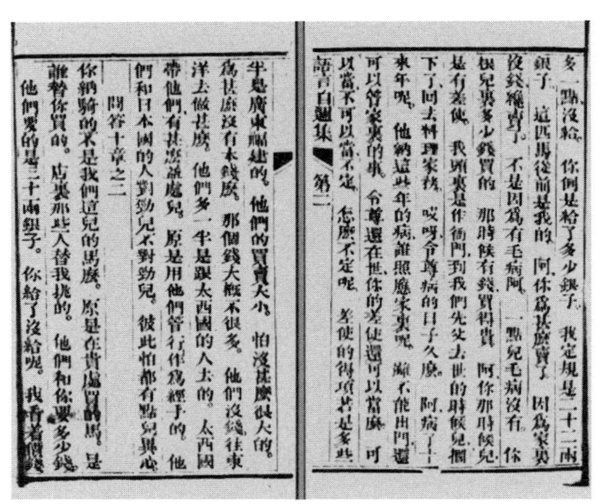

多一點沒給。你們是給了多少銀子。我定規是二十二兩
銀子。這匹馬從前是我的。阿你爲甚麽賣了。因爲家裏
沒錢纔賣了。不是因爲有毛病阿。一點兒毛病沒有。你
根兒裏多少錢買的。那時候有錢買得貴。阿你那時候兒
是有差使。我原來是作衙門。到我們先父去世的時候兒擱
下了。回去料理家務。哎呀令尊病的日子久麽。阿病了十
來年呢。他納這些年的病誰照應家裏呢。雖不能出門還
可以管家裏的事。令尊還在世。你的差使還可以當麽。可
以當不可以當不定。怎麽不定呢。差使的得項若是多些
語言自邇集 第二

半是廣東福建的。他們的買賣大小。怕沒甚麽很大的。
爲甚麽沒有本錢麽。那個錢大概不很多。他們沒錢往東
洋去做甚麽。他們多一半是跟太西國的人去的。太西國
帶他們有甚麽益處兒。原是用他們管行作爲經手的。他
們和日本國的人對勁兒不對勁兒。彼此怕都有點兒異心
問答十章之二
你納騎的不是我們這兒的馬麽。原是在貴處買的馬。是
誰替你買的。店裏那些人替我挑的。他們和你要多少錢
他們要的是三十兩銀子。你給了沒給呢。我看着價錢

图 14 《自迩集·问答十章》正文页

根据我们看到的全书实物照片，可以确定钟少华的藏本内框尺寸、栏线、每列字数与上图刻本的中文部分完全一致。

经比对，特别是某些页面的双行小字处理，以及部分文字和边框的断口比较，基本可以确定：钟少华私藏与上图刻本是同一块刻板印制的，只是他的藏本没有中间的白纸夹页，而上图刻本在书稿印成后又在每两页的中间夹了一张白纸作为笔记记录纸。可见两书虽同版印刷，但很可能刻印完成后进入了不同的使用领域。

三、仿制印本：《语言问答》类教学材料[①]

另一套我们认为与《自迩集》内容相关的线装书是《语言问答》。这本书仅在罗马国立中央图书馆、比利时鲁汶大学图书馆、上海图书馆、上海复旦大学图书馆四处有藏。现今国内尚无相关研究，仅上海图书馆古籍部编目著录该书为清佚名撰，清光绪（1875—1908）

① 本节部分内容曾于 2010 年在《或问（第 19 辑）》发表（宋桔：《清末佚名〈语言问答〉研究》），经增补、修订后纳入本书。

刻本。

根据内田庆市所见的罗马国立中央图书馆和比利时鲁汶大学图书馆所藏《语言问答》，该书分上下两个部分，前半部分题为《语言问答》，凡 52 页；后半部分题为《续散语十八章》，凡 35 页。① 其中后半部分仅藏于罗马国立中央图书馆，比利时鲁汶大学图书馆所藏及国内的六个藏本皆为前半部分。② 海外藏本中后半部分《续散语十八章》在内容上与现存《自迩集》第一版同名章节完全一致。③ 换言之，后半部分来自《自迩集》是比较明确的，但前半部分，即《语言问答》的版本情况有待研究。

根据笔者的调查，《语言问答》在国内的六个版本分别为：上海图书馆古籍部藏一种一册《语言问答》、复旦大学图书馆藏五种五册《语言问答》④。

国内藏《语言问答》同为普通线装的清代刻本。复旦藏本如图 15 所示，行款为每半页十行，每行大字 20 个，无栏线，无双行小字；白口，单鱼尾，左右实心边框；版心刻有“语言问答”字样及该页页码，共 52 页，第 28 页 b 面打了一行栏线，第 52 页 b 面（即末页）打了四行栏线。尺寸上，其中的五个藏本均为外衣 150mm × 255mm，内框 130mm × 178mm，复旦六号藏本和上图藏本外衣尺寸略小，但内框与其他藏本一致。

通过我们对六种书的字体刊刻及成品的断口、叠影的进一步比对，结合书中部分文字的歪斜、字体改变的情况，基本判定上海所藏的六种《语言问答》为同一块书版印制。钤印方面，上海图书馆古籍部所藏的《语言问答》表面没有任何藏章。但复旦五个藏本都有藏章，据笔者辨识，主要是“徐家汇神学院”(ZI-KA-WEI

①③ 参见内田庆市：《〈语言自迩集〉源流及其在日本的传播》，第 51 页。

② 据笔者描述的上海图书馆、复旦大学图书馆藏本的书籍行款情况及提供的书影，内田庆市教授已确认上图、复旦所藏的《语言问答》是与比利时鲁文大学图书馆所藏的《语言问答》相同的一部书，且比利时鲁文大学图书馆藏并本无下文提及的笔记信息。

④ 据复旦大学古籍部卡片目录显示，原本的记录的有六个副本，其中一个藏本已因历史原因丢失。

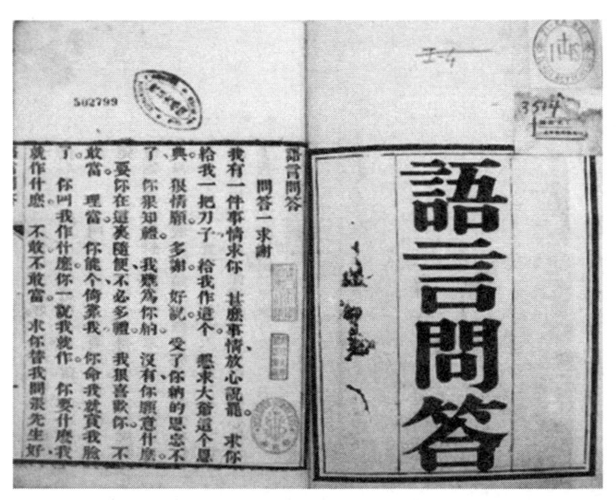

語言問答

語言問答

問答一 求謝

我有一件事情求你 甚麽事情、放心説罷。 求你給我一把刀子、 給我作這个。 懇求大爺這个恩典。 很情願。 多謝。 好説。 受了你納的恩忘不了、 你狠知禮。 我甚為你納。 沒有、你願意什麽。 不要你在這裏隨便、不必多禮。 我狠喜歡你。 不敢當。 理當。 你能个倚靠我。 你命我就貫我臉了。 你叫我作什麽、你一説我就作。 你要什麽我就作什麽。 不敢不敢當。 求你替我問張先生好

图 15　清佚名《语言问答》书名页及首页（复旦图书馆藏）

SCHOLASTICATUS）、“神学院藏书室”（BIBIIOTH SCHOLASI）、“震旦大学院”（UNIVERSITY L’AURORE）等。可基本推定：《语言问答》在成书之后至19世纪末20世纪初，主要流通于天主教神学院、教堂、教会学校等场所，是教会学校学习汉语的教材。

在体例上，《语言问答》全汉语无外文，汉字从右往左直排书写。分四十六章节，每节以“问答”加题名为题目，独立一行。内容以（AB两角，甚至两个以上角色的）对话为主，以顿号和句号断句，一个角色说完后空一格，与《自迩集·问答篇》的体例形式基本一致。

我们把全书从内容上分为两个部分。第一部分是“问答一求谢”至“问答三十六病人”，涉及的都是日常生活中的对话内容，题目也往往由谈论的核心事件、对话发生的时间（如“上学篇”“起来篇”“早上拜望篇”）、地点（如“在学房篇”）等组成，字数都在七百字以下，主要内容也与普通语言教材的日常用语练习的形式较一致。

第二部分是“问答三十七管工程”至“问答四十六堂官承差走堂”，篇幅骤大，字数跃居千字以上，内容多涉及社会的丑恶面以及社会的人间百态。一大部分以对话人的身份为标题，如“农夫篇”“当家篇”等；另一部分以对话谈及的第三方的身份为题名，如

“光棍篇”“买办篇”。行文的模式多是一方大谈自己或某人的种种恶行，另一方对其进行批判和劝诫，多涉及罪恶的本质，犯错后不是接受法律的惩罚，而是通过行善来弥补过失，爱人如爱己的思想等。①这些都与天主教接受忏悔、传达宗教思想有一定的联系，这一点在“问答四十四”中表现尤为突出，谈话中不仅列举了天主教、佛教、儒教、天地会、白莲教、天理教等，否认了它们是一样的教；而且在思想上，直接否定中国传统的礼节，称它们都是虚假的礼，揭露迷信思想的无理性。这些内容有力地揭示了该书的宗教背景。

（一）内容与《汉字文法》相近

内田庆市（2010）曾提到《语言问答》与公神甫（Joaquim Afonso Gonsalves，1781—1841，亦称江沙维）②《汉字文法》（*Arte china constante de alphabeto e grammatica*，1829）第五章“问答”的内容相关。③根据对两书原文的进一步对照分析，我们发现《语言问答》和《汉字文法·问答》在章节内容和标题上基本一致，④只是在版式和具体字词内容上存在差异。

在版式上，《语言问答》汉语从右至左直排书写，《汉字文法·问答》分两栏中葡对照，汉语和葡文都是从左至右书写。在具体内容上，《语言问答》的编写者对《汉字文法·问答》中的一些句子、词汇进行了删定、替换和修改。异体字方面，《汉字文法·问答》全文使用“裡”，⑤《语言问答》将部分的“裡”改作“裏”，如“這裏”“那裏”“‘那

① 如“问答四十三”中提到“你想这个于爱人如己的道理合不合、书上说己所不欲、勿施于人、本来普天下的人该当彼此相爱如兄弟一般、人有好处、比我强、不该当难过、人有祸患、该当安慰他可怜他”。（语言问答 45b）

② 葡萄牙籍天主教遣使会传教士，于 1813 年或 1814 年到达澳门，其使命原是前往北京传教，但不巧的是江氏人华之时逢清政府禁教，因而滞留于澳门，在圣若瑟修院从事教学。圣若瑟修院创办于 1727 年，原本是用来培训整个远东区传教士，其职责是专门培训中国籍修士，同时也招收没有修道志愿的外读生。

③ 参见内田庆市：《〈语言自迩集〉源流及其在日本的传播》，第 51 页。

④ 例外的是《语言问答》的“问答十五在学房”删除了原文第 233—237 页的内容，可能是基于编写者在篇幅上的考虑或内容的喜恶。

⑤ 该段引号中的汉字为原文照录。

裏”“家裏”“裏頭”等，在用法意义上与“裡”无差别。《汉字文法·问答》全文使用“著”，《语言问答》将部分的“著”改作“着”。

《汉字文法·问答》原文中常以“/”符号分割多个同义的词汇或短语，《语言问答》对这些内容进行了筛选，一部分保留了多个同义的词汇或短语，改写为两个完整的句子；大部分情况下是保存了多个中的一个用法。第一种情况如：

（1）你纳、纳福 / 安福。（《汉字文法》p.216）

（2）你纳好、你纳、纳福、你纳安福。（《语言问答》p.1b）

第二种情况共计出现了 46 处，除在完全相同的结构之间选择外，有一些是在偏书面或口语的说法中留下了口语的说法：

（3）没有大病、小病也未免有 / 免不了。（《汉字文法》p.238）

（4）没有大病、小病也免不了。（《语言问答》p.10b）

另一些是修正了原来的习惯用语：

（5）你有几个小妇人 / 偏房。（《汉字文法》p.223）

（6）你有几个偏房。（《语言问答》p.5a）

（7）老爷离贵 / 本国有几年。（《汉字文法》p.253）

（8）老爷离贵国有几年。（《语言问答》p.19a）

“小妇人”是旧时妇人见地位高的人时的自称，戏曲中多见，《汉字文法·问答》的原用法显然不对。“贵国”用语称对方的国家表示尊敬，“本国”用于第一人称谈论自己的国家，《语言问答》删除了不当的用法。

综上所述，我们认为《语言问答》前半部分实际上是对公神甫《汉字文法·问答》略加修改后的照录。

（二）编写者与编写背景推定

上文已经提到，内田庆市（2010）认为《语言问答》是威氏及其助手应龙田在1860年出版《问答篇》和《登瀛篇》之后、1867年出版《语言自迩集》第一版之前的这段时间出版的另一部书。[①] 他的论据是威氏在《寻津录》(1859) 中提到非常信赖公神甫的汉语，并希望自己能写出一本与《汉字文法》类似的学生手册。[②] 但这一依据并不能直接证明威妥玛会将《汉字文法·问答》的内容照录到自己的书上。我们对于《语言问答》的编写背景与编者持不同的看法。

1. 对底本内容的删定与保留

对底本内容的删定与保留反映了《语言问答》编写者的观念与主张。如上文我们已经提到的，《语言问答》删除了一段勉励上学读书的内容，却保留了大量劝人信仰西方宗教，贬低佛教道教的言论。如：

> 我还没有定、人说天主教、同佛教、儒教、天地会、白莲教、天理教一样、不过都是劝人学好、这样没有异端。一定有、不能都是真的、到底顾不得考察明白、昨日在庙里作会祭献神、唱戏烧香烧纸、香蜡、门神纸钱、挂钱纸马、元宝都有、到底庙神没有灵、所以我再不拜那个庙。和尚变甚么。人说变驴。道士作甚么他们爱辩论。妮姑作甚么、管闲事。(《汉字文法》p.299；《语言问答》p.46b)

威氏作为外交官，像他这样的身份深知如何与中国人，特别是中国的知识分子打交道。[③] 他所选用的语言材料自然也带有很强的引导

---

① 参见内田庆市：《〈语言自迩集〉源流及其在日本的传播》，第52页。

② 内田庆市：《〈语言自迩集〉源流及其在日本的传播》，第51页。

③ 参见熊月之：《西学东渐与晚清社会》，上海人民出版社，1994年，第303页，第621—622页；赵柏田：《帝国的迷津——近代变局中的知识、人性与爱》，中华书局，2008年，第153—155页。

性，如：

古来有位圣人姓孔。他的教后世叫做圣教。为中国最尊重的。同时还有老子的教、叫做道教。佛教是西方僧家传来的。尊佛爷出家的是僧家、俗说就叫和尚。尊老子出家的是道士。圣教又名儒教。儒教的人叫俗家。三教的总名就叫僧道儒。（散语章 1.1p.64；2.1p.110）

即使来自不同的底本，也很难想象这两段文字会被同一位编写者采用。

2. 词汇用语风格差异

在原文整理的过程中，我们发现，《语言问答》中频用的一些词语形式在《问答篇》《登瀛篇》或《自迩集》中都没有使用，以下略举三例：

《语言问答》全文使用的 17 例“单单”，或肯定或否定，都作为副词，表示仅仅、唯独的意思，这个用法在明代已经出现：

（9）有一党人单单的想哄骗人、并不想别的。（《汉字文法》p.217；《语言问答》p.2a）

（10）如今我们单单的用筷子吃饭、用不得叉子勺子。（《汉字文法》p.246；《语言问答》p.15a）

（11）没有人说山西那一边有贼起来了么。不单单的在那里、在广东也有海贼、闹的利害。（《汉字文法》p.260；《语言问答》p.23a）

《问答篇》《登瀛篇》及《自迩集》中多用“仅”或“只”表达以上含义，未见“单单”。

表示有能力的意思，《汉字文法·问答》使用“能勾”，《语言问答》中“喝茶”及以前都改作“能个”，“说中国话”及以后改作“能够”：

（12）你能勾倚靠我。(《汉字文法》p.215)

（13）你能个倚靠我。(《语言问答》p.1a)

（14）用心二三年的工夫、能勾学好了、这么容易。(《汉字文法》p.249)

（15）用心二三年的工夫、能够学好了、这么容易。(《语言问答》p.17a)

“能勾”和“能够”是异体字，据《汉语方言大词典》，这里的“能个”应该来自北京话口语中表示聪明、技艺高的“能个儿”(也做“能格儿”)，显然与吴语与西南官话系统中表示“这样”“怎么这样”的用法不同。[①]《问答篇》《登瀛篇》及《自迩集》中使用的都是“能够”，未见“能勾”或“能个”。

《语言问答》中使用“莫奈何”表示“无可奈何”的意思：

料理世务的事情上头有的危险不少。这些都是莫奈何的事。若别人命你罢了、到底你的师傅命你不听、这个了不得。(《汉字文法》p.231；《语言问答》p.9a)

同样为表达这个意思，《自迩集》中均用“无可奈何”，未见“莫奈何”：

（16）那是从前做买卖时候儿累的、如今是回家歇着了。回家是回家、也是无可奈何。(问答章1.1p.101)

（17）我无可奈何呀。我作不得主儿。(问答章1.1p.101；2.1p.147)

综合以上的意见，我们将《语言问答》的编者与编写背景推定为

① 参见许宝华，宫田一郎：《汉语方言大词典》，中华书局，1999年，第5230—5231页；香阪顺一著，江蓝生、白维国译：《白话语汇研究》，第123—124页。

两种可能性。

主要从后半部分“续散语十八章”的情况来，威氏和他的助手应龙田也有可能是《语言问答》的编者，但该书应是编写《自迩集》过程中一个草稿，非威氏已经编辑完成并正式出版的教科书。

然而，从内容、流通机构和词汇的分析来看，我们认为《语言问答》更可能是一个教学学校或神学机构采集其他正式出版的汉语教材，仿制编写刻印的课堂用书。① 编写者的背景决定了《语言问答》中宗教内容的丰富性；杂合编印的性质决定了《汉字文法·问答》和《自迩集·续散语十八章》合在了一起，其明显的上下分册和体例上的区别可能源于上述两个部分，甚至并非同时刻印。

进一步来看，在流通方面，钤印传达的藏书信息与该书的编写场所和主要使用区域相关。刻本上的铅笔笔记是当时神学院教学内容的生动体现，而复旦藏本上这些笔记的标记者则可能出自校内汉语教师之手，他熟练掌握了拉丁语、法语和英语，这些笔记也可能是授课笔记。

四、流通传播：流布四海，从教材到社会畅销书

（一）海外传本、抄本与翻刻本

在《自迩集》出版的时代，南北京官话呈并存对峙之势。② 各国列强借助“北京条约”获得了在京设立领事机构的权益，不论是与北京朝廷官员的周旋，还是与市井百姓的沟通，对北京官话翻译人才的需求节节攀升。

虽然在《自迩集》之前，英国驻广州领事馆汉文秘书密迪乐已于1847 年在英国出版了《杂录》，该书若干章节介绍了北京官话的流行性与重要性，且包含了一个简要的“北京官话音节表”。但该书在当

① 可以作为辅助论据的是，上文提到的上海图书馆藏刻本《语言自迩集》，保留了空白夹页及学习笔记。

② 详见本书第三章第一节相关论述。

时的流通面并不广，北京官话也仅是书中内容的一个部分。①

然而，作为第一本系统教学北京官话的教科书，威氏《自迩集》的地位都是标志性的。作为一套集北京官话语音、部首、词汇、对话、语法等内容为一体的教材，它在产生之初，即受到了当时刚刚进京的各国领馆官员的关注，并借助他们流向了世界各地。

1. 俄、韩、美流传

根据挪威学者张方挖掘的史料②，俄国著名的汉学家东正教教士П. С. 波波夫（П. С. ПОПОВ, 1824—1913）③在1902年完成俄国驻京使馆领事职务卸任回国后，曾到彼得堡大学任教。其间，他就是以威氏的《自迩集》为教材给一、二年级汉语专业学生授课的。在文献检索中还发现了一部俄语版的《自迩集》摘抄本，主要是《自迩集》“词类章”“散语章”等内容的摘抄整理，全书80页，于1905—1906年出版于海参崴，从俄文书名来看系供当时东方学院学生学习用的教材。④

中译本（2002）作者张卫东也曾在韩国奎章阁发现了与《自迩集》配套的《文件自迩集》的一部手抄本，说明《自迩集》亦曾在朝鲜半岛流传。⑤韩国学者宋宪奭于日本殖民统治时期编写了汉语教材《自习完璧支那语集成》(1921)，根据张美兰（2013）对《谈论篇》

---

① 关于《自迩集》中北京官话音节表与密迪乐《杂录》所附表格内容的比较，两者对于北京官话观点与态度的联系请详见：宋桔：《19世纪西人对北京官话的态度及第一个出版的北京话音节表》，汉语国际化视野下的汉语全球教育史国际学术研讨会，上海，2017年。宋桔：《密迪乐的“北京官话音节表”》，数位化时代下的汉语全球教育史国际学术研讨会，日本大阪，2018年。Song Ju, The Overture of Peking Pronunciation's Victory: The First Published Peking Orthography. *Journal of Chinese Linguistics*, 2020 (2).

② 参看张方：《从〈俄汉合璧字汇〉看俄国19世纪汉语教育的词汇和语音教学》，《世界汉语教育史研究：第一届世界汉语教育史国际学术研讨会论文集》，第201页。

③ П. С. 波波夫生于1842年8月26日俄国库尔斯克州的一个东正教神父家庭，1865年毕业于库尔斯克神学院。1866年考入彼得堡大学东方系，1870年获得中—满—蒙语学士学位。毕业后进入亚洲司，曾数次被派往北京。1873年被任命为驻京俄罗斯帝国使团第二翻译，1877年任驻京俄罗斯使团首席翻译，1886年升任驻京公使馆北京领事馆领事。1900年成为皇家科学院通讯院士，1902年任彼得堡大学汉语副教授。

④ 该书信息由石汝杰教授提供，在此表示由衷感谢。

⑤ 参看张卫东：《〈语言自迩集：19世纪中期的北京话〉译序》，载威妥玛著、张卫东译：《语言自迩集：19世纪中期的北京话》，第2页。

百篇与《支那语集成》的第六编"谈论"进行一一的对照可知，宋宪爽总共改编了《自迩集·谈论篇》中34课内容，各篇标题一律以双音节命名，如"新喜"(即谈论篇之十一)、"弟兄"(即谈论篇百章之十七)、"朋友"(即谈论篇百章之十八）等。①

据杜德维所写的《在戈鲲化的指导下载哈佛大学学习中文口语备忘录》，1880—1881年第一位进入美国的中文教师戈鲲化在哈佛教学时使用的口语教材就是《语言自迩集》。②

除直接采用《自迩集》原版外，还出现了相关的海外传抄本，或以《自迩集》为底本编写的其他教材。这方面日本尤为突出。

2. 日本抄本

日本"到了明治十四年完全废止了南京官话的教学，只教北京官话了"③，促成并实现这一变革的就是《自迩集》。应外交上对北京官话的需求，日本外务省于1874年和1875年派遣两队语言学生来华学习。④ 据史料记载，日本驻华使馆提供给他们的教材就是请北京的抄写生抄写下来的《语言自迩集》。⑤ 中国语教育专家六角恒广认为《自迩集》是打开日本近代中文学习道路唯一的教科书。⑥

借助外务省派遣的这批学生，《自迩集》第一版传入日本，成为当地学校教授北京话的主要教材：

> 拿当时的教学法来说，在外国语学校，招聘薛乃良，而按照学校只收藏一本的《语言自迩集》，让学生们都抄写来作为

① 张美兰、刘曼：《〈清文指要〉汇校与语言研究》，第6页。

② 杜德维1879年7月28日致埃利奥特信，见张宏生：《戈鲲化集》，江苏古籍出版社，2000年，第287—292页。

③ 何盛三：《北京官話文法》，太平洋書房，1928年，pp.71—72。转引自内田庆市：《〈语言自迩集〉源流及其在日本的传播》，第51—52页。

④ 参看 Paul Sinclair. Thomas Wade's Yü yen tzu êrh chi and the Chinese Language Textbooks of Meiji-Era Japan. *Asia Major*, Vol.16, 2003: p.154.

⑤ 参看六角恒广著、王顺洪译：《日本近代汉语名师传》，第58页。

⑥ 六角恒广：《中国語学習余聞》，同学社1998，p. 23。转引自藤田益子：《威妥瑪和漢語会話課本従〈語言自邇集〉考察威妥瑪所追求的語言境界（一）〈語言自邇集〉,〈問答篇〉和〈清文指要〉的対照》,《新潟大学国際センター紀要》2007（3），p.80。

课本。先依靠其平仄编练习正确的发音，熟练以后再学习谈论篇。①

据记载，因当时的原书数量有限，学生学习主要采用的是自己抄录的方式。这些存世的手抄本也就成为《自迩集》在日传本中的一类。

内田庆市已介绍的存世《自迩集》的三种抄本，都以《自迩集》第一版为底本。其中东洋文库收藏的《语言自迩集》抄本正是上述何盛三提过的“让学生们抄写”的一种；静嘉堂文库收藏的《语言自迩集》抄本共计8册，抄写的内容包括“散语章”“问答章”“谈论篇”“平仄编”“言语例略”五个部分；长崎县立图书馆收藏的《语言自迩集拔翠》抄写的内容仅“散语章”的词语，没有句子。②

根据日本学者对抄本上批注的研究，可以证实这些抄本用于学生的课堂学习，并顺手记录了教师讲解的内容作为笔记。从其改定的词语情况可以判定，这些批注记录的是比《自迩集》更早的南京官话。③

3. 日本翻刻本

除抄本之外，在日本还发现了《自迩集》的各式“翻刻本”，这些书多是在《自迩集》底本的基础上再做删节修订后正式出版的。

《亚细亚言语集支那官话部》为《自迩集》在日本最早的刊本，如图16④ 所示，该书由广部精编写，青山堂初版于1879—1880年，后又再版，1892年又出了增订版。

---

① 何盛三：《北京官話文法》，太平洋書房1928，p.73。转引自内田庆市：《〈语言自迩集〉源流及其在日本的传播》，第52页。

② 参看内田庆市：《〈语言自迩集〉源流及其在日本的传播》，第52页；鱒沢彰夫：《北京官話教育と語言自邇集散語問答明治10年3月川崎近義氏鈔本》，《中国語学》1988（10），146—155。

③ 虽然教材是北京官话的，那时的日本教师在教学时还是会提醒学生南京官话的相应读音和说法。详细的笔记分析可参内田庆市：《〈语言自迩集〉源流及其在日本的传播》，第52页。

④ 该书影由内田庆市提供。

该书目录略记如下：

支那語學教科書
廣部精編輯
支那官話
亞細亞言語集
東京書林
青山清吉藏版

图 16 《亚细亚言语集》题名页书影

卷一　序（王冶本、广部精）、凡例、音表、散语四十章、散语四十章摘译（明治十二年 1879 年 6 月 30 日出版）

卷二　序（龚恩禄）、续散语十八章、常言（明治十三年 1880 年 2 月）

卷三　序（敬宇中村正直）、问答十章（明治十三年 3 月）

卷四　序（刘立安）、谈论五十章（明治十三年 5 月）

卷五　续谈论五十二章（明治十三年 5 月）

卷六　例言（广部精）、平仄编（明治十三年 8 月）

卷七　言语例略十五段（明治十三年 8 月）①

日本学者早已从内容、用语等多个角度证实了该书是以《自迩集》为蓝本编写的。② 近来研究又证明广部精不仅参照了《自迩集》

① 内田庆市：《〈语言自迩集〉源流及其在日本的传播》，第 54 页。

② 参看六角恒广著，王顺洪译：《日本中国语教育史研究》，第 77—103 页。

的第一版，还参考了之前出版的《问答篇》。①

《清语阶梯语言自迩集》由庆应义塾刊行于1880年，计两册，是在《自迩集》第一版翻刻基础上改订的，该版在散语章的各页栏外增加了字句，并删除了日本人不需要的汉字说明。② 书中第一版序言前有一段新增的“绪言”说明了改订的原因和范围：

> 是书往往有语不顺意、不偕者，今及再刷，稍加改正。附其文于各章篇次而犹存其原文惟于旁加竖画以别致。但是书以告成，有限迫于期所改者不过散语、问答、续散语、谈论篇数章编，除如平仄编等皆未暇及焉，学者幸谅也。③

六角恒广认为“这是在日本翻刻，面向日本人的《语言自迩集》”④。尾崎实指出该书在日本国内是较为普遍的《自迩集》版本，但印刷错误较多。⑤

1880年第一版出版后，为满足当地学习的需要，还出现了有日语翻译和注解的《总译亚细亚语言集支那官话之部》之类的系列书籍。⑥

其他与《自迩集》内容相关的汉语课本如：兴亚会支那语学校以《自迩集·散语章》短语为基础编写的《新校语言自迩集·散语之部全》(1880) ⑦、九岛九成参订并注解的《参订汉语问答篇国字解》(1880)、福岛安正编辑的《自迩集平仄编四声连珠》(1886)，土佐南

---

① 内田庆市《〈语言自迩集〉源流及其在日本的传播》(第54—56页）通过词汇分析证明了这一点。

② 参看六角恒广：《中国语书志》，不二出版社1994，p.31。

③ 根据尾崎实《〈語言自邇集〉解説〈語言自邇集〉語彙索引（初稿）》，《明清文学言語研究会会報》1965（单刊9），p.3）白文断句。

④ 六角恒广著，王顺洪译：《日本中国语教学书志》，第9页。

⑤ 参看尾崎实：《〈語言自邇集〉解説〈語言自邇集〉語彙索引（初稿）》，1965（单刊9），3—4。

⑥ 参看内田庆市：《〈语言自迩集〉源流及其在日本的传播》，第57页。

⑦ 内田庆市：《〈语言自迩集〉源流及其在日本的传播》(第58—61页）指出存世的该书藏本中有部分记录有当时的授课笔记，笔记也有将原书的北京官话的读音和词汇改写为对应的南京官话的情况。

部义编的《北京官话清国语学捷径》(1894—1895)等。①

更有研究者将《自迩集》对日本北京官话教育的影响提到了一个新高度，提出明治时期的大部分汉语课本都脱胎于《自迩集》，是不同程度仿效《自迩集》的结果。②

由上述讨论可知，《自迩集》流传范围较广，并在多个国家的汉语教育，特别是北京官话教育中起到了关键性的推动作用。这些抄本及改编本，带授课笔记的原本都为我们进一步探求《自迩集》在出版之时的应用和流通情况提供了不可多得的一手资料。

(二) 从中国到国际　从课堂到社会

前一部分《自迩集》的海外传本为我们展示了一条《自迩集》在中国国内印刷出版之后，借助各国外交官之手流通于世界各地的路径。如果说这条地域上的流通路径是显性的，那么另一条与书籍受众相关的流通路径则是隐性的。

1. 面向外交领域的专业教材

《自迩集》是应“见习译员汉语培训计划”而编写的，它的出现填补了当时汉语教材，特别是北京官话教材稀缺的情况：

> 笔者的职责之一就是指导女王陛下驻中国公使馆新招募的人员的汉语学习。尽管现在出版的这部书，如果是传教士或者商人使用它，也不会觉得完全没有价值。但是，这部书最重要的目的还是帮助公使馆的见习生花费尽量少的时间打下学习的基础，在这个国家的官话口语方面，以及在书本上、公函中，或者在任何

① 以上书籍的详细信息可参看安藤彦太郎著，卞立强译：《中国语与近代日本》，北京大学出版社，1991年，第30页；内田庆市：《〈语言自迩集〉源流及其在日本的传播》，第62页。

② Paul Sinclair认为吴启太、郑永邦的《官话指南》以“问答十章”的形式为基础，金国璞、平岩道知等的《谈论新编》以“谈论百章”的形式为基础，官岛大八的《急救篇》以“散语四十章”的短语形式为基础，并指出明治时代的北京官话课本是唐通事的汉语学习传统与威妥玛的新型教材形式混合的产物。参看Paul Sinclair. Thomas Wade's Yü yen tzu êrh chi and the Chinese Language Textbooks of Meiji-Era Japan. *Asia Major*, Vol.16, 2003：pp.156—159。

公众性质文件上的官话书面语的阅读方面。（笔者译，序言 1.1p.iii）

换言之，《自迩集》是为公使馆的翻译见习生量身定制的汉语教材，旨在帮助见习译员学习北京官话，并在工作中提升与中方官员的语言交流能力，加强双方的办事效率。当时的中国海关实际是由列强控制的，自第二版在海关总署出版后，在赫德的大力推动下，《自迩集》在全国海关工作人员的语言培训中得到了充分的利用。①

随着各国驻北京使馆的建立，《自迩集》出版后也迅速流入其他国家的外事人员之手。1876 年，日本见习译员中田敬义发现了《自迩集》，并设法请人抄写：

> 来到北京一看，没有语学书，只有当时英国驻支那公使威妥玛编的大本的《语言自迩集》。这本书确是珍贵的书，价钱非常高，买不起。于是，找支那的笔工抄写，由叫做英绍古的人任教师，进行语言的学习。②

由此可见，在最初的流通过程中，《自迩集》在绝大多数情况下是作为外交领域的语言专业教材来使用的。

2. 教会相关的汉语学习资料

虽然《自迩集》最初明确以领事馆见习译员为目标受众，第一版也以较小的印量在各国领事馆间流通。但从我们目前发掘的徐藏本和上图刻本来看，这套北京官话教材在出版后不久即被教会系统吸纳，成为传教士学习汉语，神学院教授汉语的教材之一。

传教士入华后“苦于风土人情之不谙，语言文字之隔膜”，最大的困难就是语言。随着教会实力的增强，汉语教育从自发、单独学习逐渐走向了专门学校教育。意大利传教士罗明坚（Michele Ruggleri，

---

① 参看 Henri Cordier. 1895，Thomas Francis Wade，*T'oung Pao*，No.4. p.410。

② 六角恒广著，王顺洪译：《日本中国语教育史研究》，第 86 页。

1543—1607）创办的“圣玛尔定经言学校”[①]是中国历史上第一所外国人学习汉语的学校，此后的“圣保禄学院”（Colegio de Paulo）[②]、“英华书院”（Anglo-Chinese College）也均以传教士汉语教育为宗旨之一。[③]

从学习的语言看，清前期，耶稣会重视对士大夫阶层传教，强调官话的学习和对中国典籍的研究，如利玛窦所言“懂得这种通用的语言，我们耶稣会的会友就的确没有必要再去学他们工作所在的那个省份的方言了”[④]。而多明我会、方济会则长期在东南沿海的下层民众中传教，重视地方方言和口语技能，但各个教派都不反对学习官话。[⑤]

19 世纪中期之后，传教士们开始注意到北京官话的重要性。1872 年与 1873 年，法国天主教“首善堂”塔扬神父（Taihan）拟定了一份为江南与直隶东南两个教区征招更多传教士的计划，计划中提道：

> 初学院与文学院就设在讲普通话的直隶东南教区，聘请文人学士为这些未来的传教士们教授。……使这些青年传教士一开始就完全能掌握并熟练地讲普通话。[⑥]

引文中的译词“普通话”所指就是当时的“官话 Mandarin”。此计划虽最终并未完全推行，但从中也可看出当时教会对北京官话教育

① 该校的相关情况参看利玛窦著，罗渔译：《利玛窦通信集》，台湾光启社，1986 年，第 432 页。

② 澳门的“圣保禄学院”（Colegio de Paulo）的汉语教学情况可参看李向玉：《澳门圣保禄学院的中文教学》，《世界汉语教学》2000 年第 3 期；李向玉：《澳门圣保禄学院研究》，澳门日报出版社，2001 年。

③ 早期教会学校汉语教育参看何群雄：《中国語文法学事始—〈馬氏文通〉にいたるまでの在華宣教師の著書を中心に》，三元社 2000，pp.26—29；张西平：《对西方人早期汉语学习史的研究》，《汉语研究》（第 7 期），中华书局，2002 年，第 400—404 页。

④ 利玛窦、金尼阁著，何高济、王遵仲、李申译：《利玛窦中国札记》，中华书局，1997 年，第 30 页。

⑤ 参看李真：《清朝中前期来华传教士的汉语研习综述》，载《国际汉语教育》（第一辑），外语教学与研究出版社，2009 年，第 74 页。

⑥ 史式徽著，天主教上海教区史料译写组译：《江南传教史》，上海译文出版社，1983 年，第 285—286 页。

的重视。

计划中提到的江南教区的耶稣会总院和神学院都在徐家汇。①1847年耶稣会住院迁至徐家汇时，主持人是时任耶稣会上海教区第一任会长的南格禄（Claude Gotte Land，1803—1856）。神学院始建于1848年，一则是为了培养华人神父，二则是为了给到华的神职人员提供休息和学习的场所。② 汉语学习是新到神父的必备功课，最开始南格禄神父除给新来者教授中文，1852至1874年汉语教学工作则主要由晁德莅神父（Zottoli Ange，1826—1902）承担。③

我们推测徐家汇所藏《自迩集》第一版可能就与神学院的汉语教学相关。一方面该版加盖有法国遣使会“首善堂”章，由钤印可知原系法国天主教所有。另一方面，我们在第一版第一卷发现了大量铅笔批注，集中在“散语章”的生词注释部分，均采用威妥玛拼音。

经识读，近六十余处批注都为同一人的笔迹，且完全使用拉丁语。如图17所示，生词“律例”旁是用威氏拼音“liu li”标注的读音，旁边注释的文字为“lex”是拉丁文的“法律”。生词“台湾”旁是用威氏拼音“t’ai wang”标注的读音，注释的文字“nomen loci”是拉丁文“地名”的意思。

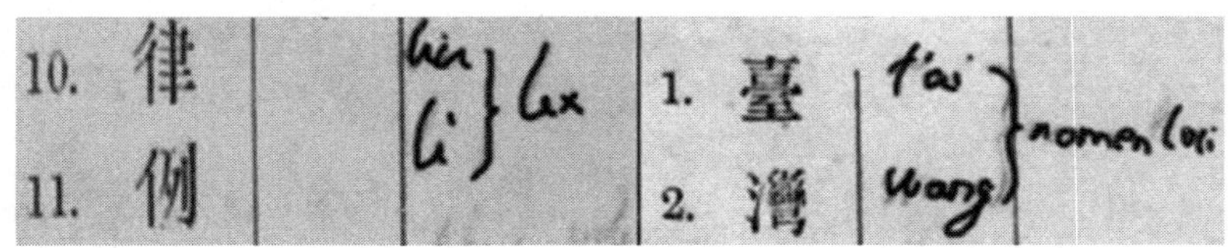

图17 徐藏第一版第一卷“散语章”手写铅笔批注例证

① 1846年，上海教区耶稣会会长南格禄鉴于来华传教的会士增多的情况，计划建造会士寓所。几经考虑，最后定址于徐家汇。一方面因为此地是上海最早的天主教徒徐光启的纪念地，另一方面此地交通便利。1847年3月开始筹建，至7月竣工，7月31日耶稣会的总院由青浦横塘迁到徐家汇。总院建筑为四层西式建筑，最上一层为阁楼，下面的楼层为耶稣会士宿舍，上面则用作神学院的教室。参看周秀芬编：《历史上的徐家汇》，上海文化出版社，2005年，第58—61页。

② J. de la Servie’re, S.J. Les anciennes missions de la compagnie de Je’sus en Chine（1552—1814），Shanghai：Tusewei Press，1924；p.55. 转引自 Gail King. 1997，The Xujiahui（Zikawei）Library of Shanghai，*Libraries & Culture*，Fall，Vol.32，No.4。

③ 参看史式徽著，天主教上海教区史料译写组译：《江南传教史》，第218页。

在威氏拼音使用的年代里，标注者不仅熟练地使用拉丁语，且能在徐家汇藏书楼的藏本上直接批注。我们推测这些批注出自一位熟悉汉语的教会人士，系学习时记录下的，或是为授课准备的。

如上文所述，我们还发现了《自迩集·问答章》线装刻本，其现藏地也与徐家汇藏书楼相关。此种书，一是每页都夹了一页用于书写的机器纸，系将原刻本拆开后又重新装订的；二是副本量大，上面保留的批注和笔记皆为拉丁文，且几个副本上的笔记字迹不一。

由此，我们认为，此种刻本是作为学习汉语的辅助教材来使用的。其中又有多种可能性：一是这些刻本是外籍修士学习汉语的用书，《自迩集》第一版在当时的印量不多且价格昂贵，神学院可能印制出这样的教材供学生在课堂上使用。另一种可能是，这些是徐家汇修道院[①]的中国修士学习拉丁语的练习用书。

与上图《自迩集》刻本相似的是，根据上文的推论，沪藏多个复本的《语言问答》也可能是应当时徐家汇语言教学的需要，选取威氏《自迩集·续散语章》与公神甫《汉字文法·问答》两者部分内容合并刊印而成的。无论《语言问答》的编写背景与编者情况如何，据钤印所记，[②]其流通于教会及相关机构的事实也说明了传教士群体在当时对该书内容的充分重视与利用。

3. 社会畅销书

根据我们的调查，《自迩集》第二版除使领馆、教会外，还进入了更广泛的领域。我们发现，国家图书馆藏1886年版《自迩集》书名页、“序言”第一页、卷名页均印有日本横滨正金银行（Yokohama

---

① 修道院是天主教培养神职人员的机构。1843年建于佘山，后转至横塘、张家楼和董家渡，最后设于徐家汇。修生们学业繁重，除学习汉字、背诵考取秀才的必修书外，还要学习拉丁文。在头四年他们学初级拉丁文。在整个学程中，不论读拉丁文或哲学神学，必须从不间断进修中文。参看史式徽著、天主教上海教区史料译写组译：《江南传教史》，第230页；周秀芬编：《历史上的徐家汇》，第184—190页。

② 关于《语言问答》复本上钤印的调查与分析，详见宋桔：《清末佚名〈语言问答〉研究》，载《或问》2010年第19辑。

Specie Bank，Ltd.）[①] 藏章，应于 1904 年 7 月 11 日被横滨正金银行收入资产；从其他钤印来看，它最晚于 1949 年已进入了北平图书馆 [②]。

该版第二卷存有若干笔记，均为同一人笔迹，多用红笔划线，铅笔批注。该版几乎未见威妥玛拼音，在中文部分多次用中国传统的“圈发”方式为多音字注音（如在“作为香资”的“为”的左上角画圆圈）；多见汉语同义词解释（如将“背晦”解释为“糊涂”），运笔纯熟。对比徐藏本的批注，国图第二卷上的批注者很有可能是中国人。受资料所限，我们还不能确定他的身份，以下只是几种可能性：他或是一位受聘于日本银行教授北京官话的汉语老师，或是一位借助《自迩集》学习西文的北平图书馆读者，也有可能是一位汉语水平较高的学习者。但有一点是可以确认的，1904 年左右的《自迩集》已触及金融、商界人士官话学习的领域。

别发洋行（Kelly & Walsh，Limited）是《自迩集》第二版的发行商之一，它是近代西人在上海开设的一家印刷出版机构，其前身最早可以追溯到 19 世纪 60 年代后期。[③] 设备先进，业绩优异，刊印优良，以语言类图书为特色，与当时的美华书馆和商务印书馆呈三足鼎立之势。[④] 距《自迩集》初版近四十年之后，别发洋行又再次刊印了《自迩集》，并根据当时的市场需求对内容作了删节，仅保留了第二版的前四章内容。

据第三版封面页，该版出版后即在上海、香港、新加坡、日本横滨各处别发洋行的分支机构和销售网络刊发。在别发洋行五十周年庆

---

① 横滨正金银行为股份公司组织，创立于 1880 年，由日本人中村道太等发起组织。总行设于日本横滨。1893 年 5 月在上海设立分行。不久中日甲午战争爆发，业务委托法兰西银行代管。战后恢复营业。横滨正金银行在中国各地设立分行，尤其在东北扩张势力。1945 年上海分行被中国政府接管，整个横滨正金银行被盟国总部撤销机构。

② 国家图书馆前身，该名称启用于 1928 年 5 月南京国民党政府大学院改京师图书馆为国立北平图书馆，更名于 1949 年 10 月 1 日。

③ 最早英商在黄浦滩开了一家名为“Kelly & Company”的书店，是当时最早的外文书店之一。1876 年，该书店与本地另一家书店“F.&C. Walsh”合并，在香港登记注册，定名为“英商别发印书馆股份有限公司”，英文名为“Kelly & Walsh，Limited”。

④ 参看孙轶旻：《别发印书馆与近代中西文化交流》，《学术月刊》2008 年第 7 期。

的宣传广告上我们看到，威氏的《自迩集》被列为最得意且广受好评的 39 种书之首。[①] 如果说书商在四十年后的再版行为内蕴利益驱动和市场需求的话，那么《自迩集》在店庆广告上的显著地位无疑成为其已进入社会"畅销书"行列的明证，标志着它从专业领域教科书进入了全民普遍读物的时代。

原属"亚洲文会"[②] 的徐藏《自迩集》第三版记录了社会畅销书时代的该书面貌。其中也留存少量批注：中英对译如页眉处写有"公堂"汉字，标注威妥玛拼音，并在旁注释英文"court"（法院）的字样；又如标注者为说明中国座位的含义，画了一幅中国式客厅内正堂桌椅摆放的图示，在左边的位置上标注"上"，在右边的位置上标注"下"，旁边说明是"the honour man always to left"（尊贵的人在左边）。据全文排查，该版页面批注均为英语，但笔迹不一，结合"亚洲文会"藏书多用于文会图书馆借阅的情况来看，可能是多位英美人士阅读后遗留的痕迹。

值得一提的是，《自迩集》不仅是西人学习中文的读物，亦被用作中国人学习英语的教科书。曾纪泽自学英语时就曾使用这本书，他光绪年间的日记集中提到了诸如"阅西洋人所刊文件《自迩集》"[③]，"温诵《英语韵编》，钞《自迩集》"[④]，"饭后钞《自迩集》甚久"[⑤] 的内容。这一点在《自迩集》中亦有相关：

> 中：还是谈论篇的样子、是散话章的样子。
>
> 西：两样儿都不是、这一本书、不是专为我们的学生、可以学贵国话、就与中国人要学我们的、也有点儿益处。（问答章 1.1p.75）

---

① 参看别发洋行 1924 年刊登在《北华捷报》上的广告"The Golden Jubilee year of Kelly & Walsh（1873—1924）", North China Daily News Sixteenth Anniversary Supplement, 1924-07-14。转引自孙轶旻：《别发印书馆与近代中西文化交流》，第 107 页。

② 封底印有"亚文"字样的藏书章。

③ 曾纪泽著，刘志惠点校辑注：《曾纪泽日记》（上册），岳麓书社，1998 年，第 580 页。

④ 曾纪泽著，刘志惠点校辑注：《曾纪泽日记》（上册），第 585 页。

⑤ 曾纪泽著，刘志惠点校辑注：《曾纪泽日记》（上册），第 587 页。

由此可见，这一用途或许也可能是威氏编写《自迩集》的初衷之一。

《自迩集》从西人向中国人的流播，再次印证了该书的流通范围之广与双语编撰的高质量。同时，这一流通领域的转变也在一定程度上反映了《自迩集》作为目的语的“文雅礼貌的北京官话口语”愈来愈受到社会的认同。

第三章
观念与性质：《自迩集》的语料观与语料特点

> 这些教科书都力求用地道的汉语口语来写，而且是用当时通行的，而不是已经过时的口语来写，所以即使是同一种教科书，也要不断地加以修改。这就给我们留下了一批十分难得的、贴近当时汉语口语的语言资料。
>
> ——蒋绍愚[①]

语料是表现语言和通往语言研究的素材，语料观则体现了编写者对语言事实的态度。[②]在编写一部语言学习教材时，编写者的语料观外化为这样一些问题的答案：学习者需要何种的语言、应当选择哪种类型的语言变体（包括方言变体和社会变体），应以何种方式展现这种语言的特征，等等。

本章旨在通过相关史料与文献的重构与整合，探求潜藏于历史语境之中、《自迩集》文本之下的编写者的语料观，以及在这一语料观下编写者收集、整理的语料特征与性质。

第一节　选择：明确而又模糊的语言变体

"先生，你要学习的是哪种汉语？"

这是《自迩集》开篇的一个问题，亦是当时学习汉语的外国人

① 蒋绍愚：《〈朝鲜时代汉语教科书丛刊〉序》，载汪维辉编：《朝鲜时代汉语教科书丛刊》（第 1 册），第 1 页。此言乃蒋绍愚对《朝鲜时代汉语教科书丛刊》中收录的《老乞大》多次修订系列刊本的评论，我们认为亦适用于像《自迩集》这样经历了多次修订的汉语教科书。

② 参看刘永华：《马氏文通研究》，巴蜀书社，2008 年，第 1 页。

共同面临之难题。在《自迩集》编写的年代，中国还没有官方的所谓“普通话”，各地方言林立，“官话”实际上是一种多种方言发音的“妥协形式”，内部也是多种“正音”角逐。

威氏在“序言”中引用了艾约瑟对汉语“官话”三分的界定，并明确将“北京官话”视为教学的目的语：

> 艾约瑟先生为方言差异的研究耗费了大量精力，无人能敌，他把官话分为三个主要系统，即南方官话、北方官话和西部官话，将南京、北京和四川省的省会成都分别定为这三种官话的标准。他观察得出，南京官话的使用范围比北京话更大，但是北京话被视为更加流行。但他承认，“想要学习朝廷的语言的人还是要学习北京方言，剔除了北京方言中土话成分的北京话，就是‘帝国官话’。”（艾约瑟 1857/1864：7）这里引用的看法，进一步证明了本人早已得出的结论，那就是北京话是政府译员必须学习的一种方言。（笔者译，序言 1.1pp.v-vi）

那么这种“更加流行的”“剔除了北京方言中土话成分”的语言究竟是怎样的一种语言呢？它与南京官话、地道的北京方言又有什么关系？在此，我们将回溯《自迩集》编写时代“官话”的基本面貌，结合威氏的编撰主旨探求这些问题的答案。

一、南北官话的并存与对峙

“官话”这一指称出现在元明时期，① 明人谓“雅宜不喜作乡语，每发口必官话”②。利玛窦认为这是“一种整个帝国通用的口语，被称

① 朝鲜《李朝实录成宗四十一年九月》(1483) 中“官话”一词被认为是较早的例子。参看李葆嘉：《汉语起源与演化模式研究》，黑龙江教育出版社，2002 年，第 222—227 页。

② ［明］何良俊：《四友斋丛说》(卷十五，史十一)，中华书局，1959 年，第 132 页。

作官话，是民用和法庭用的语言，……在受过教育的阶级中很流行，并且在外省人和他们所要访问的那个省份的居民之间使用”①。已有学者指出，他在《札记》中提到的作为礼物的“南京男孩”即是当时的“官话”以南京话为正音事实的明证。②

南京官话是明清两代主要的官话系统，以北京方言为基础的官话到清末才真正出现。③但历史从来不是一蹴而就的，必然存在一段北京官话和南京官话共存的时期，《自迩集》正产生于这个时期。

从史料上看，雍正八年（1730）下了一道要求八年以内在福建和广东推行官话的谕旨，在福建省四门设立“正音书院”，教当地人说官话。故相继出现了一批用于官话学习的书籍，书名大多与“南北正音”（如《训释南北正音》）和“南北官话”（如《南北官话汇编大全》）相关。其中《正音咀华》（1836/1853）④对南北官话音的解释就是：“故在江南建都，即以江南省话为南音”，“今在北燕建都，即以北京城话为北音”⑤。由此可感受到时人眼中“官话”实有南北之分。⑥

高静亭在《正音撮要》（1834）中就曾评论“正音者，俗所谓官话也……语音不但南北相殊，即同郡亦各有别。……故凡缙绅之家及官常出色者，无不趋仰京话，则京话为官话之道岸”⑦。所谓“趋仰”体现了当时北京官话流行性，“缙绅之家及官常出色者”更是其流行的原因及范围的注解。

---

① 利玛窦著，何高济、王遵仲、李申译：《利玛窦中国札记》，第 30 页。

② 参看鲁国尧：《明代官话及其基础方言问题——读〈利玛窦中国札记〉》；叶宝奎：《明清官话音系》，厦门大学出版社，2001 年；周振鹤：《第一本汉语语法书〈官话语法〉》，载《知者不言》，第 183—184 页。这一论断在万济国的《华语官话语法》文本中也得到了印证，“为了把这件事做好，我们一定要懂得中国人读这些词的发音方法。但也并非任何一个中国人就能把音发好。只有那些资质好的说官话的人，例如南京地区的居民，以及来自其他操官话省份的人，才能做到这一点”（弗朗西斯科·瓦罗著，姚小平、马又清译：《华语官话语法》，第 18 页）。

③ 周振鹤：《南京土白更堪夸》，载《知者不言》，第 281—282 页。

④ 作者莎彝尊，满人。首刊于 1836 年广州，目前所见为 1853 年刊本。

⑤ 莎彝尊：《正音咀华》，清咸丰三年（1853）麈谈轩刊本。

⑥ 高田时雄对这一时期南北官话对峙的情况有详细分析，参看高田時雄：《トマスウェイドと北京官話の勝利》，狭間直樹编：《西洋近代文明と中華世界》，第 182 页。

⑦ 转引自长泽规矩也编：《明清俗语辞书集成》（影印本）（第 2 册），上海古籍出版社，1989 年，第 1362 页。

威氏曾引用艾约瑟关于“官话”的分类。在原著中，艾约瑟不仅将“官话”三分，还分析了南北官话的关系：

> 想要学习朝廷的语言的人还是要学习北京方言，剔除了北京方言中土话成分的北京话，就是帝国官话。它目前还没有被选为拼写的唯一标准，因为它和占国家一半的南方各地区的方言有很大的差别。……北京方言更加流行，但是南京方言可以得到更大范围的人群理解，根据我们收集和比较的许多方言的特征来看，南京方言还是更适合作为注音的主要方式。（笔者译，艾约瑟 1864：10）

这段引文中，艾约瑟的结论是：北京话流行，但南京话应用面更广。于是他在《官话口语》中采用南京方言来注音。威氏在《自迩集》第一版的序言中也曾引用这段话，但仅截取了其中认同北京话流行性的一段，这样的引用方式显然与威氏自身对北京官话的态度相关。

艾约瑟对南北官话关系的判断并非一家之言。19 世纪初，第一位受伦敦教会指派到中国的新教传教士马礼逊出版了一套大型辞书：《英华字典》（*A Dictionary of the Chinese Language*，1815—1823）。在这套辞书中，他提出了一套有别于此前耶稣会士的拼写方案，且以英语为基础的汉语转写系统，同时他也预言了如果清朝统治继续，一种满汉混合的清语（the Tartar-Chinese Dialect）将在中国盛行。

> 官话，主要有江南和河南两种发音，在这两个地方都曾建立过都城，所以这两地的方言获得了比其他省会的方言更高的地位，从官方语言的一般特点来看，官话语言就是受教育阶层使用的，是标准的语言。有一种满汉混杂的语言（Tartar-Chinese Dialect）现在逐渐发展起来，如果清朝会继续统治这个国家，这

种语言最终会盛行起来。①

在《英华字典》中，"Tartar"是"鞑子"，即满族的意思，而"the Tartar spoken language"是"Tsing yu 清语"。② 所以，"Tartar-Chinese Dialect"就是一种被在京城的满族和汉族人共同使用的混杂语言。可以看到，马礼逊对北京官话特征的解读与现代学者的研究成果基本一致。③

鸦片战争以后，西人学习汉语的需求高涨，各式汉语转写系统随着论著涌现。西人学者中，一部分以传教士为主体，坚守南京官话是官话的标准音；另一部分以外交官为主体，推崇北京官话已普遍使用且成为了新的官话标准音。柯蔚南（W. South Coblin）将这两者定义为"南京官话派（Nankingists）"和"北京官话派（Bekingists）"。④

根据我们对文献的爬梳，"南京官话派"虽然一直坚持以南京官话为当时的"官话"正音，但他们并不否认北京官话在当时的流行性。⑤

编写《广东方言读本》(*A Chinese Chrestomathy in the Canton Dialect*，1841）的裨治文（Elijah Coleman Bridgman，1801—1861）于1830年被派到中国传教，其后主编《中国丛报》(*The Chinese Repository*）长达十年。他在《广东方言读本》(1841）中提到有一种官话发音"在北京最为流行，特别是在朝廷周围的人们中尤其流行，这种发音与此前

---

① Robert Morrison，Preface to *A Dictionary of the Chinese Language*，*in Three Parts*，by Robert Morrison (Macao：Honorable East India Company，1815)，Part I，x.

② 以下是一些例子：清朝 Tsing chaou or Ta tsing kwŏ。清国 the reigning Tartar dynasty，China under this dynasty。清语 Tsing yu，the Tartar spoken language。(Morrison，Dictionary，Part I，915)

达子 Tă tsze，a general term for the Tartars；they dislike it。噠 Tă，is used in history. (Ibid.，798)

③ 林焘：《北京官话溯源》，《中国语文》1987年第3期。爱新觉罗·瀛生：《北京土话中的满语》。

④ W.South Coblin，"Notes on the Sound System of Late Ming Guanhua，" *Monumenta Serica* 1997（45）. W.South Coblin，"A Brief History of Mandarin，" *Journal of the American Oriental Society*，2000（4）.

⑤ 关于19世纪来华西人对南北官话的态度也可参看拙作，Ju Song，The overture of Peking Pronunciation is Victory：The first published Peking orthography，*The Journal of Chinese Linguistics*，2000（2）.

占统治地位的发音有很大的不同。后者被称为南京话或南京官话，现在还被广泛使用”。①

卫三畏（Samuel Wells Williams，1812—1884）在《英华韵府历阶》(*An English and Chinese Vocabulary in the Court Dialect*，1844）中提出了类似的区分：

> 在广大地区，南京方言称为“南官话”或“正音”，即真正读音的意思，是最多被使用的，也被描述为“通行的话”，即所有地方都可以理解的话。北京方言，被称为“北官话”或“京话”，是更为流行的和在朝廷使用的。（笔者译，卫三畏 1844：3）

然而，他也在《中国总论》(*Middle Kingdom*，1848）中强调了南京官话与知识分子阶层的紧密联系，以及由此决定的其不可撼动的地位，“虽然南京官话与首都和朝廷中使用的标准发音有所不同，但南京官话仍然是所有的知识分子阶层学习和使用的语言，而且在清朝帝国中还没有哪个地方的人可以拒绝学习这种发音”。②

国内南北官话并存的情况在国外的汉语教学中也得到了反映。明治四年（1871）日本外务省设立汉语学所，教的仍是“唐话时代的南京语”。明治九年（1876）东京外国语学校汉语科才将“南京语”教育转换成了北京语教育。③根据日本学者的调查，现存明治年间的北京官话课本中也保留了教师在教学中教授的南京官话的用词。④1879年，安徽休宁人戈鲲化（1836—1882）⑤受聘至美国哈佛大学教汉语，

① Elijah Coleman Bridgman. Introduction to *A Chinese chrestomathy in the Canton Dialect*, by Elijah Coleman Bridgman (Macao：S. Wells Williams. 1841), p.i.

② Samuel Wells Williams, *The Middle Kingdom*：*A Survey of the Geography*, *Government*, *Education*, *Social life*, *Arts*, *Religion*, *etc. of the Chinese Empire and its Inhabitants*, *with a New Map of the Empire*. New York, London：Wiley & Putnam, 1848, vol 1, p.489.

③ 参看六角恒广著，王顺洪译：《日本中国语教育史研究》，第 20—26 页。

④ 参看内田庆市：《〈语言自迩集〉源流及其在日本的传播》（第 52—61 页）对当时教材笔记的研究。

⑤ 戈鲲化生年参看周振鹤《戈鲲化的生年月日及其他》，载《知者不言》，第 5—9 页。原刊《中华读书报》2001 年 3 月 21 日、《文汇读书周报》2001 年 5 月 5 日。

教授的还是南京音；[①]1887 年，北京人桂林到德国柏林大学东方语言学校，教授的则已是北京音了。[②]

《自迩集》编纂时代南北官话对峙的局面，实质是不同社会环境中语言变体的问题，中国士大夫、西人传教士、外交官对于两者的选择，大部分基于自身所处的环境，现实为他们的选择提供了更大的自由。

二、何为当时的"北京官话"

1644 年，清军入关后实行的是满汉分居和八旗分驻的政策。即将北京内城划归旗人，原居住在城内的汉人则"尽徙于城南"，使用的即明代北京话。内城中是说满语的旗人和说东北方言的汉族人，外城是说北京话的汉人。经过了长时间的交流，内外城语言逐渐融合。爱新觉罗·瀛生指出八旗中的汉人（主要来自东北地区）是"清代北京话的主要创造者之一"[③]。

至清末，北京话已经走出了前期"满语式汉语"的阶段，进入了"旗人话"的时代。[④] 所谓"旗人话"：

> 这个名称的得来，是因清代旗人居于北京内城。北京旗人至此时代已经在儿时呀呀学语中就学习汉语，其满语是自学龄入学才靠读书学习的。因为是北京旗人的北京话，所以称为旗人话。[⑤]

---

① 参看张宏生：《戈鲲化集》，第 292 页；施正宇：《汉语教师戈鲲化出使哈佛初探》，载李向玉、张西平、赵永新编：《世界汉语教育史研究》，第 148 页。

② 参看周振鹤：《晚清去德国的中文教师》，载《知者不言》，第 22—23 页。原始资料来自日本哲学家井上哲次郎的回忆录。

③ 爱新觉罗·瀛生：《满语杂识》，学苑出版社，2004 年，第 717—720 页。

④ 爱新觉罗·瀛生指出："清初顺治、康熙时代形成了清代北京话，首先经历了一个'满语式汉语'的阶段。以后，从雍正中期至乾隆时代，北京话里的满语残余逐渐消失，只存痕迹。再发展下去，至嘉庆、道光时代，这种痕迹日益淡薄，几至消失。道光时期以后，已进入现代北京话的范围之内了"（《满语杂识》，第 789—790 页）。

⑤ 爱新觉罗·瀛生：《满语杂识》，第 813 页。

它包含了明代南京话和华北方言区内的词汇、金代女真语、元代蒙古语借词及清代的东北话词汇等。[①]这种语言形式是"北京话"的前身，带有明显的地域特色，《儿女英雄传》就是这种语言风格的代表。

与"旗人语""京话"共存的还有一种京音"官话"，即"北京官话"。时人认为两者具有明显的差别，如夏仁虎（1873—1963）所记："京师言庞语杂，然亦各有界限，旗下话、土话、官话，久习者一闻而辨之"[②]。又如明治十四年（1881）编汉语教材中，凡例中强调："京话有二：一谓俗话；一谓官话，其词气之不容相混，犹泾渭之不容并流"[③]。即如威氏所言，"北京官话"是"剔除了北京方言中土话成分的北京话"，是与北京方言不同的一种语言形式。

与此同时，"北京官话"又是边界模糊的。作为这个时代的亲历者，赵元任（1892—1982）在早年传记中描述了"北京官话"在实际生活中的状况：

> 我们算是江苏常州府阳湖县的人。祖父跟我们说话都说北边话，可是总带点儿南方口音，我们孩子们就学他。[④]
>
> 我小时候说的是一种北边话，老说法儿管他叫官话。我们家里没有人说地道的京话。我们上辈的人在家里都说北边话，可是都带常州口音——不是我说过我们孩子们老喜欢学爷爷的话吗？——还是我妈妈的北边话说的漂亮一点儿——横是我觉得好听的很。[⑤]
>
> 我大寄爹说起北边话来跟我爹说的一样好坏，就是用北京的

---

① 爱新觉罗·瀛生：《满语杂识》，第 813 页。
② 夏仁虎：《枝巢四述旧京琐记》，辽宁教育出版社，1998 年，第 86 页。
③ 吴启太、郑永邦编：《官话指南》，上海美华书馆，1900 年。转引自陈辉：《19 世纪东西洋士人所记录汉语官话》，第 110 页。
④ 赵元任：《赵元任早年自传》，传记文学出版社，1984 年，第 16 页。
⑤ 赵元任：《赵元任早年自传》，第 26 页。

四声，可是带入声。①

赵元任的祖父是同治年间的举人，官至翼州、直隶州知州，说的是一种带自己家乡口音的“北边话”“官话”。他父亲中过举人，说的是一种用北京话的四声，但又带有南方话入声的“官话”。

在《中国话的读物》(1968) 中赵元任又对这里提到的“一种北边话”和“京话”加了注释：

> Guanhua: Official language, hence the English translation “Mandarin”, recently spoken of as “National Language” and Puutonghuah “Ordinary Speech” Jinghua: “Capital Speech”, better known, subsequently, as Beijing huah or beiipyng huah. ②（官话：官府使用的语言，所以在英语中翻译为“Mandarin”，近年来也叫做“国语”或“普通话”。京话：京城话，更为人熟知的是后来称为“北京话”的说法。）

这里的“京话”即历史上由旗人语发展而来的主要流通于北京城区的地道的“北京话”。从赵元任的幼年回忆看来，两者是截然不同的。

但从他记述的其祖父、父亲等家人的语言情况来看，当时南方出身的官吏或文人使用的多是一种夹杂了本身方言特征的“官话”。这一点正显示出清末的北京官话与南京官话，或带有南方方言特征的北京官话混杂的情况。

早就有研究者指出“官话”并不是一种有明确规范的封闭的语言，“这些官吏也许并不十分明确这种官话是以什么方言为标准的，反正不说自己的家乡话，改说官场里通行的话就算是官话”③。所以

---

① 赵元任：《赵元任早年自传》，第 31 页。

② Yuen Ren Chao, *Readings in sayable Chinese Vol.I*, San Francisco: Asian Language Publications Inc., 1969, p. 62.

③ 林焘：《北京官话溯源》，《中国语文》1987 年第 3 期，第 4 页。

"官话"就是"某种意义上是北方话的最大公约数，也就是尽可能去掉了土腔土话的北方话"。[①] 这就可理解为什么赵元任会说祖父、父亲那种夹杂南方方言特征的"官话"也是"北京官话"了。

综上所述，地道的北京话与"北京官话"的区别是明显的，但在《自迩集》产生的年代，北京官话与南京官话不仅是并存的，而且在某些要素上存在着交集；无论是清廷官员、文人的口语用语，还是成文的规定中，"北京官话"皆不具备某种清晰的"界定"。由是观之，编写者需要决定的不仅是官话的种类，还有某些语言要素的归属。

三、编撰主旨与威氏的选择

威氏对北京官话的取舍是直接与《自迩集》的编写主旨有关的。在他看来，这种需要学习的目标语言与见习译员工作、生活的方方面面密切相关：

> 由于外国公使馆和他们的见习译员团队都在北京，这就使得其他方言不可能取得比北京话更大的优势。初学者一旦被派往总理衙门工作，他就会发现，他正在学习的语言正是帝国的政府要员所说的话。同时，他的老师、仆人，以及十分之九他所接触的人也都讲这种语言。最后，无论是否属实，据称，北京话已经不同程度地侵入了官话区中的其他方言，所以，若学习者确认自己能说好北京话，在与说官话的当地人（mandarin speaking native）交往时的相互理解就不会有什么困难，除非对方说的是一种被地理学家和音韵学家都判断为与标准相差很远的方言。（笔者译，序言 1.1p.v-vi）

论据可总结为两点，第一，威氏认为"北京官话"是驻守在北京

① 胡明扬：《北京话初探》，商务印书馆，1987 年，第 19 页。

的公使馆人员在工作和生活中最多，也最常遇到的语言；第二，“北京官话”与其他方言相比，可以在更大的范围内被接受和理解，学习这种语言具有经济性。

第一点应该是威氏对自己在北京六年亲身经历的总结，特别与他在总理衙门和京籍高层官吏交往的经历相关。《赫德日记》谈到了威氏反对英国官员过多学习方言的态度：

> 这就是要有按中国方式行事的能力，首先在中文方面要能说能写。在这方面，他的上级威妥玛曾批评他在汉语中使用方言过多。①

这与传教士早期主张通过学习各种方言以加强与下层百姓直接交流的策略不同。

第二点谈到北京官话的适用面大，这显然与当时的主流意见，即上文提到的支持南京官话权威性的“南京官话派”的论断是不同的。同时，我们发现，与威氏一样的“北京官话派”多具有商业或政治背景，例如威氏曾多次提到的，与自身学习北京官话密切相关的罗伯聃(Robert Thom，1807—1846）与密迪乐。②

在《寻津录》的书名页上，威氏为了感谢密迪乐对自己的帮助和指导，将这本书献给了他的这位同事。而在第一版《自迩集》的序言中，威妥玛留下了更为详细的内容：

> 他的《杂录》(在1847年出版的Desultory Notes——译者注）这本书篇幅很短，但是其中有若干章节与目前统治中国的语言相

① 凯瑟琳·F.布鲁纳、费正清、理查德·J.司马富编，傅曾仁等译：《步入中国清廷仕途：赫德日记（1854—1863）》，第297页。

② Coblin（1997，2000）提出了“南京官话派”与“北京官话派”的概念，他认为罗伯聃、威妥玛、艾约瑟是北京官话派的代表人物，然而，根据笔者已有的论证，认为密迪乐也应该是其中一员，且是重要的一员。参见Song Ju. The Overture of Peking Pronunciation’s Victory：The First Published Peking Orthography, *Journal of Chinese Linguistics*, 2020（2）。

关，我必须承认我受惠于这些内容。我相信在这本《杂录》中包含了第一个正式出版的北京话拼音方案。我走上了研究北京官话的正确道路应主要归功于密迪乐先生的建议，但是总体而言，我认为密迪乐对于北京官话的性质描述是正确的，但我并没有依照他的方法来表现汉语中的音节。除了辅音 hs 外，我想不出从他的系统中还具体采纳了什么。①

同时，值得注意的是，密迪乐在《杂录》(1847) 的书名页中提到他将这本书献给英国驻宁波领事罗伯聃，以致敬其高尚的人格和卓越的天才。这个人也就是威妥玛在《自迩集》序言中提到的那个在当时“说北京官话说得最好的汉学家”：

罗伯聃先生是当时北京官话说得最好的汉学家。在他的建议下，密迪乐开始学习和研究这种方言（指北京官话——引者注），并且进展顺利。密迪乐先生不仅在一开始就指导我找到了正确的学习方向，而且提供了在当时无人能企及的帮助。（序言 1.1pp. vi-vii）

如威妥玛所言，密迪乐在罗伯聃的建议下开始学习北京官话，随后，密迪乐为威妥玛指明了正确的学习方向，三人在北京官话学习和研究方面有着密切的关系。同时，威氏曾告诉赫德，“学了五年汉语之后他自己还是不知道应该读哪些书，直到密迪乐为他开启了一个新的领域”。② 我们相信，这个“新的领域”应该就是学习并研究北京官话。

1840 年，罗伯聃出版了《伊索寓言》的中文译本，题名为《意拾喻言》。在这本书的序言中，罗伯聃提到北京官话已逐渐成为一种权力的象征。如他描述的，当普通人听到北京官话的发音时，他们立

---

① 序言 1.1p. vii。
② 序言 1.1p. vi-vii。

刻会让路，因为他们认为，“说这种话的人肯定是与官府相关的人”[①]。

密迪乐在《杂录》(1847) 中用了整一个章节来描述北京官话在当时的通用性和重要性，他强调说北京官话“有资格被认为是帝国的口语标准音，就像伦敦英语在英国一样”[②]。由此可见，密迪乐与罗伯聃在北京官话“政治性”上的观点是相似的。

同时，密迪乐还指出，北京官话“广泛地被官员或与官府相关的人使用”。[③] 关于这一点，他是用一次调查来论证的：

> 1844 年，我对 231 位驻地在广东的官员进行了随机的调查。其中 74 位是北京本地人，15 位是直隶省其他地区的人，还有 142 位来自全国其他省份。我所经历的事实是，这里三分之一的官员，也就是我们曾有过交流的这些人，都说一种在北京使用的汉语口语。[④]

威氏在《寻津录》中也引用了这一次的调查，并用“巴黎法语”来类比北京官话在中国的地位。[⑤]

与“南京官话派”主体是传教士阶层不同，罗伯聃、密迪乐和威妥玛的生平则更多与商业和政府相关，换言之，他们与政府官员有着更加紧密的接触。相似的工作经历和环境决定了三者在北京官话重要性上有着几乎一致的观点。如密迪乐在书中对商人和官员所说的：

> 对商人而言，他们有可能去不同的地方，与不同地域的商人交流，所以我认为他们学习整个国家官府朝廷用的口语应该是最

---

① Meadows 1847，p.43.
② Meadows 1847，p.44.
③ Meadows 1847，p. 42，pp.54—55.
④ Meadows 1847，pp.43—44.
⑤ Thomas Francis Wade, Preface to *The Hsin Ching Lu* 寻津录；*or*, *Book of Experiments*；*being the First of a Series of Contributions to the Study of Chinese*, by Thomas Francis Wade (Hong Kong：Print, 1859), i。

有用的；同时，如果一个人想成为一位能真正在中国有效工作的外事人员，也必须学习这种语言（指北京官话——译者注），并且是只学习这一种。①

威氏编纂的《自迩集》就是以帮助见习译员学习北京官话为目的的，这一点从某种程度上说，正是对密迪乐上述呼吁的回应。

综上所述，威妥玛关于“北京官话”的认识与定位与罗伯聃、密迪乐两位前辈、同事密切相关。他们选择“北京官话”的意义在于明确肯定了这种语言是外事人员必须学习的、实用的帝国通行语言。高田时雄（2001）也指出北京官话实际上在19世纪末作为外交的共同语已占优势地位，正是这一点推动了威氏在当时的历史条件下做出了这一顺应历史发展的选择。②

第二节　语料观：文雅礼貌的北京官话口语

上文已提到，在当时的历史语境下，“剔除了土话成分的北京官话”可能并非是一个可直接拿来用的东西。威氏所谓“专供学习通行于首都和直隶衙门的汉语口语的学生”的这种语言，也不可能是所有在衙门工作的中国官员的口语的集合。以下，我们主要通过《自迩集》内部文本提供的词汇资料进一步明确编写者主观上、客观上在《自迩集》中记录的是什么样的“北京官话”。③

---

① Meadows, 1847, p.45.

② 高田時雄：《トマスウェイドと北京官話の勝利》，狭間直樹编：《西洋近代文明と中華世界》，pp.127—142。

③ 语音部分前人已多有研究。例如张卫东《从〈语言自迩集·异读字音表〉看百年来北京音的演变》通过对《自迩集》后所附的《异读字音表》中收录的1525个字进行异读音演变以及与今音进行对比分析，依据《自迩集》中并存的多种读音方式，指出该书记录的语音存在北京官话与南京官话的混用，存留了南方方言、满语等语音特征的现象；高晓红、刘淑学《〈语言自迩集〉中的入声字读音》分析了附录的《北京话字音表》中收录的入声字音后，指出《自迩集》反映的北京音并非纯粹的口语音，而是口语与书面语并用的语音系统。

一、北京官话口语

“序言”中威氏多次强调《自迩集》中采用是“北京话”，显然这里说的“北京话”并不是赵元任描述的地道的“京话”，而是官场上通行的语言，即“北京官话”。从《自迩集》的词语使用上看，编写者是注意区分“北京官话”和“北京方言”的，略举一例：

（1）他是个民人。He is a man of the people.

（注释）民人：In general conversation is the designation applied to Chinese as distinguished from Tartar. In places in the provinces where there is no Tartar colony 民人 may mean a private individual with no official rank or status; in Peking he is called 白人儿, lit., a white man.（散语章 2.2p.97）（民人，在口语中普遍用于区别是否鞑靼人。在无鞑靼人的省份里，民人指没有官位地位的普通平民。在北京这种人也叫“白人儿”，字面意思是白色的人。）

例（1）的“民人”是先秦时代出现的表全部的人口的复音词，一度与“人民”通用。罗存德（Wilhelm Lobscheid，1822—1893）的《英华字典》(*English and Chinese Dictionary*，1866）将“民人”作为“population（人口）”的译语。[①]《自迩集》中，编写者指出了其“平常百姓”的含义，并与京话“白人儿”区分开来。

根据调查，《自迩集》中的口语词汇多以北京官话为主：

（2）嗳、那人口真真的不少、还有一个姑娘没出门子么。That is a large family to keep，indeed；and there is another lady unmarried?（问答章 1.1p.168；2.1p.147）（按：《汉语方言大词

① 转引自周振鹤：《“人民”来自何处》，载《知者不言》，第 308 页。原刊《东方早报》2004 年 3 月 10 日，题作《人民》。

典》[①] 第 4611 页：（副词）真正，实在，确实，北京官话。《红楼梦》中的例句如“真真的这个颦丫头一张嘴，叫人恨又不是，喜欢又不是”。）

（3）你们妞儿若不扔，如今也有十几岁了。If your little girl had lived, how far would she have got in her teens?（谈论篇 1.1p.143；2.1p.166）（按：《方言大词典》第 1109 页：动词。（小孩）死。北京官话、胶东官话。）

（4）左不过是你干的。This is your business and no one's else.（续散语 1.1p.115；1.2p.146）（按：《方言大词典》第 1134 页：副词。只不过，顶多不过。北京官话。）

（5）我最不宾服他。There is no one I respect less.（续散语 1.1p.124；1.2p.163）（按：《北京话词语》[②] 第 53 页：佩服。《红楼梦》中例句如“那给人家作了媳妇儿，怎么叫公婆不疼、家里上上下下的不宾服呢？”）

（6）这些个、都是挨肩儿的么。And do all these boys come one after the other?（谈论篇 1.1p.143；2.1p.166；1.2p.49；2.2p.336）（按：《北京话词语》第 2 页：挨肩儿：并肩，一起。宝玉此时与宝钗挨肩坐着，只闻到一阵阵的香气，不知何味。《红楼梦》；《方言大词典》第 4748 页：副词，一起。北京官话。）

（7）别在老爷儿地里顽儿。Don't play in the sun.（续散语章 1.1p.113）（注释）sun：老爷儿，a popular name for the sun.（“老爷儿”是太阳的流行的说法。）（按：《北京话词语》第 511 页：老爷儿：又作“老阳儿”。太阳。）

如上例中表示“确实”的副词“真真的”、特指“失去孩子”的动词“扔”、表示“佩服”的动词“宾服”、表示“只不过、顶不过”的副词“左不过”、表示“一起”的副词“挨肩儿”、表示太阳的“老

---

① 许宝华等编：《汉语方言大词典》。以下简称《方言大词典》。

② 高艾军、傅民编：《北京话词语（增订本）》。

爷儿”等都是明显的北京话的词语，从其出处用例我们也可以发现有很大一部分来自以满汉合璧教科书为底本的“谈论篇”。

威氏对“口语性”的强调从序言贯穿到整个文本。序言中，威氏明确指出学习汉语的应先从“口语”部分入手，在对话流利之后再进入“文件”（即书面语）才能事半功倍，学习口语是最重要的：

> 如上文所言，本书编写的主要目标是满足公使馆见习生的需求。对他们来说，书面语知识同口语一样不可或缺，他们不仅要学习说话，还要学会书面语的汉英、英汉对译。毋庸置疑，他们最重要的任务是学会使用口语。（笔者译，序言 1.1p.iv）

这样做的原因正是在于，相比于书面语，口语更加难学，“书面语方面遇到的困难就能被克服；然后在口语方面，平均学习资质的成年人很难达到精通的程度，除非学习者刚一听到这种语言，就特别着力，非常勤奋地练习”①。

这也是《自迩集》最主要的教学目标。由此可见，即使在语音方面保留了部分书面语的痕迹，② 但从作者主观的角度来看，他仍是以“北京官话口语”为主要的教学目标语言的。

这一点在《自迩集》注释书面语和口语时的严谨态度中可以看出：

> （8）有时候儿客人不能都到，若只短一半位，就不尽等着了。（问答章 2.1p.128）
>
> （注释）一半位：This is a pure colloquialism. The 半 must not be emphasised.（问答章 2.2p.246）（一半位，是一个纯粹的口语，这里的“半”绝不能重读。）

---

① 笔者译，序言 1.1p.iv。

② 参看高晓红、刘淑学《〈语言自迩集〉中的入声字读音》对《自迩集》中书面语读音的具体分析。

(9) 你纳是怎么说，我心里却不然。只论巴结不巴结就是咯，若是素餐尸位的，整年家不行走，还该当革退呢。(谈论篇 1.1p.204；2.1p.220)

(注释) 巴结 in a good sense, as here, to exert oneself; in a bad sense, to intrigue for patronage. The expression is purely colloquial. (谈论篇 1.2p.8；2.2p.262)(巴结，从好的含义方面看，如在该句中，是自己努力的意思；从坏的角度看，是用阴谋诡计。这个表达是纯粹口语的。)

上面两例中“纯粹的口语”用于界定那些不可用于“文件”(书面语) 的词。

另外，编写者还区分了一部分字词在口语和书面语中的使用特点，如：

(10) 临 to descend; to approach to. colloquially, rarely, except in time. (散语章 2.2p.165)(临：靠近、接近，在口语中很少用，除了在表示时间时可以用。)

(11) 若是乱来、于声名上大有关系呀。(谈论篇 1.1p.190；2.1p.208)

(注释) 系 properly, to connect as by threads; very commonly in books, the verb to be, the participle being; but not so here: 关系, to have relation to, to affect, to concern; but always of evil consequences. (谈论篇 1.2p.18；2.2p.280)(系，原义是用细丝联在一起，在书面语中常用作动词 to be (是)、分词 being，但这个句子中不是这样的用法。关系，指与……有关，有影响，有联系；但是经常用于不好的结果。)

(12) 你想去竟管去。(续散语 1.1p.112)

(注释) just go; 竟, is to pass through; often signifying past time; here corruptly used as simply; lit. Simply attend to going. (续

散语 1.2p.141)(竟：指通过，经常表示过去的时间。这里的口语中的意思是“仅仅、只是”，字面含义是只是去就好了，没有其他需要顾虑的。)

这里指出“临”是书面语中的常用词汇，“系”和“竟”在口语和书面语中的语义可谓泾渭分明。

威氏还指出可用于表达语气的这个“倒”是北京话口语中特有的：

(13)听见说你的厨子弄的菜倒不错。I hear your cook cooks by no means badly.(散语章 key2.1p.73)

(注释)By no means badly：lit., on the reverse(倒), not wrong. This use of 倒 is perhaps a colloquialism peculiar to Peking, but, like many idiomatic expressions of a similar nature, it is considered by northerners as indispensable to fluency of diction; it would not be incorrect to omit the 倒, but the sentence would have an unfinished sound. It is the judicious use of these little auxiliaries that just makes the difference between a fluent and an awkward speaker.(散语章 key2.2p.75)(“By no means badly”对应的汉语的字面含义是“反过来”不错。这个句子中使用的“倒”是北京话口语中特有的，但是就像许多惯用语的特性那样，在北方人来看，这样的用法从措辞流畅的角度来看是不可少的。在这里句子中删除“倒”在语法上是不错的，但是这个句子就会显得语音不完整。可以用是否会使用汉语中这样的一些小品词来区分流利和笨拙的汉语学习者。)

上例的注释明确地说明了编写者对语气副词的特征的理解。从语义上说，这个“倒”是可有可无的，但是从句子的语气、音调的完整性来看是必须的。能否用好语气副词是判断一个人是否能流利使用汉语的一个重要标准。

对比来看，同时代小说《儿女英雄传》《小额》对话中常见的“背住扣子”(一时思索不开事件的道理，或找不出解决问题的关键)、“不防头”(突如其来，没有准备)、“里外发烧”(指正反两面都有毛，两面都可以穿的皮褂子)、“挑眼”(故意找毛病，挑别人不对之处)、“拧岔儿”(略有差错)、“咬了咬耳朵”(讲悄悄话）这样的词汇在《自迩集》中皆未出现。由此可见，这些词汇应属于威氏在“序言”中提到的被剔除掉了的“北京土话成分”。

同时，我们也发现《自迩集》中出现了一些来自其他方言的词汇。

例如北京附近的如冀鲁官话、胶东官话、东北官话、中原官话的词汇用语。如冀鲁官话中表示男子气概的“汉仗儿”、中原及兰银官话中表示“不知羞耻”的“皮脸”等：

（14）他生来得安静，学问渊博，行动儿，汉仗儿。（谈论篇 1.1p.200；2.1p.216）

（注释）汉仗 a fine fellow：汉，as in Lesson XVIII，a fellow：仗，probably a corruption of 丈（chang），an elder，a senior，one worthy of respect.（谈论篇 2.2p.268）（汉仗：一个好家伙。汉，如练习 18，注释 9，一个家伙；仗，可能是“丈”的讹用，一个年长的，值得尊敬的人。）（按：《方言大词典》第 1434 页：名词。男子气概。冀鲁官话。）

（15）耳朵虽听了，并不放在心上，太皮脸了罢。（谈论篇 1.1p.210；2.1p.225）

（注释）皮脸 a skin face，a face with too thick a skin to blush. 脸皮太厚而不知羞耻（谈论篇 1.2p.4；2.2p.254）（按：《方言大词典》第 1538 页：名词。厚脸皮，不知羞耻。中原官话。兰银官话。）

还有受吴语影响的“江淮官话”：

（16）你那个儿子太不说理，告诉他甚么话总不理会，不论甚么事全爱说嘴。（散语章 2.2p.105）

（注释）Opinion to offer：说嘴 often means boasting or self-glorification.（按：《方言大词典》第 4477 页：动词。指责批评，数说别人短处。江淮官话。）

（17）合该、也是他命中有救。It was his destiny, however, that he should be rescued from his difficulties.（践约录 2.1p.282；2.2p.354）

（注释）Note that 合该 does not mean “served him right,” but that the bad or good fortune, as the case may be, was foreordained.（践约录 2.2p.354）（“合该”不是说“他活该，应得报应”，可以指好的东西，也可以指不好的东西，命里注定的。）（按：《方言大词典》第 2111 页：1. 动词。应该、适合。江淮官话：2. 动词。活该，有责任自负，不值得同情之意。（1）江淮官话（2）闽语。）

此外，还出现了“粤语”方言的说法：

（18）可惜我们左近，没有念清书的学房。（谈论篇：1.1p.211；2.1p.226）

（注释）左近 neighbouring：左，properly, the left side or hand.（谈论篇：1.2p.3；2.2p.254）（按：《方言大词典》第 1133 页：名词。上下、左右。粤语。）

可以想见的是，《自迩集》编写者当时接触的并不是成熟、规范的“普通话”，而是来自中国各地官员所操的一种“北京官话”，包括官员自己带的一些方言词汇和用法。结合成书背景来看，这种带有其他方言词汇的正是当时历史时期下官话的真实表现。

二、文雅礼貌的北京官话口语

《自迩集》对"文雅"和"礼貌"(Polite Language)的重视源自威氏对外交官用语语体风格的真实要求。

这一点从编写者对礼貌用语和寒暄语具体用法的详尽说明中便可知一二：

（19）请教 is a polite form of asking for information of an equal or superior on any subject.（散语章 2.2p.65）("请教"是一个经常对平级或级别比你高的人询问关于任何方面的信息的礼貌用语。)

（20）不送不送。Don't [I pray] accompany me [to the door] .

（注释）This is a parting salutation in very common use, and it is polite so to address one's host when seeing one to the door. Another form is 留步; lit., detain your footsteps.（散语章 2.2p.147）(这个短语在分别时经常使用，当客人离开在门口向主人道别时使用是非常礼貌的。另一个类似词语是"留步"，字面含义就是停下你的脚步。)

（21）听见说老爷欠安。（散语章 2.1p.106）

（注释）欠安：lit., deficient in repose; this is a polite form of address reserved for equals or superiors.（散语章 2.2p.162）(欠安，字面的含义是休息不足。是可用于平级或更高一级的礼貌用语。)

（22）岂敢、岂敢。您请便罢、我也不敢奉留了。（问答章 2.1p.127）

（注释）The above is one of the commonest of polite phrases, and is used with as much frequency as 不敢当。（问答章 2.2p.248）(这是最常见的礼貌用语之一，跟"不敢当"一样使用率都很高。)

（23）莺莺含羞说：这些小事何足挂齿。Why make so much

of such a trifle.（践约录 2.1p.246；2.2p.401）

（注释）The phrase is not colloquial，but represents the affected style of conversation often adopted by people of polite manners and education.（这个短语不是口语，但是受过教育的举止礼貌的人常会使用。）

（24）愚兄贱恙较重、多亏贤妹叫人服侍、诸事殷勤、又劳贤妹亲来看视。（践约录 2.1p.246）

（注释）恙，a complaint，an ailment；used only in polite conversation.（践约录 2.2p.401）（"贵恙" 是疾病的意思。只用于礼貌对话中。）

（25）贤，worthy，virtuous；a polite form of address to men or women.（践约录 2.2p.401）（贤：可敬的，善良的意思。是一个用于称呼男人或女人的礼貌用语。）

以上例句中，编写者对"请教""不送""留步""欠安""岂敢""不敢当""挂齿"等常用的礼貌用语的语义和用法作了注释。编写者还特别指出像"挂齿"这样的短语并非口语，但却是有礼貌的人习用的语言。

注释内容上，除了语义和用法说明，编写者还特别对比了礼貌与不礼貌用语在汉语中的表现形式：

（26）多大年纪？How old are you?

（注释）This is not a very polite form，the ordinary one being 贵庚，which will be met with later.（散语章 2.2p.187）（这个短语不是一个非常礼貌的说法，更常用的说法是"贵庚"，这个说法在后面会看到。）

（27）管我呢、你这么呆头呆脑的还要说人。（散语章 2.1p.106）

（注释）管我呢：Mind your own business（or，what is that to you?）：lit.，do you take charge of（or mind）me? Great emphasis must be laid on 管, which, preceding a character in the third tone, is of course in the second. The expression must be used with discretion, as it is not very polite.（散语章 2.2p.163）(“管我呢”即管好你自己的事就好了。字面的那意思是，你想要管我吗？重音必须留在“管”上，当它在一个第三声的前面时应该读第二声。这个短语在使用时必须十分注意，因为它是非常不礼貌的话。)

此类反例的介绍，对于缺乏文化语境的第二语言学习者是相当有帮助的。

综上所述，《自迩集》记录和描述的是清末 19 世纪中期通行于朝廷、京城和直隶地区的北京官话口语，编写者依据标准、文雅、礼貌等原则，汇集了当时接触的官绅使用的一种“北京官话”，并在主观上注意剔除北京土话或明显的方言成分，即“从北京话中排除土语要素而加入文语韵味的高级交际用语”①。

这一语料观是我们根据编写者在教材序言、论述、注释中强调的内容推论出的编写者选取语言材料的指导思想，可作为下文中我们考察《自迩集》语料特征和性质的基准点。

第三节　形式：丰富的中英双语语料

汉语词义的多义性，使我们在利用近代汉语文献考察某一语料的词汇意义时不同程度上需要语篇的上下文，有时甚至要靠研究者的推测。然而，在这一方面，《自迩集》中双语语料的优势是明显的，与同时代的单语种文献相比，教材编写者明确提供了他所认可的词语语义。一方面，英文的翻译用另一种语言明确了中文文本某些不尽明晰的语义；另一方面，分类、论述和注释又从多个角度补充了中文文本

① 太田辰夫：《近代汉语》，载太田辰夫著，江蓝生、白维国译：《汉语史通考》，第 212 页。

未揭示的某些语境、语用等信息。换言之，即某一语言的实际学习者或使用者明确了该语词在当时的语义，这一点是尤其难能可贵的。

因此，有必要从形式上整体梳理《自迩集》中所存中英文语料的形式，以更加完整地挖掘、整理该书所存的语料内容及价值。

一、中文语料分类与形式

中文语料主要的载体是《自迩集》各版的第一卷。词汇语料的一部分来自课本中直接列举的词语，另一部分保存在丰富的单句、语段和对话中。另外值得注意的是，编写者也时常借助同义词并举、词义阐释等形式，在一个中文句段中直接明确某一词汇的语义用法。

（一）中文词句语料分类与形式

1. 直接列举的词语

此类词汇主要集中在各版的“散语章”和“练习燕山平仄编”。

“散语章”包括四十章的内容，第一卷中文内容中包括两个部分，如图 18 左图所示，左栏为词组，词组间有顿号分隔，并以一个语义群为一个句段并有编号，一章 13—30 个编号。右栏为左栏语义群中挑选列出 18—25 个汉字作为本章的重点汉字。以下为《自迩集散语章》第一版第一卷第一章内容的转写：

（右栏内容）1. 两　2. 三　3. 第　4. 四　5. 六　6. 六　7. 七　8. 八　9. 九　10. 千　11. 数　12. 百　13. 万　14. 零　15. 来　16. 多　17. 少　18. 有　19. 好　20. 些　21. 个

（左栏内容）1 十六、十九、二十、三十四、五十七、六十八。……9 有几个人来、有些个人、有好些个人、有多少人来、三万多。10 数十个、几十个、十几个、两个、几个、十个多、八九个、十数个、十来个、九个十个、二百多、五千多。11 长三寸四、一身一口、五斤牛肉、六斤羊肉、几斤鱼。12 七

斗麦子、九斗米、一斗黍子。13 几个牙、长几万里、足四万里、有山足高二百里。（散语章 1.1p.32）

由转录的文字我们看到，“散语章”中直接列举的词组之间虽然有一定的语义关系，但较为分散。特别对于一些依托语境的多义词而言，此种列举方式使得我们在利用这些材料时愈加需要对照英文翻译及注释。

第一卷的“练习燕山平仄编”包括一张“北京官话带声调全音节”及其代表汉字的表格（Sound Table）以及每个声调音节下的词组举例。这里共计 420 个区分不同声调的北京官话音节，列举近 1500 个词组，形式如图 18 右图所示。

每个代表音节的字头下列举了四个声调的汉语词组，若该声调无词组则以圆圈表示。如在汉字“阿”代表的音节下列举了“是阿、阿什么、阿哥”三个词，“爱”字下列举“哀求、尘埃、高矮、爱惜”四个词。

词组的语义翻译及部分语素注释都保存在第二卷的“练习燕山平

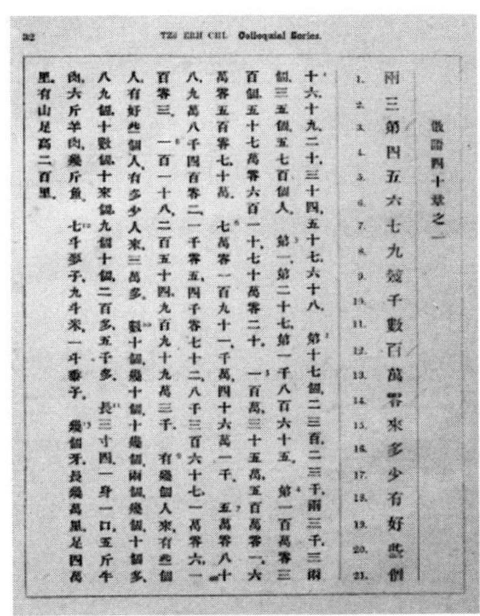

32 TZŬ ERH CHI. Colloquial Series.

散語四十章之一

1. 兩 2. 三 3. 第 4. 四 5. 五 6. 六 7. 七 8. 九 9. 幾 10. 千 11. 數 12. 百 13. 萬 14. 零 15. 來 16. 多 17. 少 18. 有 19. 好 20. 些 21. 們

[1] 十六、十九、二十、三十四、五十七、六十八。[2] 第十七個、二百、二千、兩千、三兩個、三五個、五七百個人。[3] 第一、第二十七、第一千八百六十五。[4] 第一百萬零三百個、五十七萬零六百一十、七十萬零二十。[5] 一百萬、三十五萬、五百萬零一、六萬零五百零七、十萬。[6] 七萬零一百九十一、千萬、四十六萬一千。[7] 五萬零八十八、九萬八千四百零二、一千零五、四千零七十二、八千三百六十七、一萬零六、一百零三。[8] 一百一十八、二百五十四、九百九十九萬三千。[9] 有幾個人來、有些個人、有好些個人、有多少人來、三萬多。[10] 數十個、幾十個、十幾個、兩個、幾個、十個多、八九個、十數個、十來個、九個十個、二百多、五千多。[11] 長三寸四、一身一口、五斤牛肉、六斤羊肉、幾斤魚。[12] 七斗麥子、九斗米、一斗黍子。[13] 幾個牙、長幾萬里、足四萬里。有山足高二百里。

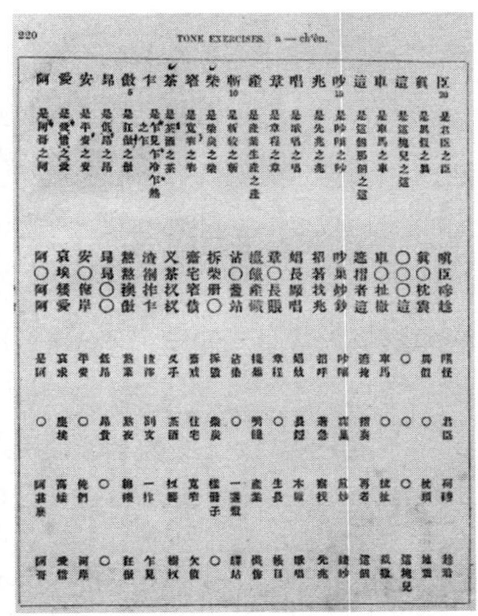

220 TONE EXERCISES. a — ch'ên.

阿 愛 安 昂 傲 乍 茶 窄 柴 斬 產 章 唱 兆 吵 這 車 這 鍼 臣

图 18 《自迩集》第一卷“散语四十章之一”书影（左）、“练习燕山平仄编”书影（右）

仄编”中。值得注意的是，一般认为这一部分词组主要属于北京话语音的内容，在已有的《自迩集》词汇语料的分析和整理中并未纳入考察范围，① 我们这次将把这部分的词汇语料整合进来。

2. 在单句中的词语

《自迩集》封闭语料中无上下文语境的单句主要集中在第一版的“续散语章”。该章第一卷中文内容 50—60 句一章，每句之间语义或有相关，但又无密切联系，看似分章比较随意。如图 19 所示，与“散语章”的形式相比，该章并未列出核心词汇，以句号和编号分隔的短句为主。

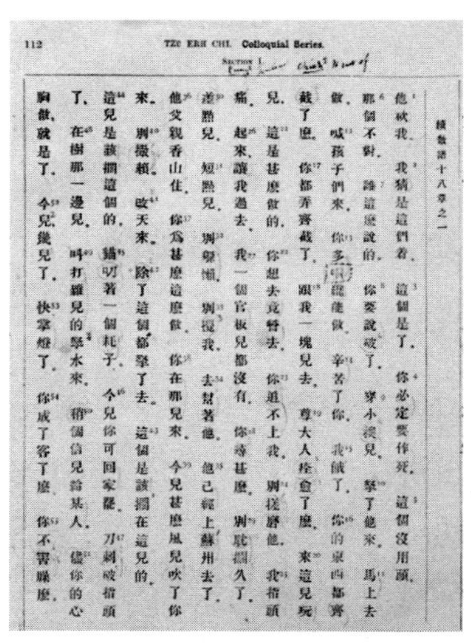

112 TZŬ ERH CHI. Colloquial Series.

SECTION I

續散語十八章之一

他砍我。我猜是這們着。這個是了。你必定要作死。這個沒用頭。那個不對。誰這麽說的。你要說破了。穿小溲兒。擎了他來。馬上去做。喊孩子們來。你多偺纔能做。辛苦了你。我餓了。你的東西都齊截了麼。你都弄齊截了。跟我一塊兒去。尊大人痊愈了麼。來這兒玩兒。這是甚麽做的。你想去竟肯去。你追不上我。別搓磨他。我指頭痛。起來、讓我過去。我一個官板兒都沒有。你尋甚麽。別耽擱久了。差點兒。短點兒。別躲懶。別攪我。去幫著他。他已經上蘇州去了。他父親香山住。你爲甚麽這麽做。你在那兒來。今兒甚麽風兒吹了你來。別撒賴。改天來。除了這個都擎了去。這個是該擱在這兒的。這兒是該擱這個的。貓叨著一個耗子。今兒你可回家罷。刀剁破指頭了。在樹那一邊兒。叫打雜兒的擎水來。捎個信兒給某人。儘你的心夠做，就是了。今兒幾兒了。快拿燈了。你成了客了麽。你不害臊麽。

图 19 《自迩集》第一版第一卷“续散语十八章之一”书影

以下为《自迩集续散语章》第一卷第一章部分内容的转写：

1 他砍我。2 我猜是这们着。3 这个是了。4 你必定要作死。5 这个没用头。6 那个不对。7 谁这么说的。8 你要说破了。9 穿

---

① 例如《〈语言自迩集〉研究》(2015) 中的《自迩集》第一版中文词汇索引表并未包含“练习燕山平仄编”的内容。笔者将另文进一步对这次词组做系统整理，以补充《〈语言自迩集〉研究》(2015) 的词汇索引内容。

小袄儿。10 拿了他来。11 马上去做。12 喊孩子们来。13 你多喒才能做。14 辛苦了你。15 我饿了。16 你的东西都齐截了么。17 你都弄齐截了。18 跟我一块儿去。19 尊大人痊愈了么。20 来这儿玩儿。21 这是甚么做的。……44 这儿是该搁这个的。45 猫叼着一个耗子。46 今儿你可回家罢。47 刀刺破指头了。48 在树那一边儿。49 叫打杂儿的拿水来。50 捎个信儿给某人。51 尽你的心胸做、就是了。52 今儿、几儿了。53 快掌灯了。54 你成了客了么。55 你不害臊么。（续散语章 1.1p.112）

如第二章所论，正是由于缺乏单句间的语义练习，编写者在第二章中把第一版“续散语”章的绝大多数内容都编入了新的小说文章“践约录”。对照两版内容可以作为词汇语义和使用语境的补充。

3. 隐于英文卷的中文语料

在原书第二卷内容的排查中，我们也发现了隐藏于英文卷内容的中文语料，主要是以下两个部分。

一部分集中在第二卷的“散语章”。如我们在第二版修订中已经提到的，第二版第二卷增了“散语章”英汉翻译的练习，实际上这部分除了有练习里中文句子的英文对照，还有进一步的字词句解释，这部分内容也常以举例的形式给出，如图 20 所示：

54. **說** *shuo*^{1}, to say; as in *wo*^{3} *shuo*^{1}, I say = this is my opinion. Also to speak; as *shuo*^{1} *hua*^{4}, to speak language; or, the language spoken, as opposed to *wên*^{2}. But followed by a personal pronoun, *shuo*^{1} means to blame; as *t'a*^{1} *shuo*^{1} *wo*^{3}, he blamed me.

55. Examples:—

他 *t'a*^{1}	他 *t'a*^{1}	那 *na*^{4}	他 *t'a*^{1}	你 *ni*^{3}	道 *tao*^{4}	你 *ni*^{3}
說 *shuo*^{1}	說 *shuo*^{1}	人 *jên*^{2}	不 *pu*^{2}	愛 *ai*^{4}	我 *wo*^{3}	知 *chih*^{1}
的 *ti*	的 *ti*	說 *shuo*^{1}	大 *ta*^{4}	他 *t'a*^{1}	不 *pu*^{4}	道 *tao*^{4}
話 *hua*^{4}	很 *hên*^{3}	甚 *shên*^{2}	愛 *ai*^{4}	不 *pu*^{2}	知 *chih*^{1}	不 *pu*^{4}
好 *hao*^{3}	是 *shih*^{4}	麼 *mo*^{1}	他 *t'a*^{1}	愛 *ai*^{4}	道 *tao*^{4}	知 *chih*^{1}

Do you know? [I] do not.
Do you like him? Not much.
Obs.—Ta, great, used adverbially.
What is that man saying? What he says *hên*^{3} *shih*^{4}, is quite (or, very) right (or, correct).
He speaks very well (good accent, form, sense).

图 20 《自迩集》第二版第二卷“散语章 key”第 21 页部分书影

在解释“说”这个词语的同时，作者给出了几组例句，附有注音和翻译。这部分例句中出现的字词也是值得我们关注的。

另一部分散落在第二卷英文注释内容中。注释中的中文例句少部分是中文形式，大部分是以威氏拼音的面貌出现的，值得逐一整理筛选，以下面对表示总括的“可”的解释为例：

（1）第二天带着可山的喽罗，嘴里吹着喇叭，蜂拥的来了。(践约录 2.1p.262) So he came on next day at the head of all the brigands in the hills.

（注 释 ）Note the peculiar use of 可 which is here equivalent to 全, all, or 满, full. c.f. the following: 可着身上都不舒服 I feel uncomfortable all over; 可着京城的道儿都不好走, every road in the capital is bad; 可屋子全得糊 the whole room must be papered.（践约录 2.2p.381)(注意这里“可”字的特殊用法，它和“全”或“满”表达的“all”的意思差不多，比较下面的句子，“可着身上都不舒服”是“我浑身上下不舒服”的意思；“可着京城的道儿都不好走”是“京城的每条路都是坏的”的意思；“可屋子全得糊”是“整个房间都要用纸糊起来”的意思。)

表示总括“可”在现代汉语普通话中已不再使用，在《自迩集》中出现了用例，而且从注释中我们看到，这里不是一个例子，而是附有直接解释的三个用例。

4. 在语段、对话中的词语

直接融入语段、对话的词汇语料是《自迩集》封闭语料的主要形式，绝大部分主要集中在“问答章”“谈论篇”及“词类章”之中。

“问答章”包括十章内容，是一问一答的形式，一章篇幅内 30—35 句话，上下文语义紧密联系，第一卷中文部分不区分对话角色。以下为《自迩集》第一版第一卷“问答十章之一”的部分内容转录：

1 您贵处是那儿。2 敝处是天津、没领教。3 我也是直隶人。4 阿原来是同乡。5 他那一位是甚么人。6 他是外国人。7 到这儿来做甚么。8 我不知道、你问他自己就知道。9 请问尊驾到我们这儿做甚么。10 我是个做买卖的。11 您带了来得都是甚么货。12 都是东洋的油漆碎货。13 阿、您贵国是日本国么。……24 那个钱大概不很多。25 他们没钱、往东洋去做甚么。26 他们多一半是跟太西国的人去的。27 太西国带他们、有甚么益处儿。28 原是用他们管行、作为经手的。29 他们和日本国的人、对劲儿不对劲儿。30 彼此怕都有点儿异心。（问答章 1.1p.109）

“谈论篇”共计一百篇，语义结构上为单人就某一论题的阐述，一般句子较“问答章”长，每篇 4—10 句，每篇篇幅与“问答章”相近。以下为《自迩集》第一版第一卷“谈论百篇之一”的部分内容转录：

1 我听见说、你如今学满洲书呢么、很好、满洲话、是咱们头一宗儿要紧的事情、就像汉人们、各处儿各处儿的乡谈一个样儿、不会使得么。2 可不是么、我念了十几年的汉书、至今还摸不着一点儿头绪呢、若再不念满洲书、不学翻译、两下里都耽误咯、因为这么着、我一则来瞧瞧兄台、二则还有奉求的事情呢、只是怪难开口的。……5 你怎么这么说呢、你是外人吗、只怕你不肯学、既然要学、巴不得教你成人呢、说报恩是甚么话呢、咱们自己人、说得吗。6 若是这么着、我就感激不尽了、只好给兄台磕头咯、还有甚么说得呢。（谈论篇 1.1p.214）

如上文第二章所述，“谈论篇”的内容来自当时流行的满汉合璧教科书，内容相对较古旧，带有一些满人汉语的痕迹。

比较而言，当时西人著汉语语法教材多用英语或其他西方语言来论述语法内容，中文仅用于举例。《自迩集·词类章》中对语法论述语言的处理是值得关注的特点之一，这不仅增加了该教材封闭内容中的共时语料内容，而且中英文论述语言的对照本身也是作者对“汉语是否有语法”“是否应该用印欧语言的语法体系”来分析论证汉语语法问题的解答。①

“词类章”的主旨虽是解释说明汉语语法内容，但威氏特别将传统文献中“主客问答”的文体模式运用在这一章，也就是用当时的口语来记录西人与中士讨论汉语语法问题的内容与过程，所以该章中文部分的内容也显示出一问一答的形式，绝大部分内容的语义密切联系。这部分以语法类型为准分为十二段，篇幅内容差别很大，以下为《自迩集》第一版第一卷“言语例略第一段”部分内容的转录：

> 1 看贵国的人、学我们的汉话、都像是费事得很、却是甚么难处呢。2 唉、那难处不止一样了、有口音的难处、有单字的难处、更有文法的难处。3 怎么呢、外国人各国互相学话、看着像不用很多的工夫、难道我们这汉话、和贵国的话、全是两样的么。……5 那儿不明白、这就可算文话的总例、是中外各国、人情自然相同之理。（词类章 1.1pp.286—288）

上文引用的第一章的内容主要是概述汉语和英语各个方面的差异，属于单纯的论述语言。同时，我们发现，编写者在围绕某一语法项目阐释时又会通过举例中文单句或对话来强化理解。如下例中的举例是为了说明量词“担”的使用语境：

> **担** 1 担是一个人拿扁担挑着东西。2 他挑着一担柴火、是他挑扁担、扁担两头儿挑着柴火。3 比方仅有一捆柴火、那是用棍子挑着、扛在肩髈儿上。（词类章 1.1p.274）

① 关于威氏为何要用中英双语来论述汉语语法，为何在“词类章”采用主客问答的文体形式，以及威氏在汉语语法问题上的创新性与继承性等方面请详见宋桔：《〈语言自迩集〉的汉语语法研究》。

这类内容常常涉及对比，例如这里的“一担柴”与“一捆柴”。以下是在解释汉语句子中如何表现英语的“主语”“宾语”与“谓语”：

> 47 那茶碗是谁砸得、是那小孩子砸得。48 这个字是甚么人写得、是姓张的那个人写得。49 畜牲里最灵的是甚么、最灵的是狗。（词类章 1.1p.270）

这一处理方式客观上增加了《自迩集》内部可用语料的数量，但特别要注意结合全书语料、同时代语料区分编写者为证明某种语法而“生造”的某些单句。

（二）中文内容中的词义解释

除此之外，根据我们的调查，《自迩集》的中文语料中也包括了一些与词语语义解释直接相关的内容。下面两例分别是对“撤了”这一词语用于吃饭场景，以及“光润”用于形容丝绸时的具体语义解释：

> （2）你快弄饭去、饭得了就端了来。甚么是撤了呢、你吃完了饭、都拿下去、那就是撤了。（散语章 1.1p.45）
>
> （3）你瞧那一疋红纱、颜色儿光润不光润。怎么是光润呢。那纱原来是好纱、又是新的、染得颜色儿又好看、这光润不止于说纱、说别的也行。（散语章 1.1p.59；2.1p.100）

下面一例是在语境中具体解释了代词“众人”的具体语义所指：

> （4）这一件事办得杂乱无章、听见说要另派别人。不是要派、是已经派过了、又说派来的那一位、爵位大些儿、百姓盼望他来、好考察众人。甚么是众人。此处儿说的是手下的小官儿、

那大人考察小官儿的办事、如若杂乱、那小官儿难免重办。（散语章 1.1p.65）

以及对“列位”使用对象的定性：

（5）列位、是你们这些位、是尊称众人的字眼儿、衙门里列位都散了、是众官都回去了。（散语章 1.1p.65）

值得注意的是，我们发现这种中文内容中的语义解释都集中在第一版“散语章”中，这些内容中的大部分在第二版都删除了，或是因为第二版修订是对其准确性有所保留。

另一部分中文的词语语义解释说明集中于“词类章”，特别是关于汉语量词部分的量词语义及用法说明，略举两例：

（6）**轴**：一轴画儿、是一张裱了的条幅、因为底下两头儿露出木头轴儿来、故此才说、还有诰封论几轴、也是一样的意思。

（7）**把**：是有把儿手里可以拿的东西、都论几把。2 比方一把茶壶、两把刀子、一把铲子、一把叉子、一把扇子、一把锁头、这类都是。3 椅子说一把、说一张、都使得。

这里不仅说明了作为量词的“轴”和“把”可搭配使用的名词，同时还解释了为何要用这个量词。这一部分内容产生的背景是《自迩集》编写者在“词类章”中尝试以教学的目标语言——汉语——作为论述分析语法的工具。

二、英文翻译及语义语用注释

统观《自迩集》全书，“散语章”“续散语章”“问答章”“词类章”“践约录”皆为中英双语的形式。下文中我们看英文部分的内容来分类论述《自迩集》对词语的对照翻译、词语语义解释的基本原则、列举辨析方式、对语体语用的重视等。

（一）词语的英文翻译对照

《自迩集》中与词汇语料相关的中英双语主要有两种，分别是对单词、句子的中英文对照。

值得注意的是，词汇间的中英对照翻译不但存在于“散语章”和“练习燕山平仄篇”，同样存在于“问答章”“谈论篇”“词类章”中。例如，第二卷“散语章”中有单独的重点汉字、语音标注及英文语义翻译。如图 21 所示：

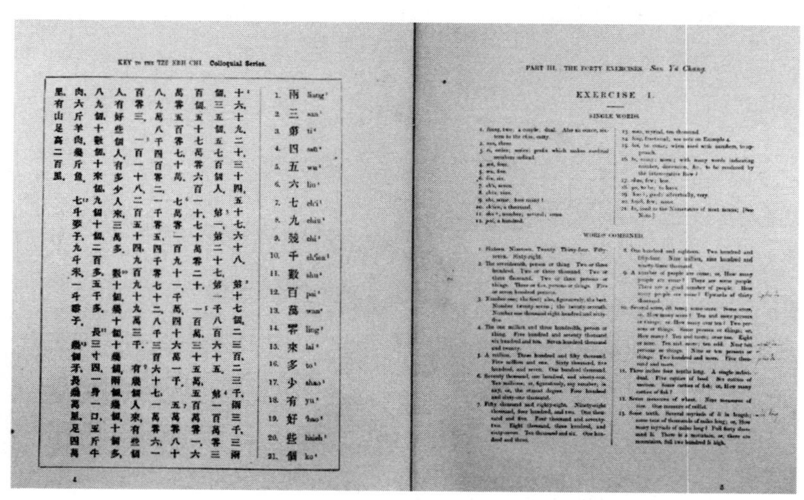
KEY TO THE TZŬ ERH CHI. Colloquial Series.

1. 兩 liang
2. 三 san
3. 第 ti
4. 四 ssŭ
5. 五 wu
6. 六 liu
7. 七 ch'i
8. 九 chiu
9. 幾 chi
10. 千 ch'ien
11. 數 shu
12. 百 pai
13. 萬 wan
14. 零 ling
15. 來 lai
16. 多 to
17. 少 shao
18. 有 yu
19. 好 hao
20. 些 hsieh
21. 個 ko

PART III. THE FORTY EXERCISES. San Yü Chang.

EXERCISE I.

SINGLE WORDS.

WORDS COMBINED.

图 21　《自迩集·散语章》第二卷中英对照

而在“问答章”“谈论篇”“词类章”中，词语的语义对照翻译主要存在于课文内容翻译之后的注释中。

以句子为单位的中英翻译主要集中在“问答章”“谈论篇”“词类章”等章节中。主要采用的是意译，在某些强调中英句式差异的情况下，往往在注释中借助符号引入直译：

（8）酒杯酒盅子这两个东西不大很分，可也分得出来，本是酒杯比酒盅儿大。

（注释）these two things [one can] not very much distinguish. [Although this be so] 可，but，[one can] 也，also，分得出来，succeed in distinguishing；[for] 本，in reality，shih，it is a fact that，the 酒杯 compared with the 酒盅 is large.（散语章：2.2p.41）（这里的两个东西，[一个人] 不太可以区分出来，[虽然] 它们也是可以区分出来的，[因为] 从实际上说，比起酒盅，酒杯要大一点。）

同时，《自迩集》中大量的句子翻译，为我们提供了在全书系统整理前提下总结语义翻译对照的机会。以《自迩集》关于"过于"这个词语的语义说明为例。全文并没有出现"过于"直接翻译为某个英文单词的内容，但编写者在翻译中多次将其与"excessively（过分地）"对应起来：

（9）你为一件不要紧的事、过于生气。You were excessively angry about a thing of no importance，and then you said what was very discourteous.

（10）那个雪下得过逾深。The snow is excessively deep.

（词类章：中文 1.1p.252；2.1p.318：英文 1.2p.125；2.2p.514）

还出现了"太"与"过于"联合表达的例子：

（11）先头里你短我好几两银子老没还我、还借这不太过于点儿吗。（散语章 key2.1p.71）

（翻译）you owed me long ago a good many years which you have not paid me back all this time；Another loan would be a little too much，surely.

（注释）Too much：太过于点儿，a little too excessive.（散语

章 key 2.2p.71）（“too much” 对应的汉语形式是“太过于点儿”，有点太过分的意思。）

（12）你那个朋友、太过于老实了。（谈论篇 1.1p.160；2.1p.181）

根据语料考察，这种用法在明末清初开始出现，但使用率较低，《自迩集》的用例是对现有语料的有益补充，特别是翻译和注释提供的语义解释内容。

（二）语义的本义核心解释法

根据笔者的讨论，相比于同时代的其他汉语教材，《自迩集》的英文部分对词语语义的解释中最为瞩目的是应用了“语义的本义核心解释法”。① 这是《自迩集》中最重要的一种词语解释方法。主要是将某个词在句子中的语义与这个字的本义结合起来，即从本义推究这个词的引申义和比喻义，目的在于便于初学者的学习和记忆。

下面以“酒席”的“席”和量词“顶”的注释为例：

（13）满汉酒席很讲究。（续散语章 1.1p.127）

（注释）酒席：The latter word，properly，the mat on which people used to sit; now only use as here.（“席”本义是人们用来跪坐的垫子，现在只用在“酒席”这样的词汇中。）

（14）顶这顶字，就是做轿子、帽子的陪衬。（词类章 1.1p.273；2.1p.337）

（注释）顶，crown of the head；at the top of；in which sense it often makes the superlative of adjectives；the button of an official cap；the Numerative of official caps，sedans，&c.（词类章 2.2p.492）（顶，头顶；最上面；从这个意义出发常被理解为形容词的最高

① 关于“语义的本义核心解释法”在《自迩集》语法、句法解释方面的应用详见宋桔《〈语言自迩集〉的汉语语法研究》。

级；官帽的扣子；官帽、轿子的量词。）

编写者在注释时首先说明了“顶”表示头顶的本义，然后从本义出发来解释“顶”作为形容词最高级的标志，官帽和轿子量词的语义。

再以编写者关于动词“奔”表达的英文介词语义的论述为例：

（15）那个人跑过这块庄稼地、从小道儿奔大道跑了。（词类章 1.1p.249；2.1p.315）

（注释）Towards the road：奔 pên1，to run；here read pên4，towards. The latter is a use of the word not authorised by the dictionaries.（词类章 1.2p.128；2.2p.518）（“Towards the road”对应的汉语形式是“奔”，本义跑的意思，但在这里应该读第四声，是“towards（朝向）”的意思。这第二个用法尚未得到本地词典的承认。）

编写者从中指出了两类“奔”：读第一声的“奔”是表示奔跑的动词；读第四声的“奔”则可用以表达“towards（朝向）”的意思。而且从注释可知，编写者对这些语义的很多讨论都经过对当时现有的小学词典的探究。

再进一步对引申义的解释如：

（16）一旦之间，就变了性咯，忘了旧时候儿的景况了。（谈论篇 1.1p.162；2.1p.183）

（注释）况 amongst other meanings has，classically，that of to bestow；hence，the condition of things bestowed by Heaven.（谈论篇 1.2p.37；2.2p.314）（况，古义为赐予，引申为事物的状况都是上天赐予的。）

（17）合家子，乱乱哄哄的。（谈论篇 1.1p.175；2.1p.195）

（注释）阖 properly，a folding door；to close it；hence，all within

it; hence, of persons, all: 合家子, the whole family.(谈论篇 1.2p.29; 2.2p.299)(阖，本义是关上门。引申为都包括在内；引申为所有的人。合家子，全家。)

着重说明词语在句中的比喻义的如：

(18)若不留心远着他，必定也受了他的笼络。(谈论篇 1.1p.196; 2.1p.213)

(注释)络 netted cords, a small net; 笼, properly lung1, a cage; 笼络 only used as here, figuratively.(谈论篇 1.2p.15; 2.2p.274)(络，以绳结网，小网；笼，本音 long1，小笼子。笼络，只作为像这里一样的比喻用法。)

从下例可以看到编写者在两版修订中对比喻义、引申义细节的注意：

(19)千万 Ten millions; Or, figuratively, any number; in any or the utmost degree.(散语章 1.2p.5)(“千万”指数字 10000000；或者其比喻义是任何数字，在任何或者最大的程度上。)

千万 Ten millions; Or, figuratively, any number; in any (or the utmost) degree, also, above all things.(散语章 2.2p.5)(“千万”指数字 10000000；或者其比喻义是任何数字，在任何或者最大的程度上，也可以指最重要的情况。)

第二版补充了“千万”除了说明数字，还可以用来指“最重要的”。

“本义核心解释法”是威氏在汉语词汇语义功能解释中的一项重要的尝试。这种方法最大优势在于减少了学习者的记忆负担，成功的学习者甚至可以通过编写者描述的引申路径同时掌握多个语义，生成多种功能，这应该也是威氏一再坚持应用的原因所在。

然而，这种方法核心的问题在于：一方面汉语中的许多语义功能实际上并非同一源头，另一方面编写者（包括威氏和他的中文助手）也可能并未完全掌握词汇的相关引申义和引申用法，这就必然导致某些解释不当，甚至牵强附会的情况，这一点是利用双语语料时尤其应当注意的。

（三）列举多义词、辨析语义

在语义解释中，《自迩集》一般是先指出该词在句中的语义，同时再用“also（也）”引出其他的语义，这一部分内容在直接列举词语的“燕山平仄编”里比较集中，略举三例：

（20）九十：Ninety；also，nine or ten.（燕山平仄编 1.2p.90；2.2p.464）（“九十”指数字 90；也可以指大概九或十个。）

（21）收拾：to mend，put to rights；also，referring to a person，to serve him out；收，to put away，拾，to pick up.（燕山平仄编 1.2p.90；2.2p.464）（“收拾”指收拾整理好。如果谈及人，也可以指处置了这个人。“收”指收集起来，“拾”指把东西捡起来。）

（22）长短：long and short；the length of；also，a man's merits and defects，but，especially，his defects.（燕山平仄编 1.2p.95；2.2p.469）（“长短”指长度的长和短。也可以指人的优点和缺点，但尤其偏向指“缺点”。）

词语语义辨析主要集中在注释内容中，一是对几个相关词语的语义辨析：

（23）Observe 拿得了，can be laid hold of；拿不了，cannot be，etc. in these two the first differs nothing from 拿得；but 拿不了 will be found to have more force and scope than 拿不得。（散语章

2.2p.16)(“拿得了”是可以持有的意思；“拿不了”是不能持有的意思。第一个“拿得了”和“拿得”的意思差不多；但“拿不了”的影响和使用范围要比“拿不得”大。)

尤其强调展示不同语言间的差异，除了英语与汉语的天然对照外，还有与其他语言的对比，略举一例：

（24）海角天涯、是说彼此相离的过远的话头儿。(散语章 1.1p.65)

（注释）话头儿 An end of talk; Compare the French bout.(散语章 1.2p.101)(“话头儿”请比较法语中的 bout，意思是末端，尽头，终点。)

进而是对词语的文化背景的比较说明：

（25）一则是寡不敌众，二则是他心里胆虚。(问答章 1.1p.95)

一则是寡不敌众，二则是他的胆虚。(问答章 2.1p.143)

（注释）With the Chinese the liver is the seat of courage. Compare our term white-livered.(问答章 1.2p.120; 2.2p.231)(中国人认为肝脏是勇气的位置，比较英文中的俗语 white-livered 懦弱胆小的。)

前一部分我们已经详细分析了《自迩集》所处时代南北官话的状况，在注释中，编写者尤其注意分析南北官话系统中，具体词汇在语义用法的差异：

（26）别给丢那一根棍子。

（注释）We might also say 别丢那根棍子, but in southern 官话 this would mean don’t throw it away.(散语章 2.2p.123)(也可以说“别丢那根棍子”，但是在南方官话中，上述这句话应该解释为

“不要（故意）扔了那根棍子”。）

根据英文翻译，原句的意思是“别弄丢了那根棍子”，注释中说也可以说成是“别丢那根棍子”，在北京官话中原句表示不小心弄丢，在南方官话里表示的却是故意扔掉。

（四）注重语体色彩、语用规范

《自迩集》的编写者尤其注意说明一个词语的语体色彩与语用规范，这一点与该书的教学目标与教学对象是对应的。旨在强调学习者（外事人员）能在一定的语境中正确、合理、妥帖地进行表达，并将已学过的字词根据语境的需要加以规范、恰当的应用。

1. 语体感情色彩

对具体词义的褒贬性质或褒贬程度的分析也是《自迩集》中注释的重要内容，展示了威氏对词语感情色彩的重视。以下两例提醒学习者“逃窜”“钻干”“习气”都是贬义的词：

（27）逃窜 [said pompously of rebels or any enemy] flying from one place and finding their way to another.（练习燕山平仄编 1.2p.96；2.2p.473）（逃窜，[用来说叛军或敌人] 从一个地方跑到另一个地方。）

（28）还有一种不念书、不修品的，全靠着钻干逢迎，作他的本事。（谈论篇 1.1p.211；2.1p.227）

（注释）钻干 is elliptical for a longer phrase，钻营谋干，to study the accomplishment of business by intrigue；谋干 may be used of a good object as well.（谈论篇 1.2p.3；2.2p.253）（钻干，是“钻营谋干”的省略说法，是用阴谋诡计达到成功。“谋干”可用于好的目的。）

（29）你还不知道那衙门人的习气么？

（注释）习气，habit or manner；气，the aspect，air，or temper，

习, acquired by practice. Used only in a bad sense.（散语章 2.2p.201）（习气，习惯或方式。气，气体，方式；习，经练习习得，表示的是一个不好的意思。）

这些注释为我们提供了当时人的主观感受资料，是可以与其他小说语料的语体色彩相互参照的。

2. 语用礼貌规范

除了指明一些礼貌用语的使用方法外，编写者还对一些特殊词汇的语用规范加以说明，这一点对于语言的实际运用具有重要意义：

（30）您高寿。

（注释）This form is only used to men over forty years of age, the limit being generally indicated by the moustache, which is seldom allowed to grow before that age, unless in the case of officials of a certain rank.（散语章 2.2p.187）（这个问句只能用于超过 40 岁的人，界限一般看胡子，因为不大允许在这个年纪前留胡子，除非他已经是一定等级的官员。）

这一部分的内容在威氏倡导的文雅有礼貌的语言导向的方面已有详细的举例论述。

下面这个例子在解释词语“身体”时特别说明是比“身子”更礼貌，语体更文雅的一个词：

（31）身体：the body; used in certain phrases only, as more polite than 身子（练习燕山平仄编 1.2p.89; 2.2p.464）（身体，即“the body”，仅用于短语中，比“身子”文雅礼貌一些。）

此外对一些语义分析是特别细腻的，特别在于语言强度的中英比较方面，以“央求”“肯不肯”的语言强度分析为例：

（32）央求：To beseech；央 intensifies 求，but is not so strong as 哀，which see，above.（练习燕山平仄编 1.2p.63；2.2p.433）（"央求"对应于"beseech（恳求、乞求）"的意思，这里的"央"强化了"求"的语义，但不像前面看到的"哀"的语义这么强。）

（33）肯 不 肯：will you...? Lit. Will you or won't you，but，in effect，not so strong. 练习燕山平仄编 1.2p.75；2.2p.445）（"肯不肯"对应于"will you...?"，字面意思是"你会还是不会怎么样"，但实际上，这个词在汉语的语义并不像英语中的用法这么强。）

同时对一些语义分析非常细腻，其中表示疑问的语气也隐含建议的意味，非纯粹的疑问：

（34）咱们这么绕着走罢。

（注释）The 罢 at the close of this sentence has the force of "what do you think?" i.e.，expresses a doubt as to the willingness of the person addressed to comply with the suggestion.（散语章 2.2p.77）（"罢"在这个句子的末尾有表示"你认为怎么样"的含义。也就是，表示疑问希望这个被问的人自愿地按照建议去做。）

上例的注释说明编写者意识到"罢"表明的疑问用法隐含着商量、建议和邀请的意味，换言之，是不带强制的"命令"。

第四节　性质：非均质的共时资料

（一）可信的同时资料

"当时、当地、当局之人所留下的史料"是"第一等的史料"，[①] 太

① 梁启超：《中国历史研究法》，上海古籍出版社，1998 年，第 82 页。

田辰夫（1958/2003）从汉语史和汉语史料学的角度提出了“同时资料”和“后时资料”的概念：

> 其中的“同时资料”，指的是某种资料的内容和它的外形（即文字）是同一时期产生的。甲骨、金石、木简等，还有作者的手稿是这一类。但粗略地说，例如宋人著作的宋刊本，姑且看做同时资料也可以。语言的大变动大约是和朝代更替一起产生的，因此，可以认为，如果是同一朝代之内，某种资料外形的产生即使比内容的产生要晚，其间也是差别不大。所谓“后时资料”，基本上是指资料外形的产生比内容的产生晚的那些东西，即经过撰写转刊的资料。其中“后时资料”可能经过改动或产生讹误，不宜作为某些断代研究的材料。①

综合前文的论述，我们以下从材料来源、编写主旨、编写者、主体内容几个角度来论证《自迩集》语料的性质。

从材料来源看，可以将《自迩集》的原始材料从语料性质上分为两个部分：

第一部分是编写者自己编写的材料，以“词类章”和“问答章”为代表，是威氏口述或威氏与协助者谈话记录下来的材料，是同时代的亲历者对语言记录后留下的书面形式。“散语章”是编写者对当时语言收集整理的结果，是亲历者对他人语言记录的书面形式，这些都符合太田对“同时资料”较为宽泛的界定。

第二部分是威氏以清代满汉系列语言教材为底本改定的内容，即“谈论篇”，虽然已经过时人的改订，但不可避免地会带有较早的语言痕迹，或不可成为标准的“同时资料”，在利用时应特别注意。

从编写主旨看，无论是哪个部分，威氏等编写者都是以教授当下

① 参看太田辰夫：《〈中国语历史文法〉跋》，载太田辰夫著，蒋绍愚、徐昌华译：《中国语历史文法》，第374—375页。

确实在使用的“活生生的”语言为目的，其语言教材的性质本身就决定了必须对当下的语言材料做忠实的记录。这一点不仅体现在编写者用当时的词语、句法修订较早的文献材料的做法上，也体现在两次版本修订中对一字一句细致改写与校正上。

从编写团队看，编写者中不仅有如威氏这样的西人，提供敏锐的“第三者”语言感受与语言学理论的指导，还有知识阶层的中国文人运用自己汉语母语能力对文献材料进行校正与编辑，更加保证了教材提供的语料的科学性。从内容主题看，“散语章”“问答章”和“谈论篇”都是词汇、短语、短句、对话的记录，带有浓厚的生活气息，是《自迩集》“同时资料”的主体。“词类章”包括了对当时语言的语法分析，但绝大部分也是用当时的口语写成，与其他章节一样也可归为“同时资料”。

从纵向时间轴来看，《自迩集》主体文献就跨越了 1867 年、1886 年和 1903 年近 40 年的语言演变，对照第二版在各个方面对第一版内容的修订、改编来看，编写者对该书表现编写时代正在使用的、活生生的语言的坚持。

由此可见，《自迩集》全书 20 余万字的中文语料中，从性质上说，《自迩集》的“词类章”“问答章”和“散语章”是可靠的 19 世纪中期“同时资料”，“谈论篇”是需要细致鉴别的“准同时资料”。

一直以来，《红楼梦》《儿女英雄传》《小额》等以北京话为基础的白话小说成为清代北京官话研究的核心语料。曾有研究者感叹无论哪部小说，能按照创作当时的情况原封不动传下来的毋宁说是例外，“主体的内容姑且不论，期待一字一句都保持创作当时的原貌，几近于不可能”①。而《自迩集》作为汉语教材，保留了真实、可信的 19 世纪中后期汉语北京官话的共时资料，真可谓不可多得的“宝藏”。

---

① 太田辰夫《宋代语法试探》，载太田辰夫著，江蓝生、白维国译：《汉语史通考》，第 152 页。这是太田辰夫对宋代遗留的小说语料的评述，我们认为也适用于清代的情况。

（二）内部非均质资料

乾隆抄本一百二十回《红楼梦》写于1784年，① 现代学者评述该书词汇语料时谈到，这部小说以北京话为基础，这“自然不是说它一点也不含有其他因素”，譬如刘姥姥的北方方言，曹雪芹习惯使用的南京方言，诗词歌赋以及白话小说的传统语言。② 如果说《红楼梦》语言的多样性体现在内容上，那么《自迩集》内部的非均质性则本质上更多地与教材资料的丰富来源相关。

由第二章对《自迩集》成书历程与编写底本的考察可知其内部语料存在着“非均质性”，即不同来源、底本与编写者团队社会语言背景对呈现在教材中词汇语料性质的影响。这就要求我们避免将《自迩集》全书语料作为封闭均质资源来处理，引用论证时注意区分根据底本改编与直接创编的内容。由上文可知《自迩集》的“续散语十八章”“谈论篇”来自当时原有的汉语材料，威氏认为它们无疑是更“地道”的：

> 最后的“续散语十八章”和“谈论百篇”的优势在于它们的内容都源自本地人的语言。③ 因此，它们比起第三部分的“散语四十章”和第四部分的“问答十章”更加地道，这是无可争辩的。（笔者译，序言1.1p.x）

这些“本着我们这儿的成书作的”（问答章1.1p.75）章节虽然也经过了编写者的修改，但仍不可避免地带有原书的印迹，特别是语言风格和用词习惯上的传承。另如“散语章”“问答章”“词类章”这种

---

① 存世程乙本、程甲本，脂砚斋重评秋月定本等，已有1957年人民文学出版社校注本，1982年中国艺术研究院校注本，1987年文化艺术出版社版本以及1988年上海古籍出版社版本。

② 太田辰夫著，江蓝生、白维国译：《汉语史通考》，第215页。

③ 译注：这里指他们的来源是中文材料或满汉课本，所以更符合中国的语言习惯。“散语四十章”和“问答十章”是编写者自编的，虽然经过了中国文人的纠正修订，但威氏认为不如前面的两个部分地道。

出自编写者之手，或当时中西人士对话实录的内容则在语言上体现出更加贴近出版时代的特征。

值得注意的是，日本近代汉语学者较早就提出了《自迩集》相关章节语料的“非同一性”的问题：

> 《谈论篇》是《语言自迩集》中的一个章节，但我们可以看到在此篇章中使用的语言与其他章节相比更陈旧一些。另外，我们还可以发现随着每次再版的修订，在其语言中都会加入新的要素，同时也会删除一些当时已成为特殊场合下才使用的语言或用法。因此，我们应该认识到，即使是清代同一时期的语言，仅以《语言自迩集》为例，根据版本的不同也会有相应的词语添加或删减。①

内田庆市（2009）进一步列举了《自迩集》不同章节中词汇的差异，并以“你纳”和“您”、“今儿”和“今天”、“这们”和“这么”等词汇为例。同时指出一条《自迩集》第一版内部语料时代早晚的路径，即《谈论篇》早于《续散语》早于《言语例略》早于《问答章》早于《散语章》，本书梳理的成书源流与这一路径也是基本一致的。②

相对而言，国内的相关研究尚未充分认识到《自迩集》内部语料非均质性的现象，将该书词汇语料作为一个整体统一处理的现象较为普遍。例如李炜、李丹丹（2004）利用《自迩集》的语料来讨论近代汉语虚词“给”的多义性，但将《自迩集》不同章节的语料完全作为均质材料来处理，未考虑语料在时间、来源上的差异。③

综上所述，如果只是单一地将“自迩集”全书中文语料做统一的计算处理，得出的结果必然带有矛盾或不科学性。《自迩集》的编写方式的差异决定了我们分章节搜索资料的处理方式，有利于内部封闭语料的多样化应用。

---

① 尾崎实：《语言自迩集语汇索引（初稿）》，1965.10。
② 内田庆市：《关于〈语言自迩集〉的若干问题》，第26—36页。
③ 李炜、李丹丹：《〈语言自迩集〉中含“给”字的给予句及其给予义的表达》。

第四章

整理与探究：《自迩集》语料价值及其应用

判定一种语料的价值高低，不外乎这么几条标准：一是反映口语的程度；二是文本的可靠度，包括时代和作者是否明确，所依据的版本是否接近原貌；三是反映社会生活的深广度；四是文本是否具有一定的篇幅。一般来说，上述四方面的正面值越高，语料的价值也就越大。

——汪维辉[①]

根据汪维辉关于语料价值四个维度的判断标准来看，《自迩集》由编写主旨决定了其保存语料的口语程度之高；明确的编写者团队和版本出版情况保证了其准确性；由所涉语料的语义场分析说明了其反映的一定的社会生活深度与广度；由三版中英双语内容与周边文献资料提供了可观的篇幅。作为一部具备较高语料价值的文献，我们将在下文中就其表现的19世纪北京官话整体词汇面貌做一概述，以论证其语料价值。

第一节　数据：三版中文语料统计与分析

一、中文语料基础统计分析

根据统计，《自迩集》1867年第一版全书中文语料约9万字，1880年第二版超过10万字，1903年第三版因删节了部分内容，留下

① 汪维辉：《汉语词汇史新探》，上海人民出版社，2007年，第98页。

约 4 万字的内容。

根据对《自迩集》第一版第一章主要章节的分词和统计，“散语章”“续散语章”“问答章”“谈论篇”“词类章”出现的不重复词语总数为 6374 个。①

词频既反映了文献所处时代的词汇语言特征，又在一定程度上表现了文献的内容题材与编写者的写作习惯。我们进一步以《自迩集》第一版（包括“散语章”“续散语章”“问答章”“谈论篇”“词类章”五章）中文文献内容作为封闭的语料库进行词频统计，综合考虑“常用性”与“体现专书词汇特性”两个因素，将 10 定为判定高频词的临界词频，即在全书出现 10 次以上的词归入高频词，不足 10 次的为非高频词。以这个标准来衡量，《自迩集》中共有 562 个高频词，其中频率最高的前 50 个词见表 2。

表 2 《自迩集》第一版出现次数前 50 的词汇 ②

词汇	出现次数	词汇	出现次数	词汇	出现次数	词汇	出现次数
的	2569	去	225	人	446	到	167
是	1472	要	216	呢	390	上	167
了	1401	得 de	213	着	362	把	160
我	990	很	210	来	345	过	153
他	954	还 hái	208	也	334	又	138
一	689	可以	206	这	334	给	133
你	665	就是	200	在	316	啊	131
那 nà	574	没	200	么	304	我们	129
有	533	字	191	就	282	看	126
说	526	这个	188	甚么	260	多	125
不	515	不是	187	没有	242	知道	125
个	492	那个	185	好	238	里	124
都	448	话	181				

① 《自迩集》第一版“散语章”“续散语章”“问答章”“谈论篇”“词类章”的词汇索引见内田慶市、氷野步、宋桔编著：《〈語言自邇集〉の研究》。

② 表格中涉及多音字的词项标注了拼音。

借助中科院 NIPIR-ICTCLA 汉语分词系统，我们统计了全书词频情况，形成下面的力导向图（Force-Directed Graph）。

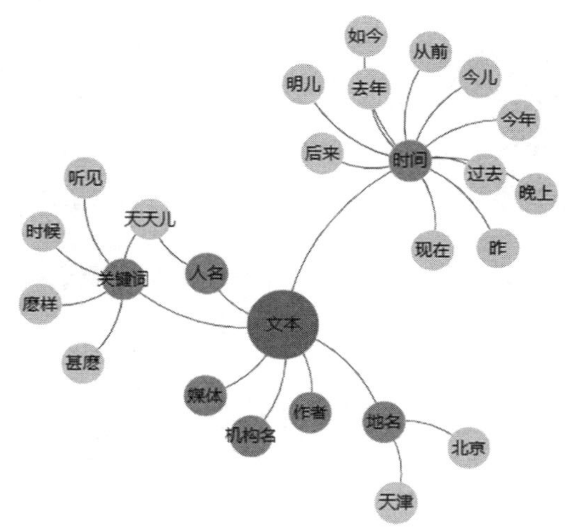

图 22 《自迩集》560 个高频词力导向图

由图 22 可知，560 个词中最集中的一个语义场是表示时间的词，分别有表示时间点的“今儿”53 次、“昨儿”27 次、“明儿”14 次、“晚上”11 次、“去年”14 次、“今年”10 次。表示现在时态的“如今”45 次、“现在”18 次，表示将来时态的“后来”29 次，表示过去时态的“过去”16 次。表示文本信息的几个选项中，仅有表示地名的词较为集中，其中“京”和“天津”在全文各出现了 22 次和 10 次。

图中被识别为关键词的词素即统计中多次重复出现的词，若同时存在有无后缀的词，则在统计中合计两者。例如“时候”出现 12 次，“时候儿”115 次，则“时候”合计 127 次。但不同语素的词组是区分的，例如义为“什么”的“甚么”出现 260 次属于“关键词”，并不包括“作甚么”出现 29 次，“为甚么”27 次，“做甚么”19 次等。

在语料整理中，我们发现《自迩集》全书语料中出现了较多用两个不同的字形代表一个汉字的情况，例如“了”和“咧”、“吃”

和“喫”、“厨”和“廚”、“窗”和“牕”、“床”和“牀”、“呆”和“獃”、“耽”和“躭”、“叠”和“疊”、“斗”和“鬭”、“赶”和“趕”、“个”和“個”、“雇”和“僱”、“回”和“囘”、“裹”和“裡”、“捆”和“綑”、“凉”和“涼”、“煮”和“煑”，等等。这些不同的字形正反映了《自迩集》编写时代正体、俗体相互竞争，多个义项合流为同一个汉字以及异体字共存的现象。由凡例所言，本文中引用的《自迩集》原文所不涉及语义差异的，则都采用现代汉语的标准字形。

下面就“叫”和“呌”、“着”和“著”、“偺”“喒”和“咱”试作分析。

1.“叫”和“呌”

“叫”在《自迩集》中有“叫”“呌”两个字形，可表示命令义，也可以作为被动语态的助动词，编写者对其进行了论述：

> 叫 chiao4，to call；To bid. As 叫他来，bid him come；Call him here. The first is the form more commonly used. As will be seen later，it sometimes means to cause，and，as an auxiliary，can render an active verb passive.（散语章 key2.2p.21）（呼叫、命令的意思。如“叫他来”就是命令他来，唤他来。第一个字形“呌”更加常用。之后我们将会看到，它还可以表示“使发生”，作为一个助动词，将一个主动动词变为被动。）

一般认为唐代一般用“教”来表被动，清代才开始用“叫”。① 从全书的情况来看，动词“教”未见被动语态用例②。由表可知，如编写

① 参看太田辰夫著，蒋绍愚、徐昌华译：《中国语历史文法》，第 232 页。

② 唯一一例形式上符合被动句的用法是“贵国的一切见面儿应酬的礼节、我都不大很熟、倘若落了过节儿、倒教人家笑话（问答章 2.1p.129）”，但根据原文第二卷的翻译：“I am in two minds about going, because it seems to me that as I am not very well up in any of your forms of social etiquette, I should raise a laugh at my expense if I were to omit any of the usual formalities（问答章 2.2p.245），”我们认为作者将其含义主要理解为致使。

者上文的注释所言，“吽”确是《自迩集》的常用字形，尤其第二版中这一写法的频率明显上升。

表 3 《自迩集》“吽”与“叫”使用率对比

	第一版	第二版
吽	70	306
叫	112	6

“叫”是《自迩集》中组成被动句的最主要的词语，尤其在第二版，两个字形都有使用的例证：

（1）我的帽子吽风刮下去了。My cap was blown off by the wind.

（注释）Note the use of 吽, to call or cause, as an auxiliary, by means of which 刮, to blow, becomes passive.（散语章 2.2p.62）（注意“叫”[致使，引起的意思]的用法，作为一个助动词，它使得表示方式的“刮”成为被动语态。）

（2）不知道叫谁偷了去咯。I don’t know who stole them.

（注释）叫：By whom they were stolen.（谈论篇 1.1p.184；2.1p.202；1.2p.23；2.2p.287）

（3）你鼻梁儿上怎么这么黄。那是我昨儿吽人家打了一下儿。How is it that the bridge of your nose is so yellow? Because someone hit me [there] yesterday.

（注释）Hit：Lit., was hit by someone one blow.（散语章 2.1p.80；2.2p.96）（“hit”对应的汉语的字面意思是被某人的一拳打了。）

根据原书比对，《自迩集》全书在使用过程中两个写法并没有用法上的差异，下面的原文引用中我们一律用“叫”，若第一版和第二版仅该字的写法有差异，也不再分列两例。

2. “着”与“著”

“着”是现代汉语一个非常重要的多功能词，在近代汉语中有过不同的字形和用法。一般认为，最初“著”是表示附着意义的动词，后产生了用作语气词和动词词尾的用法，元代俗文学中开始出现“著”与“着”混用的情况，直至现代汉语两个字形才彻底分开。①

一般认为“着”原为“著”，“著”也可以写作“箸”。②《古今韵会举要》也说“今多书著作着”。《自迩集》中的“著”和“着”在各个用法上基本是混用的，但如表所示，由统计数据来看，“着”使用率约是“著”的4倍，这一点与编写者的注释内容一致：

表4 《自迩集》中助词“著”与“着”的使用率比较

	第一版	第二版
著	138	167
着	563	754

《自迩集》的编写者不仅在注释中说明当时存在两种字形，而且尝试对两者字形、读音、功能等方面进行了分析：

> Cho2 or chao2③ is written in the two different forms given in 45, but the second is that more commonly employed, except when cho signifies to command. It is especially used in this latter sense in Imperial Decrees, to express the “We will” of the Emperor.（散语章2.2p.212；1.2p.104）（注释第45条提到Cho2或者chao2这两个音有两个不同的字形（即“著”和“着”——译者注），但第二个字形（着——译者注）更常用，除了cho表示命令义的时候。cho经常在皇帝的诏令中使用命令的含义。）

① 参看蒋绍愚、曹广顺编：《近代汉语语法史研究综述》，第212—216页。

② 参看俞光中、植田均：《近代汉语语法研究》，学林出版社，1999年，第172页。

③ 这里使用的是威妥玛拼音，“cho”对应于汉语拼音［zhuo］，“chao”对应于汉语拼音［zhao］。

著，着 cho1 also chao2，written in the two forms here given. The first of these，however，is used in positions where the second would not be. Besides other parts，the word plays that of a most important auxiliary verb.（散语章 2.2pp.16—17）（"著"和"着"，读作"cho1"也读作"chao2"，这里给了两个字形，然而第一个字形"著"可以用在第二个字形"着"不能用的地方。此外，这个词是最主要的助动词之一。）

编写者认为在语义上，两者基本一致，其中的一个例外是"著"可以独用，而"着"不能独用的。在第二段引文里，编写者明确指出了这种功能就是表示命令的语气词的用法，这种用法常见于诏令、圣旨。但实际上，清代时这种语气词用法在官话口语中已很少使用，在《康熙字典》也没有相关论述。可见，这一语气词的论断是编写者利用前代资料整理的结果。

"著"在中唐时曾出现语气词的用法，[①] 根据吕叔湘先生对《景德传灯录》和唐代诗文中"著"的研究，句末语气词"著"的作用就是"宣达发言者之意志，而尤以加诸彼方"，其中很重要的一个方面就是"助命令语气"[②]。吕叔湘先生在论证这一历史用法时也曾利用了唐宋人在官府文移中使用的"著"。[③]《自迩集》的编写者能从历史语料中挖掘出"著"的这一用法，并指出特以该字形专属是值得关注的发现。[④]

后文进一步指出，在读音上，"cho"和"chao"是有区别的。"cho"有第一声、第二声和轻声三种读音；"chao"有第二声和轻声两个读音，区别在于具体的用法。第一声的"cho1"可以用来构建

---

① 也有学者认为"著"的核心作用是加强语气，参看冯春田：《近代汉语语法问题研究》，山东教育出版社，1991 年，第 155—156 页。

② 吕叔湘：《汉语语法论文集》，商务印书馆，1984 年，第 66 页。

③ 参看吕叔湘：《汉语语法论文集》，第 66—67 页。

④ 根据排查，当时的西人语法文献中都还未见此观点。另可资参照的是，清人刘淇所著的《助词辨略》里记载的也是"唐人疏状凡引数旨讫，则以者字足之"。

分词，第二声的“cho2”主要是紧跟在动词的后面表示进行时态。在引文中编写者提出，两种情况下都记作轻声的“cho”。第二声的“chao2”动词的意义是“碰触”“抓住”，同时还有类似“得”和“了”的完成的意义，可以进入“V 不 C”，轻声的“chao”多用在动词和助词“得”“了”之间。同时，在形容词或副词前面时读“cho”或“chao”都可以，是没有区别的。①

比较早期的《汉语札记》及同时期的《官话口语》就会发现，威氏对“着”和“著”的注释和分析要详尽得多。②在功能上，编写者不仅指出“着（著）”可以用来表示现在进行时，还指出了它可以作动词、构建分词、进入可能补语等用法；在字形上，不仅指出了“着”和“著”混用的现实，还从历史语义和读音的角度指出两者的区别特征。

3.“偺”“喒”和“咱”

《自迩集》中出现了同义的“咱们”“偺们”“喒们”三个字形，编写者对“偺、咱”的差异给出了解释：

> 偺、咱：tsa2，properly tsan，is a pronoun of the first person peculiar to northern Chinese，but never used in the singular. In the plural，tsa2-men means you and I，or you and we，when the persons spoken of are present；parties in the same undertaking or concern. The second form of tsa2 is but an abbreviation of the first.（散语章 1.2p.85；2.2p.9）（偺、咱：读音为 tsa2，原读作 tsan，是中国北方第一人称代词的特殊形式，但是从来不用作单数。在复数形式下，“咱们”指你和我，或者你们和我们，这时谈到的人都应该在场，特

① 散语章 2.2p.212；1.2p.104。

② 《汉语札记》和《官话口语语法》对“着”的说明和论述都比较简略。如马若瑟（1847：109—111）论述了“着”作动词的用法，但全文以举例为主，需要学习者通过比较例子和翻译来进行学习，尚未形成论述；艾约瑟（1864：175）认为“着”的作用主要是“将单个的动词含义普遍化（expressing single actions generally）”以形成双音节动词，论述的着眼点似有误。

别指做同一件事情，或者关心同一件事的彼此。第二字形“咱”是第一个的简写形式。）

编写者指出，“偺们”是表示包括式的第一人称复数的正规写法，“咱们”是它的简写形式。而且，它们只在北方地区使用，且从来不表示单数。

根据目前近代汉语的研究，“咱”是“自家”的合音字，后来“用冷僻的姓氏‘昝’来谐‘咱们’合音，后来才加上‘口’旁或‘人’旁”。[①]一般“元代使用‘喒’和‘昝’，后来写成‘偺’，大约是明代的事情了”[②]。在含义方面，“在宋、金、元的文学里‘咱’字有单数（= 我）跟复数（= 咱们）两种用法”[③]，只作为复数用是比较晚近的。

可以认为《自迩集》对于历时演变中“咱”与“偺”之间的关系，以及具体用法的判断并不完全正确。但实际上，由于元明之际语音的变化，“咱”与“喒”在文字上已经混同了。[④]

所以，从共时的角度看，编写者阐述的意见，是根据当时的口语情况作为自己的依据的。也就说明了根据编写者的观察：在 19 世纪早中期“咱”已经基本没有了单数的用法，相应地全书语料中未见“咱”单独使用的例子，都是以“X 们”形式出现的；在写法上，很可能是因为字形的繁简，编写者判断“偺”是较为古旧的正规写法，而较多见的“咱”只是一种简写体，并不正式，“喒”和“昝”已经基本不用。[⑤]这种前后不辨的处理方式也不是威氏个人的行为，吕先生就曾指出“《儿女英雄传》的作者也可能是把‘咱’跟‘偺’认作同音字而随便写的”[⑥]。如表 5 所示三者在全文的分布情况作为印证：

---

① 参吕叔湘著，江蓝生补：《近代汉语指代词》，第 86 页。
② 太田辰夫著，蒋绍愚、徐昌华译：《中国语历史文法》，第 109 页。
③ 吕叔湘著，江蓝生补：《近代汉语指代词》，第 98 页。
④ 参看俞光中、植田均：《近代汉语语法研究》，第 266 页。
⑤ 但也不是完全不用，详见下文分析。
⑥ 吕叔湘著，江蓝生补：《近代汉语指代词》，第 63 页。

表 5 “咱们”、“偺们”、“喒们”全文分布

	第一版	第二版	备　注
咱们	52	51	“践约录”1 例；“问答章”1 例
偺们	19	22	用于“多偺”共 4 例
喒们	2	3	用于“多喒”共 15 例

“咱们”的使用比例远高于其他两者。但根据排查，除第一版一例见于“问答章”，第二版一例见于“践约录”外，其余的都集中在编写时间较早的“谈论篇”；“偺们”的用例多于“喒们”，但“偺”和“喒”在用法上呈现出“互补”的情况：“偺”多数用于“偺们”，少数用于“多偺”表示早晚；“喒”多数用于“多喒”，少数用于“喒们”。

我们判断是，“偺”和“喒”在当时作为同音字存在混用的情况，但并不完全相等。“偺们”的写法是编写者比较认可的，所以使用范围较大；“咱们”的写法来自“谈论篇”等《自迩集》中来源较早时间的一些材料，编写者也将其作为一种合法的简写形式保留了下来。

二、口语性与多俗语

上文中我们提到，《自迩集》的编写者尤其注重口语教学，强调公使馆的见习生学习北京官话口语。在语料整理中凸显的特征之一就是编写者对民间的俗语、谚语的强调。

根据初步统计，《自迩集》中保留的，并以明确进入现代汉语俗语、谚语范畴的用例近百例，绝大多数集中在以满汉合璧教材为底本的“谈论篇”，略举“心定自然凉”、“知人知面不知心”、“主子管奴才、靴子里摸袜子”为例：

（1）俗语儿说得、心定自然凉、若竟着会子急、还能脱了么。As the proverb says, “It will be cool if you only determine it shall be." But you won't escape the heat if you let it put you out at all, remember.（谈论篇 1.1p.137；2.1p.161；2.2p.342）

（2）原是俗语儿说的、知人知面不知心、他心里头的好歹、如何能够知道得透澈呢、将来只得小心。True enough as the proverb says, "You may know a man's face, but you can't tell what his heart's like." I couldn't see into his so as to know all that was in it of good or evil. All one can do is to be more careful in future.（谈论篇 2.1p.186；2.2p.310）

（3）俗语儿说的、主子管奴才、靴子里摸袜子、他能躲到那儿去啊。You know what the proverb says, "The stocking is a sure find inside the boot, and the slave has as little chance of giving his master the slip."（谈论篇 2.1p.198；2.2p.293）

根据我们的调查，"谈论篇"中以"俗语儿"及英文翻译"as the proverb says（如俗语所言）"为标志的用例共计 10 例。也有一些例子在中文部分俗语与正文融合，编写者仅在英文翻译中将其注释出来，仅举下面对"有志者事竟成"和"有志不在年高"的翻译为例：

（4）看起这个来、是有志者事竟成、和有志不在年高、这两句话、真是不假啊。It shows the truth of the proverb, "If a man but resolve, the thing he wants to do is done;" and of the other proverb, "No man is too young to make a resolution."（谈论篇 2.1p.215；2.2 p.269）

（5）弟台、你这话、只怕有点儿说错了罢。你忘了有志者事竟成、这句话了么。Don't you remember what the proverb says, "Be resolved and the thing is done"?（谈论篇 2.1p.227；2.2p.252）

除"谈论篇"外，第一版"续散语章"和第二版的"践约录"也出现了大量用例。"践约录"不仅保留了第一版的俗语，而且通过故事情节将其生动演绎出来。如“续散语章”中仅有一单句“宝剑赠与烈士、红粉赠与佳人”(续散语章 1.1p.126)、“单丝不成线、孤木不成林”(续散语章 1.1p.128)，在第二版中化用为：

（6）我的愚意、可是当今的老佛爷最重的是科甲、谁不知道吗、俗语儿说、宝剑赠与烈士、红粉赠与佳人、你的文墨精通、怎么不立个独占鳌头的志向、将来建功立业、谁不尊重呢。（践约录 2.1p.250）

（7）加之婚嫁原是好事、俗语儿说、单丝不成线、独木不成林、这就是天意人缘两相凑合。（践约录 2.1p.244）

第二版同时对谚语具体的语义范围进行了修订，仅举一例：

（8）三鼻子眼儿、多出气。Don’t be officious; lit, out of three nostrils（one more than is natural）, there comes more air than out of two.（续散语章 1.1p.114）

（9）红娘转面合欢郎低声说、你这小少爷才是三鼻子眼儿多出口气儿呢、梦见什么说什么、尽拉些个老婆舌头、太多嘴了罢。（践约录 2.1p.245）

（注释）三鼻子眼儿多出口气儿，a proverb indicative of a busy body or officious person.（践约录 2.1p.403）(“三鼻子眼儿多出口气儿”是一句俗语，用来指称好事之徒，多管闲事的人。)

根据我们对文献的整理，除了在“谈论篇”“践约录”(“续散语章”）的集中展示，俗语、谚语较少在其他章节的语段中应用，例如“散语章”仅见一例：

（10）俗语儿说、今日且吃今日饭、明天有事明天办。刚刚儿和你的性情相对。The proverb says, "Just eat the rice you've got today; deal tomorrow with what comes tomorrow (don't look ahead; live for the moment)." This exactly corresponds with your disposition. (散语章 2.1p.110; 2.2p.174)

在相关句子的注释中，编写者尤其注重对俗语、谚语的具体语义、来源等方面的说明：

(11) 张生送到门外、直等着莺莺去远了、他还在院子里呆呆的站着、心里总是七上八下的、到快天亮才回屋里来。(践约录 2.1p.246)

(注释) 七上八下的：The expression is a quotation from a common proverb indicative of mental disturbance or indecision：十五个柳罐打水，七个上来，八个下去。(践约录 2.2p.373)("七上八下的" 这个表达来自一个用来形容思绪受到干扰或混乱。)

(12) 红娘抿着嘴儿笑说、你 '那儿喝酒来着、没酒儿三分醉、只怕这个话有点儿不对罢。(践约录 2.1p.254)

(注释) 没酒儿三分醉：A proverb indicative of a person who feigns drunkenness or makes it a plea for indulging in vituperation or an outburst of temper, etc. (践约录 2.2p.391)("没酒儿三分醉" 是一个谚语，用来说一个人假装喝醉了，或者自己沉浸于一种谩骂，胡乱发脾气的状态中。)

又如"燕山平仄篇"中列举的一个词语：

(13) 寝食：Sleep and food; part of a proverb in which anxiety of mind is said to interfere with both rest and appetite. (练习燕山平仄篇 1.2p.64; 2.2p.432)("寝食" 指睡觉和吃饭，是一个俗语

的一部分，那个俗语用来指内心的焦虑已经影响了人的休息和饮食。）

虽然全文并未见到“寝食难安”之类语义的俗语语例，但显而易见的是，编写者认为学习者应该习得这是一个俗语的一部分。

另外还有如“眼不见嘴不馋、耳不听心不烦”“顺情说好话、耿直惹人嫌”“酒肉朋友、柴米夫妻”“银钱如粪土、脸面值千金”“靛缸里拉不出白布来”“黄泉路上没老小”“有拐棍儿不跌跤、有商量儿不失着”“良药苦口、忠言逆耳”“上山擒虎易、开口告人难”等俗语、谚语，主要在《自迩集》“谈论篇”“续散语章”“践约录”中使用。

综上所述，一方面，《自迩集》中大量展现了当时活跃在京城或政商领域的俗语、谚语，这些语言在“谈论篇”“践约录”等故事情境下大大增强了语言的灵动性和感染力；另一方面，编写者对这些语言材料进行了准确的翻译和注释，甚至在注释中提醒学习者注意一些尚未在全文出现的俗语片段，这深刻表现了编写者对于这些生动活泼的语言材料的重视。

三、多成语用典与尊称

如上一章所言，编写者是以“文雅礼貌的19世纪中期北京官话口语”为目标语言，而展现其“文雅”特性的部分除了论述及行文中编写者对于“文雅”用语的强调和注释，还表现在《自迩集》中大量强调的敬称、谦称和成语用典上。

（一）礼貌敬称和谦称

我们注意到《自迩集》在关于敬称和谦称方面尤其重视，从内容上充分适应公使馆工作人员的日常需求。我们将全书文本中表示尊称、敬称和谦称的内容整理如下表：

表 6　表谦敬称的名词形式例句及使用角色对照表

例　　句	谦称自己	尊称对方	
先生到这儿来贵干。 昨儿听见一个相好的、提说**阁下**要请先生。（问答章 1.1p.83）		西人称老师"先生"	中文老师称西人"阁下"
没话、没话、请**老爷**给了钱、**小的**回去了。（问答章 1.1p.102）	车夫自称"小的"		车夫称主人"老爷"
法本先问、**尊驾**府上是'那儿。 张生说、我是外乡人、来这儿为的是办点儿事。（践约录 1.1p.273）			尊称施主"尊驾"
兄台说的、都是金玉良言、**兄弟**永远记着就是咯。（谈论篇 1.1p.119；2.1p.208）	朋友间自称"兄弟"		朋友间尊称"兄台"
阿、就是你在家里伺候**令堂**。 原是、因为**舍弟**也是在外头作幕。（问答章 1.1p.106）	称己兄弟为"舍弟"		称对方母亲为"令堂"
令尊留下的家产、专归你一个人儿了、是还分给一家了。（问答章 1.1p.107）			称对方父亲为"令尊"
兄台、你这位**令郎**、是第几个的。（谈论篇 1.1p.143）			称对方的孩子为"令郎"
请问**尊大人**从前的病如今大好了么。 张生谢说、承问、承问、**家父**早已去世了。（践约录 2.1p.132）	称己父为"家父"		称对方父亲为"尊大人"
我们家兄、心里'那儿有他呢。（谈论篇 1.1p.194）	称己兄为"家兄"		
甚么话呢、**老兄台**咯是该当送的、（谈论篇 1.1p.88；2.1p.165）			
您**贵处**是'那儿。 **敝处**是天津、没领教。（问答章 1.1p.109；2.1p.115）	自称加"敝"		称对方加"贵"
沏茶来、**贵姓**是徐么。**贱姓**徐。（问答章 1.1p.101；2.1p.148）	自称加"贱"		称对方加"贵"

【先生】

“先生”在全书中是对中文教师的一个专门尊称，不用于其他人，既可以面称，也可以他称，下句是西人称呼中文教师，属面称：

（1）先生是老手了、在贵国教过多少门生、怎么不能教他。（问答章 1.1p.82）

下句是仆人称中文教师，属他称：

（2）有先生来、要见老爷。（问答章 1.1p.83）

【阁下】

“阁下”古代也是对尊贵之人的称呼，后来成为一种尊称的泛称形式。在本书中多用于尊称西人：

（3）敝国向来作文章、也有分股分段的式样、东家刚说这句法、可以是那么样罢。（词类章 1.1p.285）敝国向来作文章、也有分股分段的规矩、阁下刚说这句法、或者是那么样罢。（词类章 2.1p.347）

上例是西人与中士之间的对话，第一版使用的“东家”且仅此一例，可能与说话认识西人花钱聘请的人员有关，第二版即作了修改。

但也有少量用法可以称呼其他人：

（4）张生答了礼、这人又说、贵国的话我是学过几句、可惜文字我不明白、这儿有个字帖儿、请阁下替我把这意思讲出来、行不行。（践约录 2.1p.237）

（5）隔了一会儿又问、阁下在此地住是单居呀、是搭伙呢。（践约录 2.1p.264）

以上两例分别是一位西人求教张生和一个旧相识称呼张生。其中后者的用法显示了与西人称自己长期的中文老师为"先生"不同。

【(老) 爷】

"老爷"主要用于仆人，或商业服务人员称呼主人和顾客。编写者对其中的一个语素进行了分析：

> 爷：properly，a father；but forming part of certain appellations of honors，also of other words.（散语章 2.2p.156）（爷：原意是父亲，也作为一些表达尊敬的称呼的组成部分，或者一些其他的词的构词成分。）

"爷"不单独作为尊称形式，作为构词成分的一个最常用的尊称是"老爷"：

> （6）老爷：Your worship；or，a gentleman；the title Mr.
>
> （注释）老爷 was originally the title given to chii jen，or graduates of the second grade，but it is now universally applied to any officials below the rank of District Magistrate，or indeed any person of education and standing；it answers very much to our Esquire.（散语章 2.2p.157）（"老爷"最初是举人或者的头衔，但是现在它可以普遍用于州官以下的任何一级官吏，或者任何受过教育或有社会地位的人。与英语中的"Esquire"很一致。）

用"老爷"类比英文单词"Esquire"(原义指骑士，后指先生、绅士)，使得学习者了解到这个词原来也是指有官衔的人的，后来可以泛称"受过教育或有社会地位的人"。与"老爷"相关的另一个称呼是"大人"：

（7）大人是为国家当重任、办事受的累多、我老子为家业、心里也有他的辛苦。（问答章 1.1p.101）

（8）若说我的话不可信、大人们、官员们里头、那一个是从弹琵琶弦子的出身的呀、你如今能指出来么。（谈论篇 1.1p.132）

从全书的使用情况看，一般只用来面称或他称有官衔的人，对象限制较大。

【小的】

与“老爷”相对的称呼是“小的”，多用于仆人或服务人员自称：

（9）那么、我可以到行里商量商量、还有那些大箱子、运到通州的时候儿、雇甚么人送进京去。老爷就可以雇小的、好不好。（问答章 1.1p.83）

（10）小的胡涂、请老爷宽恕。（问答章 1.1p.105）

前一个例句是做工的人自称“小的”，第二个例子是“仆人”自称“小的”。

【尊驾】

“尊驾”从魏晋时期开始使用的尊称，原义是不敢直称其人，故指其车乘而言，后泛用于一般人。编写者在注释中也提到了一词源：

（11）请问尊驾到我们这儿做甚么。我是个做买卖的。（问答章 1.1p.109；2.1p.155）

（注释）Sir：尊驾；lit.，honoured chariot.（问答章 1.2p.105；2.2p.216）（“Sir”对应的汉字是“尊驾”：字面义，尊贵的座驾。）

【兄台、兄弟】

“兄台”和“兄弟”主要用于朋友间，即身份地位差距不大的双方间的称呼，用“兄台”尊称对方，用“兄弟”称呼自己，以更亲密的血缘关系拉近朋友间的情谊：

（12）兄弟若能够成了人、都是兄台所赐的、我再不敢忘了恩哪、（谈论篇 1.1p.214；2.1p.229）

我们发现，《自迩集》中组合结构“我兄弟”有两义，一是指“我的兄弟”，二是谦称“自己”：

（13）我兄弟给大人请安、他说他明儿怕不能来。My younger brother presents his respects to you，sir；he says he is afraid he cannot come tomorrow.（散语章 2.2p.130）

（14）若是那么着、我还有甚么说得呢、那就是爱惜我兄弟了。In that case I've nothing more to say；That's treating me as if you really loved me.

（注释）我兄弟 me，your younger brother.（谈论篇 1.1p.156；2.1p.178；1.2p.41；2.2p.321）

这两种语义都通过英文翻译和注释明示了出来。在现代汉语中第二类意思一般表述为“兄弟我”。根据文献考察，“兄弟我”的说法是至清末民初的一些小说中才出现的用法，《自迩集》中的“我兄弟”虽为孤证，但也有一定的参考价值。

“兄台”可以在对话中尊称朋友，也可以说“老兄台”：

（15）兄台、可别怪我没有来约、不是瞒着你纳、只怕遇见和你纳有不对劲儿的人哪。（谈论篇 1.1p.140；2.1p.164）

（16）甚么话呢、老兄台咯是该当送的。（谈论篇 1.1p.142；

2.1p.165）

由传世文献可知，其中“老兄台”这种说法也是在清后期才出现的：

（17）我也难得到此，老兄台，你合他既有这等的气谊，怎的得引我会他一会也好？（清《儿女英雄传》）

（18）杨香武一拉蔡广说：“老兄台，你在此为何做此事业，我有所不明。”（清《彭公案》）

再次证明了《自迩集》语料的时代性特征。

【令X，家X/舍X】

尊称对方的父母为“令尊”“令堂”，向人称自己的弟兄、说的是“家兄舍弟”、称人家的弟兄、是说“令兄令弟”。（散语章1.1p.56）

编写者又对其中的一些尊称进行了语源的解释：

（19）阿，就是你在家里伺候令堂。（问答章1.1p.106；2.1p.153）

（注释）Your mother：令堂；the latter word，properly a hall，being elliptically used for 萱堂，a poetical term for mother.

（令堂：后一个字“堂”，原意是大厅，是“萱堂”的省略说法，是对母亲的尊称。）

“尊大人”专门用来尊称对方的父亲，“家父”用以谦称自己的父亲：

（20）请问尊大人从前的病如今大好了么。张生谢说、承问、承问、家父早已去世了。“May I inquire whether your honoured father has quite recovered from the malady that used to trouble him?” “Thank you, thank you,” answered the graduate, “it's very good of you to inquire, but my father has long departed this life.”（践约录 2.1p.132；2.2p.378）

【贵、贱、敝】

编写者通过注释指明“贵”适用于第二人称尊称，一般做物主代词，与“姓”“处”“庚”“国”等搭配，表示尊贵的；“敝”和“贱”适用于第一人称自称，自表低贱：

（21）您贵处是‘那儿。敝处是天津、没领教。（问答章 1.1p.109；2.1p.155）

（注释）What part：贵，honorable，for the possessive pronoun of the second person. I am：pi 敝，vile，in ill condition，for the possessive of the first pronoun.（问答章 1.2p.105；2.2p.216）

（贵，可尊敬的，适用于第二人称的物主代词。敝，卑下的，情况糟的，适用于第一人称的物主代词。）

（22）沏茶来、贵姓是徐么。贱姓徐。（问答章 1.1p.101；2.1p.148）Some tea. Your name is 徐，sir? 徐，at your service，sir.

（注释）Your service：贱，cheap，lowly；like 敝，for the pronoun of the first person.（问答章 1.2p.114；2.2p.225）（贱，不值钱，低下的；类似“敝”，适用于第一人称）

其他与“贵”搭配的例子如：

（23）先生今年贵庚。我今年三十岁。（问答章 1.1p.81）

（24）先生是老手了、在贵国教过多少门生。（问答章

1.1p.82）

值得注意的是，《自迩集》的说明将“贵”“敝”和“贱”的功能定位为“用于人称的物主代词”，但实际情况下，在使用时这些词只是直接与人称代词连用，只是语义上与所有格有关。

（二）多用成语典故

笔者在《自迩集》全文中检出的成语160余个，第一版中使用频率多于两次的成语有13个，按出现频率高低排列为表7：

表7 《自迩集》第一版高频成语表

成语	频次	位置	成语	频次	位置
自然而然	4	谈论篇	何足挂齿	2	谈论篇
从头至尾	3	谈论篇、续散语章	接连不断	2	谈论篇
恍恍惚惚	3	谈论篇	久而久之	2	谈论篇
总而言之	3	谈论篇、词类章	无可奈何	2	问答章、续散语章
海角天涯	2	散语章	无缘无故	2	谈论篇
和颜悦色	2	谈论篇	杂乱无章	2	散语章、词类章

从全书对成语的中英翻译及注释来看，编写者大多情况下意识到这是一个特殊的四字结构，某些部分是不可直接翻译或单独使用的，但是并未直接指出这是汉语中的成语，略举三例：

（25）咱们的人们去的很多、整天家、接连不断的、命棚里都挤满了。（谈论篇1.1p.183）

（26）回家是回家、也是无可奈何。（问答章1.1p.101；2.1p.149）

（注释）Not help：奈，properly，a certain fruit，but as used in this phrase，untranslatable. 无奈何 and 无可奈何 both mean that the case is without any remedy；there is no help for it.（“奈”可能，一

种水果，但是在这个短语中是不可翻译的。“无奈何”“无可奈何”都是说这个问题没有办法，没有什么可补救的。）

（27）这一件事办得杂乱无章。（散语章 1.1p.65）

（注释）great mess：lit. confusion and no rule；杂乱 would stand alone，无章 could not.（“杂乱无章”即一团糟。“杂乱”可单独用，但“无章”不行。）

由此，我们认为编写者对汉语中使用的成语是有“自觉”的，并对其含义有基本正确的认识，但可能只是将其作为一种语言习惯记录下来。

在《自迩集》文献语篇中，部分成语体现出明显的时代性、地域性的特征。例如“羞恼成怒”现在已是一个成语，表示“因羞愧恼恨而发怒”，一般认为该成语出自清代小说：

（28）那抚台见是如此，知道王协台有心瞧他不起，一时恼羞成怒。（《官场现形记》）

（29）这婆子，一则吃了酒，二则被这丫头揭着弊病，便羞恼成怒了。（《红楼梦》）

《自迩集》中使用的两例都是“羞恼变成怒”，《自迩集》中的用法举例如下：

（30）羞恼变成怒了。Irritation at the insult grew into violent rage.（续散语章 1.1p.124；1.2p.164）

（31）莺莺更羞恼变成怒了、赌气子把信摔在地下。Her words added to YING YING'S confusion，and then from being displeased she became angry，and，flying into a passion，she flung the note on the ground.（践约录 2.1p.251；2.2p.394）

（32）他们这些人、倘若羞恼变成怒了、望咱们不依、动起手脚儿来、咱们得了甚么便宜了么。（谈论篇 1.1p.161；2.1p.182）

（注释）羞恼 not used except with the rest of the phrase；羞 will become 恼，and both be turned into 怒，rage.（谈论篇 1.2p.37；2.2p.315）（“羞恼”不会与“成怒”分开使用，羞会变成恼，然后两个都会变成怒。）

对照同时代的清代小说，“羞恼变成怒”应该是保留了该成语形成阶段的早期形式：

（33）张旺暗中自己栽了一个筋斗，羞恼变成怒，纵起来点钢双镢照着恶道就砸。（《三剑侠》）

（34）甄九娘羞恼变成怒，拉出刀来照她嫂子就是一刀，马氏一闪身，姑嫂就动上手了。（《彭公案》）

（35）那时太太又见了应了我的话，羞恼变成怒，拿我出起气来，倒没意思。（《红楼梦》）

另有成语“前仰儿后合”“有条有理儿”“有滋有味儿”，在《自迩集》中保留的都是带有“儿”韵尾的形式，是该书语料偏向北京话的体现。

（36）你告诉人家没有、他前仰儿后合的、直瞪着两眼、一声儿不言语。（谈论篇 1.1p.180；2.1p.198）

（37）这位老大人的才情敏捷、有决断、无论甚么事情、到手、就有条有理儿办结咯。（谈论篇 1.1p.203；2.1p.219）

（38）明明儿的是谎话、那胡涂人们、当成真事、还呆头呆脑、有滋有味儿的听呢。（谈论篇 1.1p.223；2.1p.208）

相应地，这部分语料也集中在以满汉合璧教科书为底本的“谈论篇”中。

另一个值得我们注意的词语是“黑下白日”，其中表示夜晚的

“黑下”是北京方言的说法，在“散语章”“谈论篇”出现了7例：

（39）他爱白昼出去骑马、黑下回家看书。It is his habit to go out riding in the day-time, and to go home at night and read.（散语章 1.1p.40；1.2p.21）

（40）白日里游玩的乐啊、那是不必说的了、到了黑下的时候儿、更畅快。A ramble by day is pleasant enough we know, but it is even more delightful by night.（谈论篇 1.1p.140；2.1p.163；1.2p.50；2.2p.340）

再对照下例中“黑下白日”的例子可知，这一词语正是成语“黑家白日”“黑价白日”的方言形式：

（41）射步箭、是咱们满洲人最要紧的事、看着容易、做着难、就是黑下白日的长拉、抱着弓睡的都有。Foot-archery is with us Miuichus a most important consideration. Easy as it seems, it is so much the reverse in practice that not with standing the number of archers who shoot from morning till night, take their very bows to bed with them.（谈论篇 1.1p.207；2.1p.222；1.2p.6；2.2p.259）

除了成语，编写者还注重用典，这一点在该书的书名“自迩集”中就可窥一斑。第一版序言中威氏指出了该书书名出自《中庸》“君子之道，譬如行远必自迩，譬如登高必自卑”。[①] 同时，《自迩集》正文中也谈到学习应该遵守这一古训：

（42）那儿的话呢、登高自卑、行远自迩、彼此两国的人、互相受教、都无非是由浅以及深的这个理阿。（问答章 1.1p.74）

① 序言 1.1p.iii。

其他出自传统经典的引用，如出自《三字经》的：

（43）古语儿说的、幼不学、老何为、这个话、是特意叫人勤学、不可懒惰的意思啊。"If you don't study in your youth," says the ancient proverb, "what will you do when you grow old?" the moral of which is that all men ought to study with diligence, and that no man should be idle.（谈论篇 2.1p.172；2.2p.328）

出自《论语》的：

（44）古语原有、不可与言而与之言、谓之失言的话啊。（谈论篇 1.1p.160）

（45）国家定的律例、是治理百姓的、不是出于暴虐、中国的道理、不教而杀、谓之虐。（散语章 1.1p.51）

虽然出自中国经典的引文并不占多数，但相比俗语、谚语分布较为平均，可以看得出是编写者有意为之，提升语篇文化水平的处理方式。

四、体现时代的地名与特殊词汇

《自迩集》是威氏专门为英国外事处的翻译见习生编辑的教材，以帮助他们与清政府的官员进行口语沟通为主要目标。相比同时代的其他汉语教材，《自迩集》全书材料中出现的与清政府、官员、中国各地相关的词汇是比较丰富的。

出现的地名中，频率最高的是北京及其周边的地名。以现在的北京政治区划为标准，第一版共计出现了 32 次，"天津"出现了 10 次，具体分布见表 8：

表 8 《自迩集》第一版出现的北京相关地名

地名	数量	分布位置
京	9	问答章 3，续散语章 1，词类章 5
京城	9	散语章 4，词类章 5
京里	2	散语章 1，问答章 1
直隶	1	问答章 1
香山	1	续散语 1
通州	10	问答章 4，词类章 6
天津	10	问答章 8，词类章 2

（1）我是英顺行打发来、给老爷带路进京的、老爷定规多咱走。（问答章 1.1p.88）

（2）京城里没有河水、喝的都是井水。（散语章 1.1p.61）

（3）屯里有好些个不便宜、我喜欢在京里住。（散语章 1.1p.67）

（4）您贵处是那儿。敝处是天津、没领教。我也是直隶人。阿原来是同乡。（问答章 1.1p.109）

同时，还有不少北京、天津的详细地名，具体见表 9：

表 9 《自迩集》第一版出现的北京及附近具体地名

地　名	数量	分布位置	地　名	数量	分布位置
海岱门	1	问答章 1	前门大街	1	续散语章 1
虎皮胡衕	2	词类章 2	沙窝门儿	2	问答章 2
平安街	2	词类章 2	西城根儿	1	谈论篇 1
交民巷	2	问答章 2	西山	1	谈论篇 1
琉璃厂	1	问答章 1	堂子胡同	1	问答章 1
马驹桥	2	问答章 2	御河桥	1	问答章 1
齐化门	1	词类章 1	张家湾	4	词类章 4，问答章 2
前门	1	词类章 1	河西务	7	问答章 7

其中的某些地名可能单看名字不能确定是否京城附近的，但可以在语段环境中得以确定。以下例中的“张家湾”为例：

（5）1. 他是那儿来的人、他是通州来的。2. 离京是通州远、是张家湾远、由齐化门论、到通州近一点儿。（词类章 1.1p.255）

除京城外，《自迩集》全文中还提到了其他的中国地名：

表 10 《自迩集》第一版出现的其他省会地名

地　名	数量	分布位置	地名	数量	分布位置
上　海	5	问答 4，词类章 1	汉口	2	词类章 2
江苏，苏城，苏州	5	词类章 4，续散语 1	台湾	2	散语章 2
满　洲	2	谈论篇 2	舟山	1	续散语 1
河　南	3	散语章 2，问答章 1	广东	1	问答章 1
江　西	3	散语章 2，问答章 1			

其中不仅有对中国地名的介绍，如下例中的“苏州”：

苏州 Su-chou（Soochow），the prefecture of that name，in which stands the eastern capital of the province of Kiangsu.（练习燕山平仄篇 1.1p.88；2.2p.462）（“苏州”这个地名所辖地域是江苏省东部的省会。）

还留下了关于“台湾”的重要记述：

（6）台湾是中国东南海里的地方儿、南北两头儿山岭儿又多、又大。Taiwan（Formosa）is a place in the sea，south-east of China，the northern and southern extremities of which are very mountainous，the heights being of considerable elevation.（散语章 1.1p.61；2.1p.104；1.2p.63；2.2p.156）

（7）台湾是中国的地方有二百多年了。Formosa has been Chinese territory for more than two hundred years.（散语章 2.1p.104；2.2p.158）

由上文的整理，特别是相关地名出现的篇章位置可知，这些地名主要出现在自编或者改编的章节中，是编写者有意识加入的，旨在让学习者更多接触、了解与他们的工作相关的中国地域。这是与《自迩集》的学习者身份密切相关的。

其他还有一类以编写主旨为导向的词汇带有明显的时代性，主要是清政府、官员周边相关的词汇，是翻译见习生在工作中亟需了解的词汇。

首先是如“皇上”“皇宫”“皇城”这样表示皇权的词，其中还有具有时代特色的“老佛爷”：

（8）当今的老佛爷。（续散语章 1.1p.124）The present sovereign.

（注释）Sovereign；lit. old Buddha；a phrase used by the lower orders.（续散语章 1.2p.163）（老佛爷，字面义是“年老的佛”，一般是上层社会用来称君主的。）

（9）我的愚意、可是当今的老佛爷最重的是科甲、谁不知道吗。（践约录 2.1p.250）

（注释）当今的老佛爷：the reigning Emperor；a phrase specially used by people about the Palace；佛爷 alone is perhaps mere common.（践约录 2.2p.396）（“当今的老佛爷”即现在的统治者，这个短语一般是皇宫中的人用的。“佛爷”单独用就是字面的意思。）

由上述两例可知，第二版已经明确“老佛爷”这个词仅可以指“现在的统治者”。

此外，还有翻译见习生工作中会遇到的不同阶层的官员和不同种类的文件，这一部分集中在“散语章”的一个小节中作了介绍：

1. 差使。2. 实任、署理、署任、本任、帮办、学习。3. 六部、堂官。4. 平行、上司、司官、委员。5. 书吏、书手、书班、供事、皂隶、衙役。6. 禀帖、禀报、知会、存稿、稿底子、陈案、文书、来文、去文、照会、家信。7. 式样、承办。8. 官事不论大小、都叫差使。9. 本任的官、或是公出、或是撤任、有官替他办事、那就是署任、和实任不同、所出的缺不大、上司每派委员署理。10. 六部的上司、都称堂官、堂官之下、就是司官、新到衙门候补的司官、为学习行走。11. 文书所论的是公事、家信论的是私事、从下往上告报事件当用禀帖、行文的式样不同、中外各国有事情得知会、平行的官来往用照会。12. 京城的衙门办稿底子、不是司官办、就是书班办、这宗官人也叫书吏、书手、供事、是有顶子的书班、还是相同的差使。13. 文书发了、把存稿存着、那叫陈案。14. 衙门里使唤的承办零碎差使的人、总名叫衙役、皂隶。（散语章 1.1p.69）

其中仅“衙门”这个词，就在第一版中出现了 20 次，第二版中出现了 24 次。略举两例：

（10）衙门、……他是往那儿去了、上衙门去了。A bureau, public office. ... Where did he go（is he gone to）? To the 衙门（office）.（散语章 1.1p.35）

（11）我头里是作衙门、到我们先父去世的时候儿、搁下了。I was in a public office until my father died, I give up my employment.（问答章 1.1p.108；2.1p.154；1.2p.107；202p.217）

此外，还有不同的社会阶层的介绍：

官民、就是官长下民、小民也叫百姓。爵位尊、是说人做的

官大、说小官不算爵位、比方参赞的官爵位也尊贵。管民的是文官、带兵的是武官。(散语章 1.1p.50)

另外一部分是与《自迩集》所选取的北京官话口语相关的词汇,例如“京音”与“汉音”,“京话”与“汉话”的差异:

(12)不错、都是话里常用的字、弄成那些散话章、把这些京音都罗织在题目字里。(问答章 1.1p.76)

(13)那京话字音的定数儿、先生知道不知道。Do you happen to know the actual number of sounds in the Peking dialect, Sir?(问答章 1.1p.77)

(14)你的京话说的到很不错。But you speak Mandarin very correctly.(散语章 1.1p.63; 1.2p.51)

(15)不错、汉话一句都不懂、汉字一个也不认得。(问答章 1.1p.83; 2.1p.131)

(注释)Chinese: 汉, the name of the dynasty which commenced about B.C. 200; now applied generally to all men and things Chinese.(问答章 1.2p.132; 2.2p.243)(Chinese 对应的词是“汉”,这是中国历史上的一个始于公元前 200 年的朝代的名字,现在用来指称所有中国的人和事。)

由例证的中英文内容可知,“汉音”“汉话”都是一般地指中国话,“京音”“京话”指出是北京话,官话。

还有一系列与《自迩集》的编写底本即满汉合璧教科书相关的专业词汇,如“满洲话”“清话”:

(16)老弟、你的清话、是甚么空儿学的、声儿说得好、而且又明白。Why, when did you find time to learn all the Manchu you know, sir? Your pronunciation is good, and you speak quite intelligibly.（谈论篇 1.1p.213；2.1p.228；1.2p.228；2.2p.252）

（17）我们人学满洲话、有一样儿话条子、不知道贵国有这宗样儿入手的书没有。Our people have a sort of phrase-book for studying Manchu with. Have you any elementary works of this kind in English?（问答章 1.1p.80；1.2p.134）

（18）我的清话算甚么呢、我有个朋友、满洲话说得很好、又清楚、又快、没有一点儿汉音。My Manchu does not amountto a great deal. There's a friend of mine who really does talk well. He is thoroughly at home in the Language；Inteligible，fluent，and speaks without a particle of Chinese accent.（谈论篇 1.1p.212；2.1pp.226—227. 1.2p.2；2.2p.252）

由此可知，在《自迩集》中“满洲话”和“清话”指的都是“Manchu（满语）”，与汉语相对立。

除指称语言的专业词汇外，《自迩集》中还多次提到与编写底本相关的“清汉合璧”“清话指要”“清文指要”“清文启蒙”等书名，为追溯《自迩集》的成书历程提供了重要的内部材料。

第二节　价值:《自迩集》语料的地域性与时代性

虽然单看某一版本的语料，《自迩集》的内部封闭语料约是一部中篇小说的体量，但如上文所述，我们不应该忽视的是《自迩集》的各个版本，特别是全书第一版到第二版的修订，“谈论篇”对“清文指要”系列文献的内容改订。作为一部多版本、多来源的文献资料，《自迩集》中的语汇在版本之间的沿革变迁，为近代汉语的语法研究提供了丰富的资源。

与《自迩集》同时期主要以北京话创造的白话小说中，同样成书于 19 世纪中叶的《儿女英雄传》全书约 55 万字，成书于 20 世纪初的京话小说《小额》全书约 7 万字。虽然《自迩集》在语料数量上并不占有很大优势，但与白话小说相比，有以下两点是值得关注的。

第一，真实语料与语体特征。如太田辰夫所言，《儿女英雄传》则是“北京的土音土语、成语、俗谚、歇后语，以及有关风俗（特别是婚礼）、科举等语汇的宝库”[①]。《自迩集》的中文语料不仅是编写者观察和记录的身边“活生生”的北京官话短语、词汇及句子，也有根据“满汉合璧”教科书改写的口语性质的语篇材料。同时这些身边的口语材料是经过编写者认可的，他的标准就是“文雅礼貌的 19 世纪中期北京官话口语”。这一标准表明，《自迩集》的内部语料在一定程度上可以与同时期的白话小说语汇相互补充。

第二，明确语义与语料性质。如果说“白话小说”中某一个词语的语义解读主要来自后人对其上下文使用环境的判定，那么《自迩集》系列的双语语料为近代汉语的语料研究提供了明确的、当事人的语义解读。当然，有可能来自西方人为主的编写团队的语义解读是存在偏差的，这就需要我们在应用中加强鉴别和考证。

一、印证清代北京话的标志用法

太田辰夫在《汉语史通考》中总结清代北京话的词汇语法的标志性特点如下：

1. 第一人称代名词的包括式（inclusive）和排除式（exclusive）用“咱们”和“我们”区别，不用“俺”“咱”等。
2. 有介词“给”。
3. 用助词“来着”。
4. 不用助词“哩”而用“呢”。
5. 有禁止副词“别”。

① 太田辰夫著，江蓝生、白维国译：《汉语史通考》，第 258—259 页。

6. 程度副词“很”用于状语。

7. “～多了”置于形容词之后，表示“……得多”“……得远”的意思。①

下文中，我们将以上述条目为纲整理《自迩集》三版语料在这些清代北京官话特征词汇上的表现。

（一）“咱们”和“我们”

汉语中排除式与包括式的区别产生于宋代。②《自迩集》中“我们”“咱们”的语义范围已经有了很明确的规范：

（1）我们这儿没有那么大的买卖。（散语章 1.1p.34；2.1p.50）

（注释）我们，the person addressed being an outsider.（散语章 1.2p.86；2.2p.18）（“我们”意味着将说话人排除在外。）

（2）我们俩到这儿好些年了。他是去年来的，我是上月来的，他们俩去年来过了。（注释）Not 咱们 unless the person addressed is present（散语章 2.2p.52）（注意“咱们”，当说到的人都在场时才能说咱们。）

上一节我们曾引用了编写者对“咱们”的包括义的注释，“在复数形式下，‘咱们’指你和我，或者你们和我们，这时谈到的人都应该在场，特别指做同一件事情，或者关心同一件事的彼此”③。

这里有两层含义：第一是在场的所有的人；第二是指做同一件事或彼此间有相关的利益关系的人。第二层含义的解释强调了“咱们”在空间范畴之外的应用价值，且在书中给出了如下的用法：

---

① 太田辰夫著，江蓝生、白维国译：《汉语史通考》，第 213 页。

② 参看太田辰夫著，蒋绍愚、徐昌华译：《中国语历史文法》，第 103—104 页。刘一之：《关于北方方言中第一人称代词复数包括式和排除时对立的产生年代》，《语言学论丛》1988 年第 15 辑。

③ 散语章 1.2p.85；2.2p.9。

（3）咱们是一个船儿上的人哪。这个事也与你有点儿牵连、难道没有一点儿可碍么。（谈论篇 2.1p.192）

（4）说报恩是甚么话呢、咱们自己人、说得吗。（谈论篇 2.1p.192）

我们认为《自迩集》对“咱们”语用色彩的解释是尤为可贵的。同时代的教科书，如《官话口语》和《文学书》仅指出存在“咱们”这种复数形式，并没有将其与“我们”的用法区别开来。①

（二）做介词的“给”

“给”的动词义为“给予”，香坂顺一（1997）认为它从在《醒世姻缘传》《儒林外史》《红楼梦》时代开始逐渐替代“与”用作介词的，是北京话乃至北方话特有的用法。②

以下，我们将围绕具体例证整理编写者对这一虚词的理解与分析。《自迩集》在谈到“给”的引申义时借用了“dative case（与格）”③这一西方语法概念：

给 kei3（properly chi3）, to give; as in 你给我一个, you give me one. Hence it often acts as to or for; as we should say, it forms the dative case, thus, 你给我拿一个来, bring one for me.（散语章 2.2p.24）（给，“to give［给予］”的意思，例如“你给我一个”；引申为担当 to 或 for 的功能，我们说它形成了“与格”，例如

① 参看《汉语官话口语语法》(*A grammar of colloquial Chinese Language*, 1864：158—159)，《文学书官话》(高第丕、张儒珍，1869/2007：209—210)。

② 参看香坂顺一：《白话语汇研究》(第 265—266、395 页) 对明末清初“给”跟“与”的共存、交替状况的研究。

③ “与格 dative case：名词或名词短语的一种形式，通常表示给名词或名词短语是动词的间接宾语”(Richards，Richard Schmidt 等著，管燕红、唐玉朱译：《朗文语言教学与应用语言学词典：英汉双解》(第三版)，外语教学与研究出版社，2005 年，第 184 页)。

"你给我拿一个来"。)

给 kei, properly chi, to give; Hence, to and for. 放给: To issue, as grain, money, clothes, etc., to the poor, pay to troops, etc.(声调章 2.1p.445)(给，读 kei，原读 chi，是给予的意思；引申为"to [向]"和"for [为]"。"放给"是发放的意思，例如方法粮食、钱财、衣物等给穷人或发给军队。)

编写者指出"给"在"给予"这一动词本义之外，引申出功能类似于英语的"to（向）"和"for（为）"。换言之，编写者以"给"引出双宾语的功能为纽带，将它与西方的"与格"概念联系了起来。同时代的《汉语官话口语语法》在这一问题上也有类似的观点：

给 to give; for (dative) 你来给我揭去一层被 come and take off a coverlid for me (said by a sick man)(艾约瑟 1857/1864: 198)("给"的意思是给予，也同"for"[是个与格]。例如一个病人说"你来给我揭去一层被"这样的话。)

对照赵元任对"给"用法的界定：

"给"这个动词常常单用，像"给了钱了"。在连动式中常当首位动词用，宾语又省略的时候，用法有时候像"把"字，动作向外；有时候像"被"字，动作向内。但它还有一种表示利害的意思，有点像德文表示利害关系的与格 (dative)。①

赵元任也提到了"与格"，把"给"的功能分为三类。② 而在《自迩集》的体系中，编写者把介词"给"的所有非动词用法都统摄到了

① 赵元任著，丁邦新译：《中国话的文法》，香港中文大学出版社，1980 年，第 174 页。

② 第一种类似"把"，如"给钱"；第二种类似"被"，如"给丢了"；第三种与说话双方利害关系有关，近似"与格"。

“与格”的范畴之内。

1. 完整式

《自迩集》中“给”形成与格的完整式可以码化为“N1+ 给 + N2+V+（N3）”，其中表示动作的谓语动词是由主语 N1 发出的，这种形式与现代汉语的句法形式一致，也是《自迩集》中使用频率最高的“给”字句：

（5）哦、是你托那姓张的给你买的么。（词类章 1.1p.266；2.1p.330）Ah! it is the one you commissioned CHANG to buy for you，is it not?（注释）Buy for you：note 给你 =what we call the dative case.（词类章 1.2p.117；2.2p.500）（“buy for you”对应的是“给你”，我们说这构成了一个与格。）

上例的注释指明了“给”与“你”结合后可形成英语的与格。大多情况下，编写者以“to”或“for”翻译这一功能，涉例极多，仅举一例：

（6）我借给人钱是把我的钱拿来给人使。

（注释）我借给人钱 means [that I] holding my money take it [to people] for people’s use.（散语章 2.2p.69）

将其与“给”做动词的句子对比，就可从中看到编写者对两类句式的清晰认知：

（7）写一个收单给他。Write a receipt and give it him.（散语章 2.2p.63）

这里的这个“给他”翻译为“give it him”，是单纯的动词用法。由此可见，翻译是编写者区分语义的重要手段。

2. 省略式

省略式即“给”后省略人称代词的句式，现代汉语中多用于口语。句子中被省略的名词一般可借助上下文补出，编写者在翻译和注释时尤其注意补足、说明这个省略的部分，如下例通过“[ ]”补充的宾语：

（8）把壶里的水给倒了。Pour the water out of that pot.（注释）note 给，for [me].（散语章 2.2p.43）

在这类与“把”字句套合的“给”字句中，“给”后的宾语往往是不出现的。编写者在这里补出的宾语体现了他对汉语句式语义的深入把握。

3.“V+ 给”复合式

《自迩集》中还使用了“V+ 给”复合式，集中在“教给”“递给”“交给”“指给”“分给”“拿给”几种组合：

（9）我教给你法子、但只饿着肚子、少少儿的吃东西。（谈论篇 1.1p.178；2.1p.197）

（10）不行、我今儿有差使、交给我替你当、好不好。（词类章 1.1p.266；2.1p.330）

（11）我如今上来了、你先指给我他往‘那儿去了。（词类章 2.1p.323）

（12）令尊留下的家产、专归你一个人儿了、是还分给一家儿了呢。（问答章 1.1p.107；2.1p.153）

（13）递给我那个水烟袋。（续散语 1.1p.128）

（14）我借给人钱，是把我的钱拿给人使。（散语章 1.1p.44；2.1p.70）

其中“借给”在《红楼梦》和《儿女英雄传》中皆未见。

赵元任（1968/1980）中对双宾语句中间接宾语前头是否要求加“给”的动词做过专门的研究，其中特别提出：意思是“教人怎么做”的“教给”是北京话独有的用法，且在这个意义上“教”和“给”不能分开说。①《自迩集》的编写者也特别注释了这个词；

（15）这么着、我怎么能教给他书呢。（问答章 1.1p.83；2.1p.131）

How am I to read with him then？（注释）Read with：教给；the 给 being untranslatable in English；grammatically，we should say that it puts 他 in the dative case.（问答章 1.2p.131；2.2p.242）（“read with”对应的汉字是“教给”。这个“给”在英文中是无法翻译的，从语法上讲，这个“给”使“他”成为与格。）

威氏通过注释强调了“教给他书”的“给”是无法翻译为英文的，即这个“给”与上面谈过的“他给我一本书”的“给”不同，是不能翻译为“for”或“to”的。

从语法上看，这个“给”使“他”成为句子中的与格。换言之，在编写者看来，“教给”中的“给”虽然依附于动词“教”，但它的语法作用并没有改变，这与一般汉语语法中把动词后的“给”也作为介词的看法是一致的。②

现代汉语中“V+ 给”复合形式也可以拆开变为等价的“V+N1+ 给 +N2”的形式，即“许给他一个女儿”可以改成“许一个女儿给他”。③《自迩集》中也出现了类似的灵活转化：

（16）再三再四的请他把那个旧书套送给我、他总不答应。

① 参看赵元任著，丁邦新译：《中国话的文法》，第 168—169 页。

② 也有学者有不同的意见。如太田辰夫《汉语史通考》（第 283 页）在讨论《小额》的“给”字问题时把动词后面的“给”归为后助动词，并认为它是从兼语动词发展而来的。

③ 参看赵元任著，丁邦新译：《中国话的文法》，第 168 页。

（散语章 2.1p.102）

（17）谁能先送封信给孙飞虎去。（践约录 2.1p.260）

由此可见，《自迩集》中作介词的“给”的使用已经非常明确，同时出现了完整式、省略式的句型以及“V+ 给”复合式。

（三）助词“来着”

现有研究认为“来着”产生于清代，由唐五代的“来”发展而来的助词，属于北京官话特有的词语，① 在现代普通话中通用。②《自迩集》中充分表现了这一新兴助词的语义功能和用法。

1. 定性与句法位置

《自迩集》多次强调“来着”是助词（auxiliary），如下例注释所示：

（18）我在门口站着来着。……我问他们的姓来着。（谈论篇：1.1p191；2.1p.209）I was standing at the door at the time. ... I asked them their names.（注释）来着 auxiliary of 站着；so below，after 问，to ask（谈论篇：1.2p.18；2.2p.279）（“来着”是“站着”和“问”的助词，放在“问”的后面。）

作为助词，第一个“来着”直接跟在动词“站着”的后面，第二个“来着”在动词“问”的宾语“他们的姓”后面。由例证可知，《自迩集》中助词“来着”需放在动词的后面，有宾语时，应放在宾语的后面。这与现代汉语“来着”的句法位置一致。③

---

① 这个词被认为是清代北京话的特有词汇，满族学者爱新觉罗·瀛生（《满语杂识》，第 992—993 页）认为“来着”源自满语动词过去完成进行时态。

② 参看太田辰夫：《“来着”について》，《中国語雜誌》1947（1）；香坂顺一著，江蓝生、白维国译：《白话语汇研究》，第 153 页；陈前端：《“来着”的发展与主观化》，《中国语文》2005 年第 4 期。

③ 赵元任对词尾“来着”的语法位置有专门的研究，他指出“要是有宾语的话，就出现在宾语的后头”（赵元任著，丁邦新译：《中国话的文法》，第 135 页）。

2.“未完成时”句法功能

同时，对其作为助词的语法功能作出了明确了界定。第一版中编写者将“来着”划归为与英文的“the imperfect tense（未完成时）”对应的功能词语，可用以表示动作过去发生过，也可表示动作在过去的那个时间上正在进行。用“使动词成为未完成时（put the verb in the imperfect tense）”来解释助词“来着”特殊语义功能：

（19）他是穿靴子、是穿鞋、他是穿着靴子来着。（散语章 1.1p.41）

（注释）来着 implies that he was in the act of wearing boots at the time spoken of; As we should say，put the verb in the imperfect tense.（散语章 1.2p.89）（“来着”表示在所谈及的时间穿鞋的动作正在进行。用英语语法来说，“来着”使动词成为未完成时。）

（20）谁兴你做来着。（续散语 1.1p.115）Who let you do it.

（注释）Let；兴，properly，to raise，or to rise；here，to authorize；来着 puts it in the imperfect tense.（续散语 1.2p.145）（兴，原义上升，升起，这里表示批准。“来着”使动词“兴”表示未完成时。）

这里提到的，“the imperfect tense”是个传统印欧语言的语法术语。① 根据笔者的考察，威氏对这一术语的理解大致与默里的《英语语法》所代表的 19 世纪的通行观念一致。②

这一助词语义可以与动词结合，如例（19）中助词“来着”指示穿鞋的这个动作在过去的那个时间正在进行；例（20）中“兴”表示

① 现代英语中“the imperfect”一般用来表示过去未完成时态的动词，多称为过去进行时，是与单纯的一般过去时矛盾的。参看 Bernard Comrie，*Tense*，Cambridge University Press，1985，pp.6—7。

② 第二版的论述语言未再没有出现“the imperfect tense（未完成体）”这一术语，以上的两个例句也仅出现在第一版。但根据我们对从两版中延续的例句翻译与其他注释内容的考察，编写者并没有改变自己对“来着”功能语义的理解，只是更倾向于用描述分析的方式，而不是术语归纳的方式来作解释。关于《自迩集》编写者对这一术语的理解与运用，以及威氏对“来着”功能分析的开创性可详见宋桔：《〈语言自迩集〉的汉语语法研究》，第 213 页。

允许的这个动作在过去已经完成。从现在说话人的角度来看，都与现在的说话时间无关。

也可以与状态动词结合时，编写者明确指出它用于表达某种动作的持续状态：

（21）起初我还半信半疑的来着，后来在朋友跟前打听，果然是真的。（谈论篇 1.1p.199; 2.1p.215）（注释）来着 implies the continuance of the action of the verbs 信 and 疑 until the time indicated by 后来，by-and-by（谈论篇 1.1p.12；2.2p.269）（来着，表示“信”和“疑”的动作持续到这里标注为“后来”的这个时间。）

由此可见，威氏认为，无论动作动词或状态动词，若附加助词“来着”，则含义会略有变化。

3. 翻译体现的语义多解性

从翻译方面来看，在一些缺少上下文的例句中，编写者采用了多时态的翻译方法标注了“来着”存在过去完成时和过去进行时的两种可能性：

（22）你怎么说来着。what did you say? Or，what were you saying?［Namely，on the occasion referred to］（续散语 1.1p.115；1.2p.146）

（23）你做甚么来着。what have you been doing? Or what were you doing（at the time）?（注释）observe the auxiliaries 来 and 着，signifying the past time.（散语章 2.1p.50；2.2p.20）（注意助词“来着”，它指明了动作发生在过去时间。）

以上例证使用“or”列出了两种句法，其中例（23）强调“来着”指示的是“动作发生在过去时间”，是对过去完成时和过去进行时两种句法中“过去时间”这一共性的总结。

比较而言，稍早的《汉语札记》(1728/1831/1847)、《通用汉言之法》(1815) 和同期的《汉语官话口语语法》(1857/1864) 中未见“来着”用例，更无注释分析。这可能与“来着”新兴的口语性质与比较鲜明的北京话特征相关。

（四）助词“呢”

早期研究指出，近代汉语里“聻、那、在”等几个助词与语气词“呢”的来源有关。① 曹广顺借助《祖堂集》等补充的材料进一步补充说明：

> “聻”可能是“呢”的主要来源。“那”早期功能更近于“么”，元代以后兼有了部分“呢”的用法，但最后随着“么”和“呢”的发展，“那”被淘汰了。“在”和“哩”都有表示肯定语气的功能，用法近于“呢”，它们产生时间大致相同，但使用的文献有差异，元代以后，“在”逐渐消亡，元明之际“哩”曾被广为使用，清代以后，“呢”又取代了“哩”，最终形成了现代汉语语气词“呢”的格局。②

江蓝生特别指出，“呢”的使用是有地域性的。《红楼梦》成书的时代，主要反映江南地区知识分子生活的《儒林外史》中主要用的是“哩”，“呢”并不多见时，而《红楼梦》中的“呢”字却取得了独占的地位。③

与《红楼梦》同样反映北京官话情况的《自迩集》全书语料中，“呢”的用例非常丰富，是全书的高频词之一，其中第一版出现 390 次，第二版 512 次，第三版 162 次，全书未见“哩”作语气助词。编

---

① 吕叔湘：《释景德传灯录中在、著二助词》，《汉语语法论文集》。江蓝生：《疑问语气词“呢”的来源》，《语文研究》1986 年第 2 期。太田辰夫：《中国语历史文法》。曹广顺《〈祖堂集〉中与语气助词“呢”有关的几个助词》，《语言研究》1986 年第 2 期。

② 曹广顺：《近代汉语助词》，商务印书馆，2014 年，第 218 页。

③ 江蓝生：《疑问语气词“呢”的来源》，第 25 页。

写者在注释中明确了“呢”不是一个仅仅表示疑问语气的助词：

呢，a Particle，generally，but not always interrogative.（散语章 1.2p.1）（呢，助词，一般而言不仅仅表示疑问语气。）

我们将《自迩集》“呢”表示疑问语气的例证整理如下。

第一是用于特指问，句中有疑问词“谁、哪、什么（何）、怎么、多少（多喒）”等：

（24）早去了世么、他那些个儿女、却谁养活呢。（问答章 1.1p.98；2.1p.145）

（25）那个人在那儿呢、他出去了。（散语章 1.1p.47）

（26）这两个是那个方便呢。（问答章 1.1p.86）

（27）我爱喝汤、爱喝甚么汤呢、肉汤鸡汤都好。（散语章 1.1p.37）

（28）这有何难呢。（谈论篇 1.1p.196）

（29）你纳这么坐了、叫我怎么坐呢。（谈论篇 1.1p.155）

（30）那离京还有多远呢。（问答章 1.1p.85）

（31）是多咱呢。前好些年。（问答章 1.1p.102）

其中，单独成句的“怎么呢”，文中翻译为“真的、确实”：

（32）不错、是日本国。怎么呢、我听见说过贵处出入很难。Indeed! I had been told that no one could get into Japan or out of it.

第二是用在选择问句或反复问句末尾：

（33）我还是在这儿坐着啊、还是回去呢、实在叫我倒为了难了。（谈论篇 1.1p.158）

（34）不是像他说的赔本、还是怎么着呢。（问答章 1.1p.99）

（35）你给了没给呢。（问答章 1.1p.108）

第三是用于反问句末尾，常与“怎么、哪里、岂”等词相呼应：

（36）还有不记得的字么、那儿没有呢、记得的少、不记得的多。（散语章 1.1p.36）

（37）老弟画得这么好、怎么不裱上、挂在屋里呢。（散语章 1.1p.64）

（38）想来各处儿的田地、没有不透的咯、秋天的庄稼、岂有不收成的呢。（续散语章 1.1p.134）

非疑问语气的用法方面有以下几种较集中的情况。其一指明事实而略带夸张：

（39）头是甚么人喧嚷、跟班的、赶车的、他们吵闹呢。（散语章 1.1p.54）

（40）声可不在里头、竟单说音、若是分声、那有三倍多呢。（问答章 1.1p.76）

（41）我们那儿马身上的家伙、我都带着呢。（问答章 1.1p.84）

（42）哎呀、令尊病的日子久么。阿、病了十来年呢。（问答章 1.1p.108）

（43）那一个不是我的呢。（词类章 1.1p.265）

相比现代汉语的用法，《自迩集》语料中的这一类用法，“还……呢”分布较广，“才……呢”相对较少，“可……呢”并未出现：

（44）我要造得活便才好呢。（续散语章 1.1p.116）

（45）虽是个人身子、却是牲口肠子、总是躲着他些儿才好呢。（谈论篇 1.1p.163）

（46）我父亲赔本的时候儿、他们还小呢、不能栽培他们念书、他们学得还算不深。（问答章 1.1p.100）

（47）我还不能呢、何况你。（续散语章 1.1p.116）

（48）方才屯里拿了几两银子来、还没用呢。（谈论篇 1.1p.190）

（49）我想不止五个人、还多得很呢。（词类章 1.1p.264）

其二是在叙述句的末尾表示持续状态，常和“正、正在、在”或“着”搭配：

（50）他来的时候儿、我在家里正睡觉呢。（谈论篇 1.1p.152）

（51）手里拿着根钓鱼竿儿、钓鱼呢。（续散语章 1.1p.127）

（52）你来的很好、我正闷得慌呢。（谈论篇 1.1p.157）

（53）那樵夫在那儿做甚么呢、他在那儿砍树枝子呢。（词类章 1.1p. 207）

其三是用在句中停顿处的语例不多，一部分含有假设意味，如：

（54）你就说不知道多咱回来。若是这么着、他若是天天儿来打听呢。（问答章 1.1p.92）

（55）若是赴席、有喜事呢、多喝点儿还无妨。（谈论篇 1.1p.177）

（56）改呢更好、若是不改、仍旧还是这么往醉里喝、那时候、兄台重重的责罚他。（谈论篇 1.1p.179）

另一些用在主语后面，含有“至于”“要说”的意思，多用于列举或对举：

（57）是旱路好、是水路好。水路呢、这几天雨大、河水长了、上水的船拉着费事、再遇着北风、怕五六天到不了通州。（问答章 1.1p.88）

（58）看他们的动静、依呢就依了、如果不依的时候儿、再作道理、预备也不迟啊。（谈论篇 1.1p.161）

（59）那煤价呢、你可以给了。（词类章 1.1p.263）那煤价呢、你给不给。（词类章 2.1p.327）

其中，“哪儿的话呢”全书一共七例，其中散语章一例，问答章三例，谈论篇两例，词类章一例，属于比较固定的用法，略举三例：

（60）那儿的话呢、您去、理应是见、我陪着您去、好不好（散语章 1.1p.58）

（61）那儿的话呢、登高自卑、行远自迩、彼此两国的人、互相受教、都无非是由浅以及深的这个理阿。（问答章 1.1p.74）

（62）那儿的话呢、我那一天上平安街、看见好几个煤铺呢。（词类章 1.1p.263）

“着呢”是现代北京口语中很有特色的一个词，“主要放在形容词或形容词短语后面，表示程度，含有夸张的意思”[①]，以形容词 +“着呢”的结构为主，《自迩集》出现的例子中有五处为动词：

（63）我们那儿马身上的家伙、我都带着呢。（问答章 1.1p.84）

（64）碰车的时候儿、他手里拿着呢、是不是。（问答章 1.1p.89）

① 陈建民：《汉语口语》，北京出版社，1984 年，第 21 页。

（65）倒像要把谁撵出去的似的、这些人、怎么好意思坐着呢。（谈论篇 1.1p.172）

（66）没错、到这时候我还看着呢。（词类章 1.1p.259）

第一版中仅有两例是形容词与“着呢”的组合。一例“关着呢”中的“关”可以归入形容词：

（67）他的门儿关着呢、我叫了半天、并没人儿答应。（谈论篇 1.1p.197）不是像他说的赔本、还是怎么着呢。（问答章 1.1p. 99）

另有一例中为“多着的呢”：

（68）比我好的多着的呢。（谈论篇 1.1p.205；2.1p.221）

第二版新出现了两例“多着呢”：

（69）我烧的是炭、贱多着呢。（散语章 2.1p.73）

（70）水里各种的鱼多着呢。（践约录 2.1p.248）

根据太田的研究，“多着呢”这一形式产生时间要比“多了”早，元代写作“多着哩”，进入清代后才记作“多着呢”。①

另有两例为“来着”+“呢”，是现代汉语中不常见的用法：

（71）那是个没出息儿的东西、你怎么瞧上他来着呢。（谈论篇 1.1p.163）

（72）怎么长来着呢、你们相好啊、略指教指教他、也就好

① 参看太田辰夫著，蒋绍愚、徐昌华译：《中国语历史文法》，第 162—163 页。

了。（谈论篇 1.1p.170）

（五）禁止副词“别”

北京话表示劝阻或禁止的否定副词爱用“别”，它是由“不要”合音而成的。虽然现有的研究对这个“别”的来源判断一直悬而未定，但大致认为该用法起于明清。①

1. 祈使语义的“别”

由表 11 可知，表祈使的“别”集中分布在“续散语”和“践约录”，整体所占比例并不高，特别在第一版的“散语章”中未见一例：

表 11 《自迩集》表祈使的“别”的使用分布

别	散语章	问答章	谈论篇	续散语 / 践约录	词类章	祈使义 / 总数
第一版	0	5	19	33	2	59/140
第二版	9	5	19	23	2	58/171

另一方面，编写者在注释“别”的含义时，只字未提禁止或劝止等祈使义：

别：to distinguish；to separate；hence，another.（散语章 2.1p.136）（别，区分；区别。引申为形容词性的“另一个”。）

别：to separate；different.（声调章 2.1p.275）（别，动词表示区分，不同的。）

然而，从相关例句的翻译来看，在具体的句子中这个语义功能是很清晰的：

---

① 参看吕叔湘：《中国文法要略》，商务印书馆，1982 年；王力：《中国语法理论》，商务印书馆，1951 年；江蓝生：《禁止词“别”考源》，《语文研究》1991 年第 1 期。但刘坚等认为始于元代，元杂剧和散曲中已有用例。参看刘坚等：《近代汉语虚词研究》，语文出版社，1992 年，第 266—277 页。

（73）这一张画儿你找个人给裱一裱、裱的可别太厚了。Find a man to mount this picture for me; but do not let the mounting be too thick.（散语章 key2.1p.101；key2.2p.146）

（74）不是、令孙哭了、他说、你别哭、我送给你点儿玩意儿。Don't cry, and I'll send you something to play with.（问答章 1.1p.89；2.1p.136；1.2p.126；2.2p.237）

另一方面，在《自迩集》编写稍前或当时，一批“别”组成的短语的使用率也日益提高，后成为现代汉语中的话语标记。《自迩集》收录材料的语义通过翻译的形式明确了这些短语在当时的语义特征，对于考察这些短语具有重要的价值。

以“别说”为例，这个短语在清末小说中已经习用，部分已经产生了“不要说……”之外的语义。在《自迩集》中也有典型的用法。以下三例是最初含义的“别说”，后面跟的就是说话人要求对方不要说的内容。

（75）这个与你甚么相干、你倒别说俏皮话儿。“What does it signify to you?” said 红娘; “don't be chaffing.”（践约录 2.1p.279；2.2p.357）

（76）别说我找你们的错缝子。I don't go out of my way to find fault with you, don't say that.（谈论篇 1.1pp.209—210；2.1p.225；1.2p.4；2.2p.255）

（77）别说太迟了、来的正是时候儿。Oh! don't imagine that you are late, you have arrived in the very nice of time.（谈论篇 1.1p.156；2.1p.178；1.2p.40；2.2p.321）

其中的例（77）已经在“别说”的后续句里重复了前面已经说过的内容，表示了对对方说自己迟到的话的否定，是一种交际用语，语用功能明显。

以下两例中涉及“别说”后续事物的语义层级，即就算是你觉得较难的“酒”、较便宜的“黑豆”也是可以请你吃的，也是很便宜的，与对话双方的预设关联了起来：

（78）果然若得了、别说是酒、合着你纳的意思、我请你纳。Wine, indeed! I can only tell you that if the news is true, it’s not to say wine, but anything you like I shall be happy to offer you.（谈论篇 1.1p.205; 2.1p.221; 1.2p.7; 2.2p.261）

（79）别说别的、黑豆的价儿、就十分便宜、十来个钱一升、这有许多年、没有这么贱了。Take black pulse alone: it is down to ten cash or so a 升, it has not been so low this many years.（谈论篇 1.1p.189; 2.1p.207; 1.2p.19; 2.2p.281）

比较来看，例（79）未采用之前“not to say”的对译语言，表现了编写者对句中这种比较的语用含义的敏感。

根据现代汉语学者的研究，现代汉语中的一部分的“别说”已经演变为“不用说”，用于表现某件事是显而易见，或表示对前句语义的一定程度的否定的语义，常可作为连词把前后关联起来的功能，并且“别说”连接的那个分句在语义层级上常是较低的。[①] 虽然编写者没有对“别说”的语用功能作出更高层级的概括，但是《自迩集》收录的例子及其翻译已经比较清晰地勾勒了清末“别说”的使用情况。

2. 表推测语气的“别”

另一个《自迩集》保留的资料是表示“推测”的语气副词“别”，这种用法在第一版尚未出现，用例都集中在第二版：

---

① 参看董秀芳：《词汇化与话语标记的形成》，《世界汉语教学》2007 第 1 期；韩蕾、刘焱：《话语标记“别说”》，《宁夏大学学报》2007 年第 4 期；刘永华、高建平：《汉语口语中的话语标记“别说”》，《语言与翻译》2007 第 2 期；王健：《说“别说”》，《语言教学与研究》2008 年第 2 期；侯瑞芬：《“别说”与“别提”》，《中国语文》2009 年第 2 期。

（80）别就是要盖房子吧。They must be going to build a house there that they are preparing the ground.（注释）They must be, etc.：别就是；lit., it is not then other than [to] build a house, I expect. 别, to distinguish, has here the force of deciding between two alternatives; [it can't be] other than to build.（散语章 2.1p.114；2.1p186）（"They must be" 对应的汉语形式是"别就是"，字面含义是，我料想不可能有其他可能性比造房子的可能性大了，这里的"别"作分别解，在这里用于区分两种可能性。）

（81）别是那洋药短了罢。There wasn't as much as he wanted in the market, I suppose.（问答章 2.1p.144；1.2p.118）

研究证明表推测的"别"也是清代产生的，现代汉语中也有通过"别"与"是"表示揣测的用法。① 有研究者推断这个"别是"来自表推测的"不要是"②，但目前对此来源尚无统一的意见。

（六）程度副词"很"

"很"是最重要的程度副词之一，它的原义是"违背"，宋金时用作"狠恶""忿怒"的意思，它在元代写作"哏"，稍晚写作"狠"，后来写作"很"。③《自迩集》中并存"很"和"狠"两种字形，前者的比例大大高于后者，在语义上没有区别。

1."很"与"得很"

作为强调程度加强语义的功能词，"很"在《自迩集》中可自由应用于两种方式：放在形容词、动词的前面作状语或在"得"的后面作补语：

---

① 吕叔湘主编：《现代汉语八百词》，商务印书馆，1980 年，第 68 页；江蓝生：《禁止词"别"考源》。

② 王银《助动词和语气副词"别"的功能、用法及其来源研究》，上海师范大学 2008 年硕士学位论文。

③ 参看太田辰夫著，蒋绍愚、徐昌华译：《中国语历史文法》，第 161 页。

（82）你纳那天请他吃饭、他很觉体面。He was highly flattered by your invitation to dinner the other day.

（83）那个不好得很。This is very good；that is very much the reverse.（词类章 1.1p.252；2.1p.318；1.2p.125；2.2p.514）

根据太田辰夫的研究，从元代开始在以北方话为基础的文献中就可以看到“很”用于状语的情况，大约在《红楼梦》之后可自由地作状语和补语。

根据全书调查，《自迩集》中形容词后附“得很”是常见形式，在各章节均衡分布：

（84）这个人很健壮、那个人软弱得很。（散语章 1.1p.48；2.1p.78）

（85）你们外国的机器、真是巧妙得很。（词类章 1.1p.248；2.1p.314）

（86）说是破败得很、困住了。（谈论篇 2.1p.180）

（87）因为劳碌得很、要歇息歇息再出去游逛。（践约录 2.1p.275）

这一形式的正确习用再次反映了《自迩集》语料的时代特征，翻译中反映出来的“很”与“得很”表意功能的一致性可作为汉语史已有结论的又一佐证。

近似的一个说法是“得慌”，分别是“慌”和“谎”，使用上没有差异。最常见的是单音节形容词与“得慌”组合的情况：

（88）他在家里闲坐住闷得慌、我心里有些烦闷。（散语章 1.1p.67）

（89）要是碰见下雨的日子、不能出去、可叫人急得慌。（散

语章 key2.1p.119）

双音节形容词的用法多见于元明，①《自迩集》中仅有第一版“续散语”一例，第二版无：

（90）我眼睛模糊得慌。（续散语 1.1p.113）

（七）形容词后的“多了”

形容词后附“多了”是清代北京话的标志之一，自《儿女英雄传》时期始见。②《自迩集》中出现了该词用例在第二版骤增的情况，我们认为这显示了编写者对这种新兴语言形式的关注。

其中“多了”在第一版出现两例，第二版增加了五例：

（91）这个房子比那个房子好多了。（散语章 1.1p.34；2.1p.50）

（92）河西务远多了。（问答章 1.1p.87；2.1p.135）

（93）这个房子比那个房子大多了。（散语章 key2.1p.51）

（94）他那个人的房子比你我的房子好多了。（散语章 key2.1p.51）

（95）河西务远多了。（问答章 1.1p.87；2.1p.135）

（96）那儿的伙食贱多了。（散语章 key2.1p.71）

（97）依我看、还是等着听处分、倒比满地方儿跑强多了。（散语章 key2.1p.113）

前面“呢”的部分还提到，《自迩集》第二版还出现了“多着呢”的两例：

（98）我烧的是炭、贱多着呢。（散语章 2.1p.73）

① 参看太田辰夫著，蒋绍愚、徐昌华译：《中国语历史文法》，第 163 页。

② 参看太田辰夫《〈儿女英雄传〉语言》，载太田辰夫著，江蓝生、白维国译：《汉语史通考》，第 237 页。

（99）水里各种的鱼多着呢。（践约录 2.1p.248）

根据太田的研究，“多着呢”这一形式产生时间要比“多了”早，元代写作“多着哩”，进入清代后才记作“多着呢”。[①]

二、具时代性及传世文献中稀见的词汇用法

（一）补充限于清末民初的词汇用法

《自迩集》中的一部分词汇语料已不用于现代汉语，经调查统计，这其中有一部分词汇的使用是限于清末民初这一历史时期的。《自迩集》的同时双语语料为这些词汇用法提供了明确的语义说明，为进一步补充及明确这类词汇语料的情况提供了极为有利的资源。以下举要分析四例。

1.“很……了不得”与“很有点儿”

在现代汉语中“很”很少再与其他表示程度高的副词连用。《自迩集》中也仅出现了一例“很……了不得”组合：

（1）有某人嫉妒我的这个好儿、很刻薄我的了不得。（散语章 1.1p.58）

（注释）Notice the 很 preceding the verb which is followed by 了不得，a double intensive common enough.（散语章 1.2p.97）（注意“很”在动词前面，这个动词的后面是“了不得”，是加倍的强化。）

值得注意的是，编写者已经意识到这种结构能起到一种双重的强化效果。

据调查，这种组合形式曾在清末民初出现过，但未在现代汉语中

① 参看太田辰夫著，蒋绍愚、徐昌华译：《中国语历史文法》，第 162—163 页。

留存下来：

（2）世界上独有些人，面子上做得很道学的了不得。（清《文明小史》）

（3）旁人见她好像是前生夙慧的，都很称许的了不得。（民国《顺治出家》）

《自迩集》的语料和注释为这一组合形式的进一步研究留下了重要的历时资料。

在全书语料中出现的“有点儿”附加表示弱度的形式有“稍微”“略”：

（4）稍微有点儿破绽、跟进去、就给你一个兜屁股将。（谈论篇 1.1p.168；2.1p.188）

（5）兄台、瞧瞧我的翻译、求你纳略[①]改一改。（谈论篇 1.1p.209）

（6）你有点儿不懂好歹。（续散语 1.1p.112；2.1p.224）

（7）人家略有点儿细故、叫他听见、他就满处儿混嚼说、张扬个不堪啊。（谈论篇 1.1p.163；2.1p.184）

“有点儿”大约在明代小说中开始通行，《自迩集》中同时使用了表强度和弱度结合的形式“很有点儿”的语言形式：

（8）那个时候儿、你还理论么、倒很有点儿不舒服我来着。And you wouldn't even go into such a question; indeed, you were far from satisfied with me for saying what I did.（谈论篇 1.1p.165；2.1p.186；1.2p.34；2.2p.310）

---

① 第二版此处字形为“畧”，根据全书排查，两个字形无语义和用法差异。

（9）听见说、你的清话、如今学得很有点儿规模儿了么。Well, I hear that you have made such way in Manchu that you are beginning to speak it quite correctly.（谈论篇 1.1p.213；2.1p.228；1.2p.1；2.2p.251）

在笔者管见的文献中，“很有点儿”组合的形式在民国小说中始见，《自迩集》留下了更早的使用记录，且英文翻译中使用的“far from（远远不）”和“quite（相当）”也对其语义有了明确的界定。

2.“大家”与“大家伙儿”

“大家”“大家伙儿”皆表示统称，其中“大家”的分布较广泛：

（10）兄台新喜啊。好说、大家同喜啊。（谈论篇 1.1p.206；2.1p.222）

（11）大家为钱争闹、后来有个报了官的、是不是。（问答章 1.1p.94；2.1p.141）

“大家伙儿”全书共计四例，均集中在第二版较新编撰的“践约录”中：

（12）刚才庙里那女子长得十分好看、我意欲娶他做个压寨夫人、你们大家伙儿谁能立这个头功。（践约录 2.1p.265）

（13）大家伙儿你言我语的、闹的和尚们都是心神不定、干事也颠三倒四的了。（践约录 2.1p.266）

（14）郑恒本是欺软怕硬的脾气、见他们出言不逊、怕大家伙儿都跟他闹糟糕。（践约录 2.1p.278）

（15）你们替我把这个衣裳出脱了、买些个酒菜儿来大家伙儿吃、好不好。（践约录 2.1p.279）

根据语料考察，“大家伙儿”是比较晚近的说法，见于《红楼梦》

《儿女英雄传》等清中后期至民初小说：

（16）你若撂不下你干妈，咱们索性把你干妈也带了去，大家伙儿乐一乐好不好。（清《红楼梦》）

（17）因这上头，大家伙儿才商量着说必得把这话先告诉你。（清《儿女英雄传》）

（18）这会儿也没有别的法子只有大家伙儿帮着他把这个架子扶稳了才对。（民国本《孽海花》）

但目前语料所见也不足10例，且到民国初即不再通行，《自迩集》中收录的“大家伙儿”用例，为清至民国初年这一词语的使用情况提供了重要的材料。

3.“几几乎”与“刚刚儿”

《自迩集》中出现了两例“几几乎”的用例，且都集中在“谈论篇”：

（19）我急忙赶上扶住、几几乎没跌倒。（谈论篇 1.1p.170；2.1p.189）

（20）都因为前年我吃错了药、几几乎没有丧了命、到今儿想起来、心里还跳呢。（注释）几几乎，nearly；（“几几乎”是接近的意思。）（谈论篇 1.1p.173；2.1p.193）

太田辰夫认为“在原来应该说‘几乎’的地方要表示强调就说成‘几几乎’，但这种说法稍带俚俗之感”[①]，上例是用于朋友间的相互打趣。

传世文献中，“几几乎”仅在清中后期至民初小说中使用：

（21）这一棍错过，智爷灵便，几几乎丧了性命。（清《七侠五义》）

① 太田辰夫著，蒋绍愚、徐昌华译：《中国语历史文法》，第274页。

（22）苏州一家甚么人家，上代也是甚么状元宰相，家里秀才举人，几几乎数不过来。（清《二十年目睹之怪现状》）

（23）苏元春至此，方始抱尸狂哭，几几乎晕了过去。（民国《大清三杰》）

《自迩集》用例及注释补充了这一用法在清中后期至民初的语料。

在《自迩集》中，表示很近的过去用“刚”“刚才”“才刚”和“刚刚儿”，还未见“刚刚”。我们将全书中这四种词形的语料统计如表12：

表12 《自迩集》“刚”“刚刚儿”“刚才”和“才刚”使用分布对比

	刚	刚刚儿	刚才	才刚
第一版	11	7	7	2
第二版	24	8	9	4
分布特征	谈论篇、词类章	集中于谈论篇	分散各章	第一版问答章、续散语 第二版散见语章、践约录

其中“刚刚儿”除第二版“散语章”增添了一例外，其他都集中于“谈论篇”，各举一例：

（24）刚刚儿和你的性情相对。This exactly corresponds with your disposition.（散语章 2.1p.110；2.2p.174）

（25）沿着路儿问着、找着、刚刚儿的到了闸口的跟前儿。However, by dint of asking here and inquiring there as we went along, we did hit the canal lock.（谈论篇 1.1p.139；2.1p.163；1.2p.51；2.2p.341）

根据语料排查，“谈论篇”所有的“刚刚儿”后面都是加“的”的，这种用法在管见文献中仅《红楼梦》3例，也都是后附加“的”，仅举一例：

（26）上回丢了玉，几乎没有把我的命要了！刚刚儿的有了，你拿了去，你也活不成，我也活不成了！（清《红楼梦》）

有理由相信，“刚刚儿”是较早的、北京口语中的一种用法，但留存时间较短。《自迩集》采用的注音和翻译为其留下了重要的时代资料。

4. “了不了”与“了不得”

根据语料考察，“了不了”在汉译佛典中的用法外，汉语史上只在清末的一部分北京方言小说中出现过，使用范围和时间都非常有限：

（27）白脸儿狼说：“你老万安！这点事儿了不了，不用说了。”（清《儿女英雄传》）

（28）书办一听，这更不像话了，说：“大人要放窦永衡，书办了不了，大人先把书办革了倒好。”（清《济公全传》）

以上例子表达的都是“做不到”“不可能完成”的意思。

《自迩集》中，编写者对照比较了“了不了”与“了不得”的语义：

（29）这个了不得。那个了不了。This will never do; Or this is a bad business. That is not to be done; or, that cannot be accomplished.（注释）The first 了 liao is the verb to finish, to accomplish; The second 了 liao, though literally possessing the same meaning, does the duty of the verb can, or, with 不, cannot.（散语章 2.1p.48）（第一个“了”是动词，表示完成；尽管第二个“了”的字面含义也是完成，但是它的功能是表示 can，或者跟“不”在一起，表示 cannot 的意思。）

（30）这件事了不了。this affair is not to be accomplished.（注释）the 不了 means cannot be.（续散语 1.1p.128；2.1p172）（“不了”的含义是不可能。）

注释中将“了不得”与“了不了”对举，分别照应的是“V不得”与“V不了”结构。第一个“了”都是表示完成的动词，所以，“了不得”表示“这样做不能实现”(This will never do)，“了不了”表示“那是不能做的事、是不可能被完成的事”(That is not to be done；or, that cannot be accomplished)，另外还指出了“了不得”的一个引申义“这是一件不好的事”(this is a business)。

同时，“了不了”在全书中仅出现了以上引文中的两次，第一次是全书编写时间较早的“续散语”，第二次可能完全是为了和“不得了”对举分析。有理由相信，“了不了”在当时也已是一个相对边缘的词汇。

（二）传世文献中稀见的词汇用法

在《自迩集》语料的筛选过程中，我们也发现了一部分现有语料中比较少见，或含义尚不能明确的词汇。

1. 表让步的“尽管”

“尽管”是现代汉语中一个常见的让步连词，太田辰夫认为它是“很新的词，（在清代文献中——引者注）找不到例子”①。《汉语大词典》引征的“尽管”的这一义项的书证是20世纪初的：

（31）空房子是有，既是施主远临，尽管住下。（清《文明小史》）

《自迩集》第一版也未见该词，第二版“践约录”才始现，共有

① 太田辰夫著，蒋绍愚、徐昌华译：《中国语历史文法》，第310页。

三例：

（32）就说、你尽管修盖、若是不够、都在我身上、我帮着你、好不好。“And so,” said he, “you undertake the repairs; I'll be responsible if the funds run short, and come to your aid; what say you?”（践约录 2.1p273；践约录 2.2p.367）

编写者在另两例的翻译中尤其突出了“不必考虑其他”“只需关注……”的隐含语义：

（33）老太太说、这儿的书、经史子集样样儿都有、底下相公要看、尽管拿着看就是。“There is every sort of reading in these,” said the old lady: “the canonical books, history, philosophy, and all other kinds of literature; And at any time that you wish to read any of them, sir, all you have to do is to take out what you want.”（践约录 2.1p.256；2.2p.389）

（34）相公尽管把信交给我、可是那白马将军若是不来、为谁是问呢。“Give me the letter, sir; that's all you need mind about; but now, if the 白马将军 doesn't come, who is to be responsible, pray?”（践约录 2.1p.259；2.2p.385）

虽然编写者未对该词的语义功能作出具体的解释，但他通过描述性的翻译成功地展示了这一词汇对句子语义，特别是预设语义的影响。

从已有研究来看，《自迩集》的用例及编写者提供的翻译为这一词汇的历时研究提供了最早的例证，我们有理由判断在“践约录”编写期间，最晚至 1886 年第二版初版，《自迩集》的编写者已经将这个用法的“尽管”纳入北京官话的系统中了。

2. 表示大量的“这么些个”

现代汉语中“这些”和“那些”被认为是“这”和“那”的复数

形式。实际上，这个形式是由“指示代词‘这’‘那’加上一个表示不定数量的‘些（个）’构成的，和‘这两个’‘那几个人’完全是一个模式”[①]。在近代汉语早期，大约在《红楼梦》前，它也可以用来表示数量少的语气。[②]

从全书语料来看，《自迩集》中的“X些”和“X些个”皆仅用于表示大于一的复数，择选如下：

（35）他那个人你爱不爱、他们那些人我都不爱。（散语章1.1p.35）

（36）谁那们大工夫、和他计较这些个。（谈论篇1.1p.162）

（37）那些个你搁下罢。（词类章1.1p.256）

根据语料考察，“这些个”和“那些个”产生较为晚近，大约在《红楼梦》中开始使用。《自迩集》中这一形式的使用率虽低，亦可作为该结构在近代汉语的时代语料。

另一个相关的形式是“这么些个”和“那么些个”。已有研究指出这一组形式只用来强调数量多。[③]对照《自迩集》例句，全书所见第一版“X么些（个）”6例，第二版13例，择选两例如下：

（38）我说好些个、也不要这么多。你不要这么些个、还可以转卖给别人。I said a large quantity, but I did not want as much as this. If you don't want so much, your can sell some of it to somebody else.（词类章1.1pp.263—264；2.1p.328；1.2p.119；2.2p.503）

（39）不是阁下算过，我估摸着竟没有那么些个。I should not have supposed there was so large a number, had you not counted

① 吕叔湘著、江蓝生补：《近代汉语指代词》，第234页。
② 吕叔湘著、江蓝生补：《近代汉语指代词》，第378—380页。
③ 吕叔湘著、江蓝生补：《近代汉语指代词》，第382—384页。

them, Sir.（问答章 1.1p.76；1.2p.137）

传世文献目前所见最早的“X么些（个）”仅《红楼梦》一例，至清末民初才渐多起来：

（40）凤姐笑道：“那么些还不够？就短一分儿也罢了，等不够了我再找给你。”（清《红楼梦》）

（41）堂倌心中暗道：哪找这样的贱骨头去？多算了两倍不嫌多，还给这么些个酒钱。（清《三侠剑》）

（42）书中交代，这一座福建会馆，能有这么些个贼吗？（民初《康熙侠义传》）

以上例子中有两例出自清末民初的评书，可见《自迩集》中的“这么些（个）”是对北京口语用法的较早记录，有着重要的语料价值。

3.“这么样儿”

“这么样儿”可以后接动词、形容词，还可以加“的”表示程度，用法与“这么”或“这们”几乎一致，第一版和第二版都是 17 处用例，除第一版的 1 处在“续散语”、第二版有 1 处在“散语章”外，其他的用例都集中在编撰时间较早的“谈论篇”：

（43）不能这么样儿听说。（续散语 1.1p.115）

（44）你若是真这么样儿叫我来见你、你瞧我还常来不常来呢。（散语章 1.1p.109）

（45）就是出了世的神仙、也不过是这么样儿乐罢咧。（谈论篇 1.1p.193；2.1p.163）

值得注意的是，“这么样儿”还可以和“像”结合：

（46）若像这么样儿帮他银子、还不是主意。怎么说呢。（谈

论篇 1.1p.158；2.1p.179）

（47）像这么样儿的应许我、后来事情完了、书连提也不提了。（谈论篇 1.1p.159；2.1p.181）

现代汉语中一般使用“像……这么”，在《自迩集》中，“这么”没有这个用法。

“这么样儿”最早的用例出现在明代小说中，在民国小说中也有使用，但目前的语料检索中未见清代用例：

（48）长老道：“高便有这么样儿高，只是个竹竿样儿，不济事。”（明《三宝太监西洋记》）

（49）你要这么样儿一暗算，暗算成了还好，暗算不成好像对不起朋友。（民国《雍正剑侠图》）

《自迩集》为“这么样儿”提供了清代的语料。

4. 用于比较句的“没有”

全书出现了两种比较句的否定形式，各举一例：

（50）再没有比这个明白了。There is nothing clearer, more intelligible, than this.（续散语 1.1p.114；1.2p.145）

（51）做良民比为匪不强么？Would it not be better to behave as an honest citizen than to act in an illegal manner?（散语章 2.1p.108；2.2p.168）

前者是用“没有”否定“比”表示的比较级语义；后者采用的是“X 比 Y 不 X”句式。

用“没有”否定“比”的方式在清代的《红楼梦》和《儿女英雄传》中尚未出现，清后期至民国的小说才多起来：

（52）自来修仙了道之人，大概再没有比你惬意的了。（清《八仙得道》）

（53）掌柜的说："这就是顶好的了，这个刀能斩钉削铁，再没有比这个好的了。"（清《济公全传》）

《自迩集》全书用例三处加之其明确的语义翻译，为"没有"句的断代研究提供了新的资料。

5. 副词"正在"

太田辰夫（1958/1987）指出"正在"这个词"在清代不作口语用，在《红楼梦》和《儿女英雄传》中也能见到一些，但限于叙述部分，在对话部分能见到的，是'正在……的时候'的省略"①，其所举例句为：

（54）正在有趣儿，偏又没了。（《红楼梦》）

太田辰夫认为，这里完整的句子应当是"正在有趣儿的时候"。在《自迩集》中可以检出这两种"正在"。一种是"正在……的时候"：

（55）我看他正在有力气的时候儿、身子怎么这么软弱。（散语章 key2.1p.79）

（56）你们是年轻的人儿们、正在往上巴结的时候儿。（谈论篇 1.1p.187；2.1p.205）

（57）我正在要说、这二三两层、通共七十八个部首。（问答章 1.1p.79）

最后一例的"正在"是"正在……时候"的省略形式。另一种是已经当作副词使用的"正在"，如以下例子：

（58）或是偶尔听见那旁人说、马跑那句话、必算他专指有

---

① 太田辰夫著，蒋绍恩、徐昌华译：《中国语历史文法》，第 260 页。

匹马、正在跑着、还是常说那个马跑的多。（词类章 1.1p.262）

（59）他念书、我写字、这两句所论、是现在我们俩、正在那儿做这两件事、或是向来各人如此分课的意思。（词类章 1.1p.262；2.1p.327）

这里“正在”作副词表示说话时动作处于正在进行的状态，且从上下文来看，都不可以在短语后补加“的时候”。还有与“着”结合翻译为一般现在时的句子：

（60）我正在办着[①]。I am writing it。（词类章 1.1p.258；2.1p.323；1.2p.123；2.2p.509）

由此可见，在《自迩集》提供的语料中最起码已经出现了非“正在……的时候”省略形式的“正在”。这些语料集中于编写者用自身的口语对话材料整理的“词类章”，可以认为是对“正在”在清末的一种新的发展趋势的记录。

6. 减弱语气的“不大”

在《自迩集》中，主要用来减弱否定语气的是“不大”，根据现有的研究，“不大”成词后在明以前使用频率并不是很高，明中后期才开始多起来，清朝尤其到清朝末年才有广泛的使用。[②] 所以，在《自迩集》编写的时代，这一短语正处于蓬勃发展的时期，与现代汉语的用法相比，《自迩集》中的“不大”除了修饰形容词或动词外，还表现出以下特点：

第一，“不大”与“很”结合，可以后附形容词和动词：

（61）他写得字不大很好、他兄弟写得十分好。He does not write well; His brother writes very well.（词类章 1.1p.252；2.1p.318；

---

① 《自迩集》中“著”和“着”两个写法混用，下文不再区分，一律录为“着”。

② 参看张龙：《“不大”的词汇化研究》，浙江大学 2007 年硕士学位论文。

1.2p.125；2.2p.514）

（62）我想、贵国的一切见面儿应酬的礼节、我都不大很熟。（问答章 2.1p.219）

（63）吃的也不大很利害。（问答章 1.1p.97；2.1p.144）

这种用法在《红楼梦》等清代小说中可见，在普通话中一般多用“不太很”或“不是很”。另一种是“不大”和“很”修饰一个后附的动词：

（64）酒杯酒盅子这两个东西不大很分。There is no great difference between a 酒杯 and a 酒盅子。（散语章 2.1p.58；2.1p.41）

（注释 1）These two things [one can] not very much distinguish.（散语章 1.1p.38；2.1p.41）（这两个东西，[人] 不能很容易区分出来。）

（注释 2）you might say here，不很分，but you could not say 不大分，though you may say，of phrase rarely used，不大说。（散语章 1.2p.87）（在这里你可以说“不很分”，但是你不能说“不大分”，尽管在一些短语中你可以有时用“不大说”。）

上例中同一个句子的注释内容在两版间发生了变化，第一章的注释应是误把原文的“不大很分”看成了“不很分”，但这一注释正说明了“不大 +V”结构在当时也是存在的，并且是有限定的。

还有“不大很”与动词前有副词的用法：

（65）我不大很要买马。I don’t much care to buy horses.（词类章 1.1p.271；2.1p.334；1.2p.113；2.2p.495）

这种后附动词的用法在清末小说中曾有过使用，但使用率很低：

（66）独有贾赦不大很信，说：“好好园子，那里有什么鬼怪！”（清《红楼梦》）

（67）卢珍此时瞧见九尾仙狐，不大很认识，自己回思，莫不成是天齐庙那个姑娘？（清《小五义》）

《自迩集》中的用例和翻译都很清晰，可作为补充清末这一结构语义用法的材料。

第二，有汉语史的研究指出清朝尤其是民国前后，“不大”开始出现可以修饰少数的时间名词以及量词的用法。[①]《自迩集》中“不大”修饰“工夫”表时间短的用法有着相对丰富的用例，可见在19世纪中期这种用法已经比较成熟。其中“不大”不但可以放在“工夫”的前面，还可以自由隐现“的”，如：

（68）我们几个人吃了晚饭、坐上船、不大的工夫儿、月亮就上来了。（散语章1.1p.140；2.1p.163）

（69）不大的工夫儿、打发人送了一筐子鸡蛋来。（践约录2.1p.237）

（70）我可走得快、不大工夫就到了。（词类章1.1p.250；2.1p.316）

“不大”和“工夫”可以替换位置，也出现了“不大会儿”的搭配方式：

（71）你刚才说在这儿坐的工夫不大。（词类章1.1p.259；2.1p.324）

（72）不大会儿我就掉下去了。（散语章2.1p.91）

统计可知，这一短语在第二版的“践约录”中就增添了六例，是

① 参看张龙：《“不大”的词汇化研究》，第25—27页。

编写者对新兴词语形式及时补充的结果。

第三，述补结构中的“不大”在现代汉语中常见，也是语法学者的研究热点之一。① 已有的研究认为程度副词“不大”进入述补结构的时间大约在清末：②

（73）此下的话，我却听不大清楚，也不敢瞎猜乱讲。（清《八仙得道》）

（74）细听有声音，听不大真。（清《施公案》）

结合上述语料情况来看，起码在《自迩集》编写的第一版和第二版时间内，编写者并不认可“不大”已经在北京官话系统中进入了述补结构。

三、版本间差异揭示的词汇用法演进

《自迩集》内部封闭语料版本间的差异，包括出现频率与语义解释的差异，都为清末民初词汇的演变发展提供了新的材料。

1.“您”和“X 纳”等第二人称尊称

（1）表尊称的“您”

称人“您”用来表示礼貌在第一版和第二版都有相应的说明，只是在解释上略有区别：

（1）称人您、是有点儿尊重人的意思。The form 您，you，sir，is a somewhat respectful form of addressing a person.（散语章 1.1p.56；1.2p.53）

（注释）Addressing：您，or 你纳，is an abbreviation of 你

---

① 如应学凤：《现代汉语“不大 VP”结构》，《南昌大学学报》2008 年第 1 期；程璐：《特殊述补结构“V 不太／不大 + C”的考察》，《现代语文》2006 年第 6 期。

② 参看张龙：《“不大”的词汇化研究》。

老人家。[when one] accosts any one as 您, it is [that one] has a somewhat to respect the person's intention.（散语章 1.2p.96)(“您”或“你纳”都是“你老人家”的缩略语。当有某人称呼一个人“您”时，表示这个人想要向对方表示一些尊敬的意味。)

（2）称人您、是有点儿尊重人的意思。To addressed a person as 您 (you, sir), conveys a certain idea of doing honors to the person addressed.（散语章 2.1p.94; 2.2p.129）

第一版的注释被移到第二版第二卷“散语章”新增的论述正文中：

您：more commonly pronounced 你纳, which, again, is short for 你老人家; politely, you my elder, you, sir, or madam.（散语章 2.2p.126)(您：更普遍的说法是“你纳”，也是“你老人家”的缩写形式；客气的说法，老人家、你、先生或者女士都可以用。)

在《自迩集》编写者看来，“您”也可以说“你纳”，两者都是“你老人家”的缩略语。根据管见文献，清人王筠在《自迩集》之前就提出了这一观点：

都中称所尊敬者曰“你那”，即是你老人家，则“那”者又“老人家”三字之合音也。(清王筠[①]《菉友肊说》)

现代学者对第二人称尊称“您”的来源主要有三种意见，一种是复数转变说，即现代汉语的第二人称尊称“您”来自宋元时期表复数

① 王筠：(公元 1784—1845) 字贯山，号菉友，清文字学家，山东安丘人。道光元年 (1821 年) 举人，曾任山西乡宁县知县。但威妥玛是否看到或者参考了他的观点，尚无确切证明。

的“您”；[①] 另一种观点认为，“您”是“你老”的尾音脱落后转音演变而来；[②] 第三种意见主要来自日本学者的研究，认为“您”的来源可能是多种途径最终合并的一个结果。[③] 国内的一些研究也利用到了《自迩集》中相关的论述材料。[④]

同时，从语料的角度看，《自迩集》出现了最早的明确地、单一地作尊称用的“您”，这个字在《红楼梦》《儿女英雄传》中都尚未见，但在后代的《小额》里已经习用：

（3）“大奶奶，怎么你管钱粮来啦？”年轻的说：“二大大，您不知道吗？您侄儿上南苑啦（准当神机营）。您瞧，快晌午啦，说过平可又不来，这不是招说吗？”（松友梅 1908/1983：275）

（4）正这儿说着，小脑袋儿春子，也过来啦，说：“得啦，老大爷都瞧我啦，只当是小孩子跟您撒个娇儿，完啦。明儿个，我们哥儿几个，必带他到您府上给您请安去。钱粮明儿个再说吧，老大爷，您别生气啦。”（松友梅 1908/1983：278）

历时语料中“您”的出现频率展示了《自迩集》对北京话中这一尊称成分的准确把握，并贯通了《儿女英雄传》与《小额》间的演变脉络。

(2)“你纳”与“您纳”

除“您”之外，《自迩集》中出现的第二人称尊称的两个形式“你纳”和“您纳”。《自迩集》第二版“问答章”中所有的“你纳”改为“您纳”，略举两例：

---

① 吕叔湘：《释您，俺，咱，喒，附论们字》，载《吕叔湘全集》，辽宁教育出版社，2002 年；高名凯：《汉语语法论》，商务印书馆，1986 年。

② 王力：《中国语法理论》，中华书局，1954 年；王力：《汉语史稿》，中华书局，1958 年；吕叔湘：《近代汉语指代词》。

③ 日下恒夫：《北京語における“nin ”の生成》，《関西大學文學論集》1977 年第 26 卷第 2 号；内田庆市：《“您”に关わることがら》，载《近代における东西言语文化接触の研究》，关西大学出版部，2001 年。

④ 如刘云：《北京话敬称代词“您”考源》，《北京社会科学》2009 年第 3 期。

（5）有别人给你纳这儿买的。给我买画儿是甚么意思。买的意思你纳倒不用打听。（问答章 1.1p.92）有别人给您纳这儿买的。给我买画儿是甚么意思。买的意思您纳倒不用打听。（问答章 1.1p.139）

（6）你纳骑的不是我们这儿的马么。（问答章 1.1p.108）您纳骑的不是我们这儿的马么。（问答章 2.1p.154）（注释）Sir（你纳 / 您纳）：ni-na4.（问答章 1.2p.106/2.2p.217）

我们认为版本间整体性的改定往往涉及编写者对某一语言现象的理解或认知，或对一些新的语言现象的纳入与分析。

这种"X 纳"的形式并非《自迩集》的创造，根据日本学者尾崎实的考察，"你纳"这个词汇形式最早出自公神甫的①《洋汉合字汇》（*Dicctinario Portuguez-China*，1831）。②我们在佚名的清末语言教材《语言问答》中也见到了这种表述方式。根据江蓝生（1995）的研究，清末小说《小额》（1908）和日本汉语会话教材《燕京妇女》③也发现了"您纳（您了）"、"你纳"这样的说法。目前的研究都认为这个词对第二人称尊称"您"的产生有重要意义。

目前不被研究中重视的一点是，如上述引文可见，第二版中的"你纳"虽然换成了"您纳"，但是从第二卷的注释和翻译来看，这里的意义和注音都没有变。换言之，在当时的编写者看来，两者在读音

---

① 公神甫（Joaquim Afonso Gonçalves，1781—1841）是葡籍遣使会传教士，1813 年抵澳门，任教于圣约瑟修院，曾在澳门出版《辣丁字文》（*Grammatical Latina*，1828）、《汉字文法》（*Arte China*，1829）、《洋汉合字汇》（*Dicctinario Portuguez-China*，1831）、《汉洋合字汇》（*Dicctionario China-Portuguez*，1833）、《辣丁中国话本》（*Vocabularium Latino-Sinicum*，1836）、《辣丁中华合字典》（*Lexicon manuale Latino-Sinicum*，1839）、*Lexicon magnum Latino-Sinicum*（1841）等。

② 转录自内田庆市：《"您"に关わることがら》，载《近代における东西言语文化接触の研究》，第 409 页。

③ 《燕京妇女》是 20 世纪初的汉语会话课本，以有一定身份地位的京城满族旗人妇女的日常生活为题材而编写的，它的语言十分生活化、口语化，是当时当地活生生的语言的真实记录。江蓝生《〈燕京妇语〉所反映的清末北京话特色（上）》认为"比清代任何一部白话小说的口语化程度都高，其编纂时间应早于或不晚于 1906 年"。

和语义上都是一致的，这一点应是《自迩集》体系内观察“你纳”与“您纳”演变关系的重要线索。

《自迩集》中还出现了一个第三人称的尊称形式“他纳”：

> （7）他纳这些年的病谁照应家里呢。（问答章 1.1p.108；2.1p.154）（注释）His illness：他纳，like 你纳，a respectful form；pronounced t'an-na.（问答章 1.2p.106；2.2p.217）（他纳，和“你纳”类似，是一个尊敬的形式，读作“t'an-na”。）

据这一注释，编写者认为“他”“纳”结合后，读音变为“t'an-na”，该词在《小额》中有了 22 例，每次出现注音为“贪”，首次还添加了语义解释，“音贪，北京称尊长之事”①。也有现代研究者认为该词与民国后使用的“怹”相关。②

根据文本统计，第一版中“你纳”出现了 71 例，集中于“谈论篇”和“问答章”；“您”共出现 22 例，集中于“问答章”和“散语章”；“您纳”只在“词类章”的附编部分出现了 3 例。其中第二版有所改变，最明显的是第一版“谈论篇”中的“你纳”绝大部分都替换成了“您纳”。③《自迩集》中“你纳”在第二版修订为“您纳”，出现派生形式“他纳”，“您”的使用率上升等情况都揭示了第二人称尊称的发展演变情况。

2.“恰好”与“恰巧”

“恰好”表示正巧的语义可追溯至唐代，而且一般表示积极的语义。据太田辰夫的研究，“恰巧”在《红楼梦》《镜花缘》《品花宝鉴》中均未见，是在《儿女英雄传》前后才出现的，而且“这个词指的是

---

① 松友梅：《小额（影印版）》，第 280 页。

② 威妥玛著、张卫东译：《语言自迩集：19 世纪中期的北京话》，第 181 页译按。

③ 参看内田庆市：《“您”に关わることがら》，载《近代における东西言语文化接触の研究》，第 403—404 页。《自迩集》中这些丰富多样第二人称代词尊称形式的语义、句法限制、使用语境方面的差异及联系等正是笔者下一步的研究课题。

遇到某一机会，那个机会是好是坏，由上下文决定”。[①]《自迩集》中“恰好”在第一版及第二版中出现的频率以及编写者对其语义的解释都与此相符。

根据文献整理，“恰好”在第一版和第二版都仅出现一次：

（8）我慢慢儿的捻手捻脚儿的、走到跟前儿、隔着窗户纸儿一抓、把窗户抓了个大窟窿、恰好抓住了。So I stole over very softly to the place where he was, and made a grab at him through the window paper, tearing a large hole in it; But I made a good shot, and got him safe in my hand, when I saw directly that he was a sparrow.（注释）恰好：by good fortune, the issue being just what I desired, I made the dash and got hold of the bird.（谈论篇 1.2p.24；2.2p.37；1.1p.183；2.1p.210）（恰好，这个词表示幸运地，如我所愿的，例如我刚一冲过去就抓住了鸟。）

编写者用“by good fortune”（幸运地）来注释“恰好”这个词，反映了其积极语义。

“恰巧”使用的频率则在两版之间出现了很大的变化，其中，第一版“恰巧”作为列举的词语分别在“散语章”“练习燕山平仄篇”出现了两次：

（9）恰巧、特意、偶然、自然、按着。In the nick of time; in exact coincidence. On purpose; with express intention. By accident, of course; Maturally; so being of one's own power or authority. According to.（散语章 1.1p.52；1.2p.45）

（10）恰，to coincide with exactly. 恰巧，In the nick of time; In exact coincidence.（练习燕山平仄篇 1.2p.63；2.2p.430）（恰，刚

① 参看太田辰夫《〈儿女英雄传〉副词》，载太田辰夫著，江蓝生、白维国译：《汉语史通考》，第 253—254 页。

刚好。恰巧，时间上正好，精准的巧合。）

显然，编写者用中性色彩的“In the nick of time”（时间上正好）来对应“恰巧”这个词，第二版保留了“练习燕山平仄篇”中的词语解释，且新增了七例含“恰巧”的句子。其中时人根据《西厢记》故事框架编写的“践约录”中集中出现了三次：

（11）且说张生盼红娘不来、在屋里踱来踱去要想个杈儿找他、就叫琴童去合红娘要个针线来钉书、恰巧红娘正拿着信自言自语的来了。（践约录 2.1p.251）

（12）正在怀才欲试、恰巧遇着大比之年、这秀才决意要来京赶考。（践约录 2.1p.276）

（13）恰巧那姓田的爱戴高帽子。听他这样儿话就很喜欢。（践约录 2.1p.281）

我们已经知道“践约录”的内容实质上是为了把第一版“续散语章”的短语、词汇重新以故事形式展示出来而出现的，但第二版“践约录”中出现的以上“恰巧”实际在第一版的“续散语”都没有出现相关的短语。换言之，这一部分增加的“恰巧”的用例是第二版“践约录”故事的编写者有意为之的。

另外四句主要集中在“散语章”，特别是“散语章”第二版新增的中英翻译版块：

（14）四面儿都有人、恰巧没打着谁。（散语章 2.1p.86）

（15）我正要去看、恰巧有个人冒冒失失的问了我一句话。I was just going to have a look，when，at the very moment，a man in a blundering manner put a question to me.（散语章 key2.1p.107；2.2p.164）

（16）我正要走、恰巧有个远亲来了、我没法子、陪他坐着说话儿、耽误住了。I was just going to start, when at the moment, as luck would have it, a distant relation turned up (came). (散语章 key2.1p.117; 2.2p.191)

其中还出现了专为注解“恰巧”这个词而编写的例句：

(17) 恰，to coincide with exactly. 巧，cunning; also, opportune, with or without the preceding. 他恰巧来了。你来的很巧。He came in the nick of time. You have arrived most opportunely. (散语章 key2.2p.108)

“散语章”及“散语章 key”这部分新增的内容充分反映了第二版编写者敏锐地发现了“恰巧”这一新兴的词语，并在第二版的自编内容中大量展示出来。

3. “可是”的语用功能

“可”与预期相反的语气功能成为“可”“可是”进一步发展为转折连词的基础，已有多项研究从语法化的角度论证了这一可能的演变过程。① 在汉语史的相关研究中，太田辰夫对转折连词“可是”的产生有过讨论：

“可是”从唐代开始用，到元明时期，用于加强疑问语气，多表示“究竟……呢”之意（也有仅用来表示疑问的），到了清代与疑问无关的用法出现了，产生了在时间、状态和说话的场合颇为一致的情况下使用的用法。这种“可是”具有变为转折语气的可能性。但是真正成为转折连词的“可是”（但是），在清代几乎还没有例子。②

① 参看张谊生：《现代汉语副词探索》，学林出版社，2004 年；姚小鹏：《副词“可是”的语法化及相关问题》，《汉语学习》2007 年第 3 期。
② 太田辰夫著，蒋绍愚、徐昌华译：《中国语历史文法》，第 303 页。

他根据《红楼梦》例子的句法格式指出清代的“可是”已经具备了“转折语气的可能性”，但还不是真正的转折连词，即“‘可是’作为转折连词使用的例子在清代还几乎没有”。

然而，我们在《自迩集》中，尤其是第二版已发现了较为典型的“可是”作为转折连词的用法，且有专门的注释，主要集中在新增的“散语章”和“践约录”。相关语例包括了“可是”在否定、肯定句中的使用：

（18）他说的官话还可以、可是没有你的好。His Peaking [of] mandarin is passable, but not so good as yours.（注释）可是：But.（散语章 2.1p.56；2.2p.35）（可是，就是转折连词 but。）

（19）可是夜里的雨下的很可怕。But the way the rain came down in the night was enough to frighten one.（散语章 key2.1p.67；2.2p.62）

“可是”后接一个事实情况，或一个假设情景，以及与“虽然”连用的形式：

（20）相公尽管把信交给我、可是那白马将军若是不来、为谁是问呢。“Give me the letter, sir; that's all you need mind about; but now, if the 白马将军 doesn't come, who is to be responsible, pray?”（践约录 2.1p.259；2.2p.385）

（21）可是老太太嘴里虽然这么安慰女儿、心里实在万难布置。Now, it was all very well for the old lady to comfort her daughter by talking in this way, but as a fact she felt it to be next to impossible to make any arrangement.（践约录 2.1p.243；2.2p.405）

现代汉语中转折连词“可是”可以在主语前，也可以在主语后，但根据全文排查，《自迩集》中可以确认为转折连词的用法都在主语前，这一现象表明了这一新的句法形式产生初期的情况。

同时，第一版也出现了两例带有隐含转折意味的“可是”，且都集中在“谈论篇”：

（22）房屋墙垣都破烂了、歪的歪、倒的倒、那里头各样儿的树木、长得可是很深密。It was in a very tumble-down condition; Walls and buildings in a state of utter dilapidation; but inside the enclosure there was a fine thick growth of trees of every kind.（谈论篇 1.1p.186；2.1p.204；1.2p21；2.2p.285）

（23）那个胖子、我知道了、这一个可是谁呢。The stout man I know, but who can the other be?（谈论篇 1.1p.191；2.1p.208；1.2p.18；2.2p.279）

这类句子与太田先生举例的《红楼梦》的例子很类似：

（24）若是他心里有别的想头，成了什么人了呢！我可是白疼了他了。（清《红楼梦》）①

这类句子与上述典型的“可是”作转折的连词的句子相比，显然是存在语义差异的。所以我们把这一类用法归为《自迩集》中具有转折语气的准连词。

除这两种用法之外，《自迩集》中的“可是”还有两种用法，一种同“可”一样表示语气的强调或弱化：

（25）若是死守着旧规矩、那可是在旗杆底下误了操了、大

① 该例转引自太田辰夫著，蒋绍愚、徐昌华译：《中国语历史文法》，第 303 页。

睁着眼儿耽误了、那成甚么事呢。（谈论篇 1.1p.143；2.1p.167）

（26）红娘暗想、小姐怎么竟有私约、这可是奇怪。（践约录 2.1p.251）

“可是”的另一种是用来表示疑问或加强疑问语气：

（27）可惜了儿这么样，可是欠主儿跑了。（问答章 1.1pp.100—105）可惜了儿的、是怎么呢、欠主儿跑了么。（问答章 1.2p.147）Dear me! I am sorry to hear that：how was it? Did someone who owed him money make off with it?（问答章 1.2p.115；2.2p.226）

此例中第一版单独用“可是”表示疑问，是较早产生的用法，在第二版修订为陈述句加“么”的疑问句。

同时共存的还有如下例的“可是……么”这样表示疑问的组合形式：

（28）我‘那个底下人、可是那个来顺么。which servant? What, 来顺 here, perhaps?（问答章 1.1p.105；2.1p.151。1.2p.110；2.2p.221）

如下表所示，全文语料中“可是”表示强化和弱化语气、疑问语气的用法是较为稳定的：

表 13 《自迩集》“可是”多义项使用分布表

“可是”	语义功能	第一版	第二版	备　注
副词	强化或弱化语气	2	5	两版皆以强化语气为主
	疑问语气	2	2	集中于谈论篇
	含转折语义	3	3	集中于谈论篇
连词	转折连词	0	15	第二版集中于散语章、践约录

含转折语义的副词用法集中在“谈论篇”，即来自较早的满汉语言教材，很可能产生的时间与《红楼梦》近似。我们认为，作连词的“可是”在第二版骤增的情况说明了编写者在编订第二版时敏锐地发现了口语中已出现的连词用法，并把这种用法对应于英语中的“but”吸收到新的版本中。

四、进一步支持现有研究推论的语料

1.“差（一）点儿”的肯定与否定

现代汉语中一般认为“几乎”“差不多”“差点儿”“差一点（儿）”这类词多与不如意、不希望达成的事件组合时，后面跟否定或肯定表达的意义都是不变的。[①] 太田先生也曾在汉语史研究中提过这一点，但未给出论证的语料。[②]《自迩集》中“差（一）点儿”的双语例句与编写者的翻译为这一结论补充了19世纪中期的语料。如下两例中后面跟的是肯定态的表达：

（1）那底下人差一点儿散了工。That servant was pretty near being discharged.（词类章1.1p.251；2.1p.316。1.2p.127；2.2p.516）

（2）他差一点儿坏了官。He had a narrow escape of being cashiered.（注释）差一点，wanted but little，= a little more and he would.（“差一点”离达成差一点，就等于说再有一点他就达成了。）

又如下例中后面跟的是否定态的表达：

---

① 现代汉语方面的研究参看朱德熙：《说“差一点”》，《中国语文》1959年第9期；吕叔湘：《疑问·否定·肯定》，《中国语文》1985年第4期；沈家煊：《“差不多”和“差点儿”》，《中国语文》1987年第6期；石毓智：《对“差点儿”类羡余否定句式的分析》，《汉语学习》1993年第1期；戴耀晶：《试说“冗余否定”》，《修辞学习》2004年第2期。

② 参看太田辰夫《中国语历史文法》（第277页）“上面所说的‘几几乎’‘差点儿’‘差些儿’和‘几乎’一样，在后面跟否定和肯定的意义不变”，但无语料论证。

（3）差点儿没要了我的命。You have pretty near cost me my life, let me tell you.（谈论篇 1.1p.216；2.1p.200；1.2p.11；2.2p.267）

然而对照英文翻译来看“差一点儿”使用了同样的“pretty near（非常接近）”和“a narrow escape of”(还有一点距离）的翻译。下面例子的翻译则是对语义的具体解释：

（4）老兄、你怎么才来、我等了这么半天了、差一点儿没有睡着了。Oh! Here you are at last, sir; I have been waiting for you a long time; a few minutes more and I would have been in bed.（谈论篇 1.1p.156；2.1p.178。1.2p.40；2.2p.321）

由此可见，在《自迩集》中，编写者所观察并记录下来的“差一点儿”后加肯定或否定状态的语义是一致的，这不仅为太田辰夫的描述提供了清末的重要语料，而且让我们看到了时人明确语义的与对其的说明。这为汉语史中这一词语语用义的研究提供了重要的资料。

2.“打”表示时间起点

《自迩集》第二版还集中了若干“打”表时间的用法：

（5）做武官是打当兵起来的多。Most military officers rise from the ranks.（注释）Rise from the ranks：lit., are from serving as soldiers risen（got up）most.（散语章 key2.1p.83）(“Rise from the ranks”对应汉语的字面意思是：多是从服役士兵开始晋升的。)

（6）这时候一天比一天短了、咱们的夜书是打多早晚儿念起。（散语章 key2.1p.65）

例（5）的注释强调了“打”表示某个时间点开始的意思。这一点在下面这个版本间修订的例子中更加明显：

（7）从我母亲死了，他缺奶、后来不很足壮。（注释）从，proceeding from; Hence, at the time when.（问答章 1.1p.100; 1.2p.116）（“从”从某处开始的意思；引申为表示“at the time when［在那时］”。）

（8）打我母亲死了，他缺奶、后来不很足壮。（注释）打，proceeding from; Hence, at the time when.（问答章 2.1p.146; 2.2p.226）（“while”对应的汉字是“打”，从某处开始的意思；引申为表示“at the time when［在那时］”。）

编写者将从第一版的“从”改为“打”。从注释来看，编写者认为两个字表示的同是“at the time when（在那时）”的语义。这一版本替换的例子体现了编写者对“打”表时间的语义以及“打”与“从”的关系有着清晰的界定。

太田辰夫曾指出“‘打’表示时间的起点的例子时代似乎还要往后（指清代以后——引者）”①，且论证时并无举例。《汉语大词典》在“打”表示时间语义下的书证为老舍的《柳家大院》，出例较晚。编写者在《自迩集》中留下的语料则可用于论证“打”表时间的用法最晚于 1868—1886 年已进入了北京官话。

3. 虚化的“V 来 V 去”

“V 来 V 去”可以用来表示动词的重复，从唐代开始使用。该结构中的两个动词可以是同一个词，也可以是近义词。② 刘志生（2004）专门考察了近代汉语中的“V 来 V 去”格式，并将该格式分为位移式、动作的反复式，“总之”式三种，其中第一类中的动词实际表示位移的，“来 / 去”的方向性还比较明显，如“爬来跑去”；第二类动词

① 太田辰夫著，蒋绍愚、徐昌华译：《中国语历史文法》，第 234 页。

② 太田辰夫著，蒋绍愚、徐昌华译：《中国语历史文法》，第 215 页；吕叔湘主编：《现代汉语八百词》，第 309 页。

不具位移性，但仍含有实在的行为意义，表达动作的反复性，如“想来想去”；第三类格式中的“V”不再具有实在的行为意义，语义内容虚化，可替换成“总而言之”“说到底”“总之”之类表“总括”的词而语义不变。① 按照刘志生（2004）对明清小说语料排查的结果，第三类“V 来 V 去”仅出现三例。《自迩集》中“V 来 V 去”共出现了五例：

（9）翻来覆去的过了亮钟、并没有困、把眼睛强闭着。There I lay tumbling and tossing about without having slept a wink until after morning bells.（谈论篇 1.1p.136；2.1p.160；1.2p.52；2.2p.344）

（10）想着就是这么样儿、学来学去、也不过就是这么个本事儿咯、‘那儿还能够有长进呢。I say to myself that if with all my studying I have not got farther than this, I shall certainly never be a proficient.（谈论篇 1.1p.213；2.1p.228；1.2p.1；2.2p.251）

（11）天天的拿来拿去、汗沤透了、很光滑了。From being carried about daily, they had become saturated with the sweat of the hand, and it had made them quite bright and smooth.（谈论篇 1.1p.184；2.1p.204；1.2p.22；2.2p.286）

（12）且说那张生还在院子里一个人儿站着思来想去。心里说、这是我自己莽撞、难怪了丫头说话不饶人。Meanwhile the graduate remained standing in the court, all alone, turning the thing over and over in his mind.（践约录 2.1p.269；2.2p.372）

若按刘志生（2004）的分类，上例中的例（9）属第一类，其余的属于第二类。而尤其值得注意的是以下例子的翻译：

（13）说来说去、你的意思是要托我给你找个事情、对不

① 参看刘志生：《近代汉语中的“V 来 V 去”格式考察》，《古汉语研究》2004 年第 4 期。他将其分为三类，其中含有“说”为实义动词的“说来说去”属于第二类，虚化的，无实际言谈动作的“说来说去”属于第三类。

对。Well, I suppose the long and the short of it is that you want me to find you a place?（问答章 1.1p.100；2.1p.146；1.2p.116；2.2p.227）

由翻译可知，上例中的"说来说去"已经出现了虚化的语义，英文中的"the long and the short of it"即可翻译为"概括来说"，的确是从实际地说转变出了"总而言之"的意味。《自迩集》的相关例证不仅补充了刘志生（2004）的语料，而且提供了时人的语义解读。

4. 表推测和假设的"罢"

"罢"表示推测语气是清代后期新发展起来的语义功能。[①]《自迩集》中表示此语义功能的"罢"主要是副词，句中的推测语气往往表现得愈加明显，《自迩集》中举例极多，仅举三例：

（14）老爷想两天进京、恐怕不能都带罢。（问答章 1.1p.84；2.1p.133）

（15）老爷怕没吃过我们的菜罢。（问答章 1.1p.86；2.1p.134）

（16）大概那姓李的说他没有甚么好话罢。（问答章 1.1p.94；2.1p.141）

以上分别是"（恐）怕……罢""大概……罢"的组合形式，"罢"作为句末感叹词增强了副词的推测意味。

根据太田辰夫（1958/2003）的研究，这种用法是从《红楼梦》开始普遍使用的，后来慢慢产生了单纯的"罢"表推测的用法，[②]他所举例证为：

（17）紫鹃进来问道："姑娘喝碗茶罢？"（清《红楼梦》）

---

① 太田辰夫《中国语历史文法》（第 334—337 页）认为"罢"在清代产生了新的语气，分别是推测、假设和追问，《自迩集》中没有收录表示"追问"的语例。

② 参看太田辰夫著，蒋绍愚、徐昌华译：《中国语历史文法》，第 334—335 页。

（18）请示父亲：放却不好就放罢？（清《儿女英雄传》）

论述中，太田辰夫也认为例（17）表达的语气实质上是“推测”和“命令”两可的，[①]我们认为例（18）中疑问句式也可能是推测义的来源之一。

相比《红楼梦》中例句的语义判定，《自迩集》中的英文对照为证实“推测义”提供了更为直接的依据，再举三例：

（19）他多咱回来。他明儿回来罢。When will he be back? Probably tomorrow.（散语章 2.1p.64；2.2p.56）

（20）那饭得了罢。还没得、'得一会子呢。I suppose dinner is ready? No，it is not ready，and it will be some time yet before it is.（散语章 2.1p.64）

（21）那是他没有木梳罢。Possibly because he has not got a comb.（散语章 key2.1p.69；2.2p.66）

翻译中出现的“probably（大概）”与“suppose（推测）”，显然是编写者将“罢”理解为表示推测的语义的明证。

太田辰夫（1958/2003）认为“罢”表示假设语气的最早出处在《儿女英雄传》：

（22）那时候我要说愿意罢，一个女孩儿家怎么说的出口来？要说不愿意罢，人也得有了天良。（清《儿女英雄传》）[②]

《自迩集》大部分篇章的语料时间与《儿女英雄传》比较接近，从前者的例子来看：

---

① 太田辰夫著，蒋绍愚、徐昌华译：《中国语历史文法》，第 335 页。

② 此例为太田辰夫认定的表假设语气的“罢”最早的出处。参看太田辰夫著，蒋绍愚、徐昌华译：《中国语历史文法》，第 335 页。

（23）我不说你罢、你真叫我着急、说你、倒像我脾气不好似的。If I don't scold you，you will put me hi a temper，and if I do，it will look as if my temper was bad.（散语章 key2.1p.125；2.2p.212）

（24）要走罢、又恐怕你脸上下不来、若在这儿多坐会儿、你又山嚷怪叫的叫喊、这就叫人进退两难了啊。They didn't want to cause you the mortification you would have felt if they had gone；but if you keep on raving and storming in this way you'll make it as unpleasant for them to stay as to go.（谈论篇 1.1p.172；2.1p.192；1.2p.30；2.2p.302）

编写者选用“if（如果）”来翻译这类句式中的“罢”，对照其他用例，这种整体、统一化的处理方式显然是编写者对“罢”可用于表示假设的确认。这一资料有力地支持了表示假设语气的“罢”至迟于19世纪中期已形成的结论。

同时，比较《儿女英雄传》与《自迩集》的具体用例可见，清末“罢”的假设语气一般用在两种情况对举的情况下，在形式上的限制是比较严格的。所以，我们推测句子表达出的“假设语气”很大部分来自句式对举产生的语义，恐怕“罢”更多是起到一个句末表示停顿的作用。

五、辩证利用《自迩集》文献语料

如上文所述，我们重视并信赖威氏为代表的西人学者与应龙田为代表的中国知识分子在观察、记录北京官话时的客观与公正以及分析语言问题时的科学态度，但同时也需要时刻注意辩证地分析与利用《自迩集》所提供的词汇语料。

一方面，我们看到编者已经有意识地汇集各种意见，并对本书所采用的结论给出了一定的解释，例如编写者在注释中若遇到与“本地字典”不同的意见，会着重列出：

（1）虼蚤：虼 is a character not recognised by the dictionaries；蚤，in books，is used alone.（谈论篇 1.2p.53；2.2p.344。谈论篇 1.1p.136；2.1p.160）（“虼”，字典还不承认的一个字；蚤，在书面语中是单独使用的。）

（2）又有篮子。（注释）篮 is commonly applied to a smaller kind of basket than 筐子，though the dictionaries state the opposite.（践约录 2.1p.234；2.2p.401）（“篮”一般指比“筐”小的东西，但是本地字典的描述相反。）（按：《康熙字典》：篮，卢坚切，并音蓝，大笼筐也。）

这些注释展示了威氏对本地研究的态度，以及从语言实际应用出发作印证和讨论的思想。《五方元音》《康熙字典》是当时西人学习汉语、进行汉语研究的重要资料，① 但如威氏这般在著述中对其观点进行讨论的尚属少见。

其他还有《自迩集》中提到与中文教师或研究权威不同意见的讨论：

（3）可以离得开、今儿打发我来、不是听老爷的吩咐来了么。（注释）吩咐，to give orders to；the combination is not well explained by the dictionaries. By some teachers the two words are said to mean no more than they would without the Radical 口，namely，to allot to

① 《康熙字典》中的 214 个部首是当时西人编著的汉语教材中常见的部首分类标准，如马礼逊的《英华字典》，卫三畏的《拾级大成》等。可作为旁证的是《语言问答·问答二十四说中国话》中的一段西人学习汉语工具书的记述：“你念中国书懂得么。我念三字经、明心宝鉴、大学、中庸、孝经、孟子、成语考、来往书式、都念过了、还有别的、如今想不起来。用甚么字汇。常用字汇、也有时用字典。在你书房里共总有几部书。有二三十部。有几本呢。有一百零七本多罢。”（第 250—251 页）

different persons their several functions.（问答章 1.1p.83；2.1p.132；1.2p.130；2.2p.241）（吩咐，发布指令，字典还没有对这个合成词给出很好的解释。某些老师认为这两个字不应该有部首“口”，表示分配给不同的人不同的工作的意思。）

（4）虽然有要下雨的光景，到了晌午，又是响晴的天（注释）响 brightness；also，sound，in which sense，according to some authorities，it is here used with reference to the sound of the ground on a clear day；whether as bright or ringing，it is intensive of 晴，clear，fine.（谈论篇 1.1p.137；2.1p.161；1.2p.52；2.2p.343）（响，明亮的，又指声音，根据某些权威的意见，这里的用法是指晴天在地上的一个声响。无论是表示明亮还是声音，这个字都加强了“晴”的语义。）

这种将不同的意见展示出来的做法，在观念上与中国古典研究中“集注”的思想有着内在的联系。在更大程度上实现了论证的科学性，同时也展示了《自迩集》注释体系的开放性。

但另一方面，无论西人或中士，无可避免地都带有局限性，这里不仅指知识的局限性，可能还包括生活地域和经验的局限性。例如《自迩集》中对“不在”方言特征的描述：

（5）刚才听说，是他叔叔不在了。（注释）不在 not to be，to be dead；not so used in the South，where it means not at home.（谈论篇 1.1p.152；2.1p.174；1.2p.43；2.2p.325）（“不在”，南方方言中不表示去世，只是表示不在家里。）

实质上，委婉语“不在”在南方官话中也有表“去世”的用法，这里的注释属于编写者个人对其所接触的语言环境的具体分析。同时，我们也发现，在该书的第二版实际上又给出了“不在了”作为委婉语的功能，属于编写者的主动修订：

（6）死了。Dead.（注释）Of persons it is common to use the euphemism 过去了, he has passed away; or 不在了, he is no more.（散语章 2.2p.166）（说人死的时候普通多用“过去了”“不在了”这样的委婉语。）

特别是当《自迩集》中也出现了某些与现有的近代汉语词汇研究结论或分析观点不完全一致的语料或语义解释时，就需要我们综合运用近代汉语的多方面资源来讨论分析，再次说明了应用《自迩集》等早期西人汉语著述语料需要时刻保有的审慎态度。

1.“敢情”的出现时间

现有研究一般认为“敢情”在北京方言中可用以表现原来没有发现的情况，产生时代比较晚近。《现代汉语大词典》举例是 20 世纪初的文学作品：

（7）第二三回：“敢情为了预备老佛爷万寿的事情，内务府请了去商量，说不定多早才回家呢。”（清末民初《孽海花》）

太田先生也认为“‘敢情’这种写法直到清代还没有见到”①，小说中多使用“敢则”“敢是”“敢自”等：

（8）我挨了打，你敢自不同。（清《红楼梦》）

（9）敢则是师傅。（清《儿女英雄传》）

（10）他敢是救我来了。（清《儿女英雄传》）

《自迩集》第一版也没有这个词，但第二版改写自《西厢记》的故事“践约录”中出现了这个词语，并对语义作了详细的解释：

① 太田辰夫著，蒋绍愚、徐昌华译：《中国语历史文法》，第 272 页。

（11）敢情是个姓张的、才刚又遇见了。Well, his name turns out to be 张, and I have just met him again.（注释）敢情: It is extremely difficult to find an exact equivalent for this phrase in English; it is generally expressive of surprise at the realisation of some fact in a manner different to expectation, though, as in the present instance, it does not seem to have a stronger force than our expression "turns out." Cf. the following: 我原想是某人，敢情是你啊, I thought it was So-and-So, but it turns out to be you instead.（践约录 2.1p.269; 2.2p.395）(敢情: 很难在英语里找到一个能和这个词意义相等的短语。总体上来看，这个词语可以用来表达对于突然意识到某些与预期不同的事实时的惊讶情绪。像在上面的这个例子上可以看出来的，这个词表达的语义比英语的"turn out（转变、偏离预期）"的语义要强一些。比较下面的表达"我原想是某人，敢情是你啊"，对应的英文翻译应该是"I thought it was So-and-So, but it turns out to be you instead"。)

上例的注释非常值得关注，威氏细致地描述了"敢情"使用的语言环境，并将它与"turn out（转变、偏离预期）"作了对比，比较的句子"我原想是某人，敢情是你啊"，中文用的是"敢情"，英文用的就是"but it turns out（但是转变的情况是……）"，添加的"but"凸显了"敢情"与"turn out（转变、偏离预期）"的语义强度差别。从书中其他的用例和翻译来看：

（12）忽见河面搅乱、敢情是个大刮风刮起来了。And in a moment the water in the river was being whirled round and round, and a regular cyclone was blowing, sure enough.（践约录 2.1p.236; 2.2p.412）

（13）张生打开一看、上头也是一首诗、念了半天才揣摩出里头的意思来、敢情莺莺很有心要合他会面。He opened it, and at the first glance he perceived that, like his own message, it was a stanza of poetry; this he had to con some little time before he guessed its purport; yes, 莺莺 was very anxious for an interview with him!（践约录 2.1p.251；2.2p.371）

以上两例中的翻译语义与编写者在例（11）中功能注释始终保持一致，由此可见编写者对这一词汇语义功能是相对比较确定的。

"践约录"是满族知识分子协助威妥玛编写的一个故事，《自迩集》第一版全书所有的"敢情"用例都集中在这一章中。因此，我们有理由推断，这个词很有可能是这位满族知识分子在编写故事时有意引入《自迩集》的，前提应是这个词在当时（1868—1886）的北京话口语中已经有了一定的使用，故事编写完成后威氏又在中士的帮助下对这个词作出了准确的定义，规范了使用语境。

2."罢了"与"倒罢了"

再以编写者对"罢了"的观察为例。首先"罢了"可以做谓语，也可以做语气词。作谓语时，表示"够了""算了"：

（14）那就罢了。今儿银子换多少钱。Well, well; Let's say no more about it. What is the exchange for silver today?（散语章 key2.1p.71；2.2p.71）

（15）若是不能的事情就罢了、既然应承了、又不赶紧的办、只是给人家耽搁着、是甚么意思呢？If you can't do what you are asked to do, there's an end of it; but when you have undertaken a thing, what do you mean by keeping people waiting, instead of making all the haste in your power?（谈论篇 2.1p.212；2.2p.273）

编写者还指出当"罢了"与"倒""还"等副词配合时，语义会有所改变：

（16）捐官尽是上当，买地倒罢了。It is simply a trap for the unwary; Purchase of land is right enough.（注释）倒罢了：Will do, is good enough. A qualified approval. Note that 罢了 without the prefix 倒 means that will do, that's enough of the matter.（践约录 2.1p.281；2.2p.356）（"倒罢了"是"还可以"的意思，是一个有资格人说出的批准。注意当"罢了"的前面没有"倒"的时候，它表示的意思是"那样可以"[that will do]，这样就足够了。）

（17）我看你用的那个人也不错。本来是乡下的人、粗率点儿也是有的、那样儿人一定有力气、往后要是砌墙、叫他帮着打着做小工儿、倒也罢了。It seems to me that your servant is good enough（lit., also not wrong）. He is a rustic by origin, and, though a little rough and careless, that kind of man is sure to be strong（muscular）, and if you should be building a wall by-and-by, you can get him to help in beating the ground（pile-driving）, or in helping the masons; for that he will do well enough.（散语章 key2.1p.115；2.2p.187）

（18）张生看了一遍就说、还罢了、这桌腿子旋的都好、椅子也结实。The graduate having inspected them all, declared that they were not so bad: "The legs of the tables," said he, "are well turned, and the chairs are solid; there is no fault to be found this time."（践约录 2.1p.271；2.2p.369）

由上述例句的注释和翻译可知，编写者认为"倒罢了""还罢了"可用来表达一个从权威角度给出的类似"还可以"的评价。这里，他对"倒罢了""还罢了"的语义解读不仅与现代汉语的用法不同，与同期的清代文献的用法也存在一定的差异。

以下两例证实了"还罢了"用于表示"还可以"之类的评价的用法：

(19) 贾政笑道："这一处还罢了。若能月夜坐此窗下读书，不枉虚生一世。"(清《红楼梦》)

(20) 安太太也说道："俩媳妇儿呢，还罢了，还说脸上有个下不来。我只可笑我们玉格这个傻哥儿，眼看着这就要作哥儿的爹了，也这么傻头傻脑的不言语一声儿！"(清《儿女英雄传》)

以下两例说明"倒罢了"在当时与"还罢了"并不同义：

(21) 宝玉笑道："这个须得就酒才好。"薛姨妈便令人去灌了最上等的酒来。李嬷嬷便上来："姨太太，酒倒罢了。"宝玉央道："妈妈，我只喝一钟。"李嬷嬷道："不中用！当着老太太，太太，那怕你吃一坛呢。"(清《红楼梦》)

(22) 张姑娘听了，先说道："把果子要进来，咱们吃了使得；依我说，酒可以罢了罢，比不得公婆在家里。"……何小姐道："他如今正在兴头上，这样合他轻描淡写，大约未必中用。你不见你方才拦了他一句'酒倒罢了'，他就有些不耐烦起来么？"(清《儿女英雄传》)

其一是宝玉想要喝酒，但李嬷嬷说还是"算了"不要喝为好；其二是何小姐说起张姑娘在饭桌上说不要喝酒了却使得安公子不快的事，都不是"还可以"正面认可的意味。

基于我们对历史文献中"还罢了""倒罢了"例句的梳理，有理由推测威氏对于"倒罢了"的解释或有不确，可能是他将"还"与"倒"等同之后引申出的一种解释。

3. "从来"与"以后"

"从来"在普通话中作副词，表示从过去到现在都是如此的意思，多和否定词连用，也可以用在肯定句中。[①]《自迩集》中的"从来"也

① 参看吕叔湘主编：《现代汉语八百词》，第109—110页。

已经具备了这一和现代汉语一致的用法：

（23）我是南边来的、从来没坐过车、那赶车的到店里、立刻就要钱、我疑惑从来没这个理、叫他等一等再来。（散语章1.1p.60；2.1p.102）

（24）还叫他女人家里见笑、像人受这样儿苦难、向来还有的么。（词类章1.1p.256）还叫他女人家里见笑、像这样儿的苦难、从来还有人受得么。（词类章2.1p.321）And, to wind up, after being victimised to this extent, he is made fun of by his wife's relations: was there ever such a case of misery?（词类章1.2p.113；2.2p.510）

这种用法一般使用在否定的语境中。例（24）两版对比的例子表明这个意义上的"向来"和"从来"的近似性。

然而，我们发现《自迩集》第二版中将部分表示站在过去某个时间说的未来的词改成了"从来"：

（25）我们十个人从前定得凑钱做买卖、后来落下了两个人、还有把本钱取回去的、我瞧这个、我也不肯再把钱送了去了。（散语章1.1p.60）我们十个人从前定得凑钱做买卖。从来落下了两个人、还有把本钱取回去的、我瞧这个、我也不肯再往里入钱了。（散语章2.1p.102）

（26）彼时我就要叫住他、很很的羞辱他来着、后来我想了一想、说罢啊、做甚么。（谈论篇1.1p.162）彼时我就要叫住他、很很的羞辱他来着、从来我想了一想、说罢啊、做甚么。（谈论篇2.1p.183）

由以上版本间的修订来看，第二版中编写者认为"从来"可以在非否定的语境下用于表述过去某个时点以后的情况。

根据语料考察，“从来”在第二版的这个用法在清代的《红楼梦》《儿女英雄传》和《小额》中都无用例，《汉语大词典》也未收该义项。鉴于目前还未看到其他文献的用例，以及对编写者语言能力的判断，在《自迩集》中这种含义替换的例子还需要审慎观察和对待。

综上所述，深入利用《自迩集》的相关语言材料需要我们一方面在资料的利用中统观全文，结合中英双语，直接列举、翻译、注释多元资料体系，另一方面调查分析同时代的各种文献资料，坚持辩证的态度。

第三节　应用：对《大词典》书证之补益

正如蒋绍愚所言，“清末民初是汉语发展的一个重要阶段，在这个时期，中国社会发生了剧烈的变化，汉语也有很大的发展变化。但以往对这个时期的汉语，研究汉语史的很少涉及，研究汉语的也很少关注”。[①] 以《自迩集》为代表的早期汉语教科书文献保存了珍贵的清末汉语词汇语料，但这批文献尚未真正进入《汉语大词典》(简称《大词典》）等大型历史语文辞书的视野。下文将应用《自迩集》所存中英文近代汉语口语语料，对照《汉语大词典》[②]《近代汉语词典》[③] 等辞书，例证《自迩集》文献语料对近代汉语口语语料库的价值。

一、《大词典》及近代汉语口语资料

《大词典》按照“古今兼收，源流并重”的编纂方针，收词达

---

① 蒋绍愚：《谈谈北京话与民族共同语（普通话）的关系》，“北京话学术研讨会”2019年8月26日。

② 罗竹风主编：《汉语大词典》(十三卷本)，上海辞书出版社，2012年。以下简称《大词典》。

③ 白维国主编：《近代汉语词典（全四卷）》，上海教育出版社，2016年。以下简称《近汉词》。

37.5 万余条，共 5000 余字。然而由于当时文献资料严重不足，加之各种条件限制，不免留下遗憾。截至 2010 年，针对《大词典》相关问题的“公开发表的有关著作近百种，有关论文一万三千篇左右”①，其中的大部分与书证相关。

《大词典》的官方修订亦一直围绕着文献语料的完善与精进。《汉语大词典·订补》(2010) 特别提出要“从出土简牍帛书，佛教典籍，历代碑刻墓志，敦煌吐鲁番文书，元、明、清通俗小说和戏曲作品中增补”语料。② 2012 年 12 月 10 日，《汉语大词典》(第二版) 编纂出版启动大会在北京人民大会堂召开。2018 年 12 月《汉语大词典》(第二版) 第一册出版，修订词条内容达 80% 以上。如江蓝生在第二版第一册出版座谈会上所言，第二版的修订针对第一版编纂时语料相对薄弱的领域，如出土文献、中古汉语、近代汉语、佛经语词等范畴做了系统性的充实。③ 从已出版的第一册来看，西人早期汉语教科书文献语料仍需得到新一轮《大词典》修订工作的关注。

2015 年出版的《近代汉语词典（全四卷）》(简称《近汉词》) 是最新的一本系统、专门解释唐代至清代古籍中出现的口语词的工具书，共收词 5 万余条。该书的编写者认同将近代汉语的下限定在清初的说法，实际的收词范围为“上限是唐初，下限为鸦片战争以前（即清代中叶）”④，主要利用的是如《四库全书电子文本》《国学宝典》《中国基本古籍库》等大型汉语历史文献语料库。⑤ 在很多词条上实现了对《大词典》已有词目、书证系统的修订。然而，一方面《近汉词》已经注意到了明代汉语教科书《老乞大》这样的汉语口语教学文献，

---

① 汉语大词典编纂处编：《〈汉语大词典订补〉后记》，《汉语大词典订补》上海辞书出版社，2010 年，第 1379 页。

② 汉语大词典编纂处编：《〈汉语大词典订补〉后记》，《汉语大词典订补》，第 1379 页。

③ 《〈汉语大词典〉第二版新增内容将达 20%，历史性反映汉语词汇发展演变面貌》，《文汇报》2019 年 3 月 27 日。网址：http://dzb.whb.cn/html/2019-03/27/content_771710.html。

④ 白维国、江蓝生：《〈近代汉语词典（全四卷）〉序言》，载白维国、江蓝生主编：《近代汉语词典》，第 1 页。

⑤ 白维国、江蓝生：《〈近代汉语词典（全四卷）〉序言》，载白维国、江蓝生主编：《近代汉语词典》，第 1—5 页。

但另一方面《近汉词》主观上划定的收词范围并不包括1840年鸦片战争以后的时期，同时其利用的语料库资源以传世文献为主，并不包括西人汉语著述。由此，《自迩集》为代表的近代西人汉语口语教科书文献语料也未进入《近汉词》等近代汉语词典的书证系统。

二、《自迩集》对《大词典》书证的补益

《大词典》中的书证缺失一直以来是历来补正《大词典》研究的重中之重，据统计，“第一版中无例证、只有孤证、书证不充分等约10万条”[①]。其中的原因有两个：其一是根据“汉语大词典收词原则”的规定，“日常用品名称、专门术语、历史名物，典章制度等词语，释义已经比较清楚具体的，一般可以不举例。”[②]其二是历史客观原因造成的，在当时的历史条件下搜集资料卡片的过程完全依赖人工，不免留下遗憾。

（一）《大词典》仅有义项未举书证

1.【打药】[③]

> 我想是停住食了、就服了一剂～～、把内里所有好啊歹的东西、都打下来了、这心里、才觉着松快些儿。
>
> （注释）一剂打～～，a dose of purging medicine.（一剂清火解毒的药，一剂泻药。）（谈论篇1.1p.176；2.1p.196）

按：《大词典》该词下列三个义项，二者为方言，分别为“买中药”和“指旧时走江湖的医生卖的药（多指医治跌打损伤的膏药）”，另一个义项为“泻药。亦指堕胎药”，此三者皆仅有释义，未举书证。

---

① 《汉语大词典》（第二版）编委会、汉语大词典编纂处、上海辞书出版社《汉语大词典（第二版）编纂修订方案》2013年版。

② 编纂处：《汉语大词典编纂手册》，上海汉语大词典编纂处，1981年，第41页。

③ 以下例句中与词目一致的词用“～～”代替，《自迩集》文献举例以典型性为主要标准，一般举一例。

(6.335) [①]《近汉词》未收此词。

历代文献中可见清代、民国小说所见该词多为“买中药”义，如清《七侠五义》：“一日，方善上街给公于～～，在路上拾了一只金镯，看了看，拿至银铺内去瞧成色。”《红楼梦》：“贾蓉听毕话，方出来叫人～～去煎给秦氏吃。不知秦氏服了此药病势如何，下回分解。”

《自迩集》中虽仅有一例，但却提供了明确为“泻药”义的双语书证。

2.【刻】

> 一点钟两～～、半点钟、一点半钟就是一点钟两～～、一下钟就是一点钟。An hour and two quarters. A half-hour. An hour and a half is the same as an hour and two quarters. Both the following expressions，一下钟 and 一点钟, mean an hour.
>
> （注释）刻, to engrave; a quarter of an hour.（刻，原义为雕刻，这里指一个小时中的四分之一，即15分钟。)(散语章1.1p.40; 1.2p.21）

按：“刻”在《大词典》中的一个义项为“清代始有时钟计时，十五分钟为一刻，四刻为一小时”，但该义项并未举书证。(6.673)《近代》未收此词。

《自迩集》用“点钟”与“刻”对举的方式展示了“刻”的具体语义和用法，并通过英文翻译和注释明确了时人的语义理解。

3.【单数儿】

> 再要提起名目里的数儿、那有单的、有总的不同、就是汉话分～～、总数儿。Proceeding next to the consideration of the numbers of nouns, the difference between the Singular and the Plural.

---

① 此处括号内数字为该内容在《大词典》中的卷数与页码，下同。

（词类章 1.2p.112；2.2p.493/1.1p.272；2.1p.335）

按：《大词典》中该词下列二义，一是“正的奇数”，二是“某些语言中词的本身形式所表示的单一的数量”，皆未举书证。(3.425)《近汉词》未收此词。

《自迩集》该例句解释的是汉语如何表达英文中的单数（the Singular）和复数（the Plural）这一语法概念的，是《大词典》第二义的有力书证。

4.【单间】

> 或说我们俩在一间屋子住、那是一个～～另有屋门的。If he were to say，我们两个住一间屋子，he would mean，We occupy the same apartment，there being a door of the building beside [the door of the room].（词类章 1.1p.280；1.2p.107）
>
> 或说我们俩住一间屋子、那是四根柱子的中间儿、一个～～儿。If he were to say，我们两个住一间屋子，he would mean，We occupy the same apartment，comprised in the four pillars.（词类章 2.1p.342；2.2p.488）

按：《大词典》该词下列两义，分别是“只有一间的屋子”和“饭馆、旅馆内供单人或同来的几个人用的房间”，但未举书证。(3.423)《近汉词》未收此词。

晚清和民国小说中可见该词用例，然并不多见，如《七侠五义》：“雨墨便问道：‘有～～厢房没有？或有耳房也使得。’”民国小说《武宗逸史》：“张福在太监中虽然职务不高，却也管着几十号人，自己住个～～。”

《自迩集》在讨论不同形式的房子与量词的搭配时解释了“单间”这一名词的含义，并在第二版中更具体化为“四根柱子的中间儿”。

5.【店东】

那掌柜的就是～～么。有是～～做掌柜的、有是～～外请别人、替他照应买卖、做掌柜的。Is the man-in-charge the proprietor of the inn? There is no rule; in some cases the proprietor takes charge himself, sometimes he engages a man in charge to look after the business for him.（问答章 1.1p.85；2.1p.134；1.2p.129；2.1p.240）

按：《大词典》解释为"旧时称旅店或商店的主人"，然仅有释义，未举书证。(3.1213)《近汉词》未收此词。《自迩集》此例句比较了"掌柜"和"店东"这两个词，并通过英文区分了词义。

6.【专名子】

英国无论人物、所有议及是为的、是做的、是受的、这宗字样、都是归为那九项之一、汉文并没有这个限制、较难创出个～～来。Words that predicate being, doing, suffering, whether of person or thing, are in English referred to one of the nine categories before mentioned [that of the Verb, to wit] . No such line being drawn in Chinese, and the invention of an equivalent [for the word verb] presenting some difficulty.

（注释）Equivalent: lit., it is comparatively hard 创出, to invent, a special term.（词类章 1.1p.263；2.1p.327；1.2p.119；2.2p.504）（Equivalent 的字面意思是很难发明一个特别的术语。）

按：《大词典》中"专名"指专有名词，指人名、地名、机构、朝代、年号等，"如：鲁迅；天津；南宋；崇祯"，但未举书证。(2.1272)《近汉词》未收此词。

明清小说中可见表示"专有名词"义的该词用例殊不多见。如民国《上古秘史》："此种嵌在山中之河谷，北方俗语叫作沟，太行山一带的～～，叫作陉。"《自迩集》中用例是表示语法的"专有名词"，即"术语"(a special term)。

(二)《大词典》仅举自编例

限于历史原因，《大词典》中某些义项选择了自编例，有研究者指出自编例"难以反映词的实际用法，其可靠性没有保证，更不能反映词语的源流演变"①。

1.【使得/使不得】

> 那是我弄破的、可没有坏、收拾收拾还可以使得。那家伙弄坏了、使不得。I broke it, but it is not utterly spoiled; It can be mended, and (or, if it be mended) then some use can be made of it. That article is so badly injured that no use can be made of it. (散语章 2.1p.60; 2.1p.46)

按：表"可以使用"的"使得"和"不能使用"的"使不得"在《大词典》皆引自编例。前者如"这录音机使得使不得?"(1.1330) 后者如"这个开关已经坏了，使不得了"。(1.1326)《近汉词》仅收"使不得"，表示"不能使用"的义项下首引宋《朱子语类》"辛幼安亦是个人才，岂有～～之理!"(1950)，笔者认为此例似也可做"不可以"之解。

根据统计，《自迩集》第一版的"使得/使不得"都表示"可以/不可以"，如"总而言之、酒就是乱性伤身子的毒药、任着意儿喝、万万使不得(谈论篇 1.1p.177；2.1p.196)"(此义项约始于元明)，但在第二版"散语章"出现了以上三例表示"可以/不可以使用"，表现了这个义项较早使用的情况，另两例为"那饭碗使不得、又有六个破的"(散语章 2.1p.61)，"洗靴子温和水使不得"(散语章 2.1p.66)。

① 曲文军：《汉语大词典疏误与修订研究》，山东人民出版社，2012年，第219页。

2.【彼此】

这么些日子才回来、渴想渴想。～～～～。What a time you have been away! I have been longing to see you. The feeling is mutual.

（注释）Lit., these many days only then return!［I have］thirstily thought［of you］. We two, we two（in the relation of reciprocity).（散语章 2.1p.112; 2.2p.180）（字面意思，过了很多日子才回来！我已经非常想念你。我们也是。）

按：《大词典》列“彼此”三义，其中一项为“叠用，客套话，表示大家一样”，此义项下仅有一个对话的自编例：“您老真是老当益壮，可佩！可佩！～～～～！您也不比我差。”(3.939)《近汉词》未列此义项（75—76)。

历代文献中该词叠用，表示客套话的用例殊不多见，属于较晚近的用法。《自迩集》不仅提供了对话语例，而且明确了语义，通过翻译和注释强调了该词表达的“相互性”。

3.【本人】

那一本书、是你的、是你借来的、是我～～的。哦、是你托那姓张的给你买的么、不是、是我～～买的。Is that book yours, or did you borrow it? It is my own. Ha! Is this the one you commissioned Chang to buy for you, is it not? No it is one that I bought myself.

（注释）myself：我～～，and above with 的，as my own.（我本人即“myself”，上句中后面带“的”，表示是我自己拥有的。）（词类章 1.1p.266; 2.1p.330; 1.2p.117; 2.2p.500）

按：“本人”在《大词典》列两个义项，其一为“自称。指说话人自己”，仅举一自编例：“受到您的夸奖，～～不胜荣幸。”(4.704)《近汉词》未收此词。

《自迩集》两版可见三例，皆集中在“词类章”，表“自称”，且皆为“我本人”的组合形式。

4.【不配】

> 坏了肠子咯、把我轻慢得了不得、我和你说话、都～～么。You false-hearted villain，you! To be showing these airs to me! Am I not fit company for you，I should like to know?（谈论篇 1.1p.164；2.1p.185）

按：“不配”在《大词典》中列两义，其一为“不够格”，然仅举一自编例：“他想当演员，我看还～～。”(1.434)《近汉词》未收此词。

历代文献中可见清代及民国小说用例，如清《七侠五义》：“像他这个穷样子，连银也～～姓呵！常言说，姓金没有金，一定穷断筋。”民国《民国演义》：“老袁又道：‘看你也～～做女官长，你与我滚出去罢！’”《自迩集》用例中“不配”语义清晰明白。

5.【倒手】

> 才一～～、噌噜的一声飞咯。I was in the act of passing him from one hand to the other，when P-r-r-rh! Away he flew.（谈论篇 1.1p.182；2.1p.201）

按：“倒手”在《大词典》中列两义，其一为“把提着的东西从一只手上换到另一只手上”，该义项仅举一自编例：“他也没～～，一气就把箱子提上了五楼。”(1.1465)《近汉词》未收此词。

《自迩集》中的句子利用“倒手”这个词生动描述一人抓鸟时的动作。

6.【兴时】

刚要戴帽子、琴童说、那是老样儿的帽子、不大～～、何不换一项时样儿的呢。And he was just going to put on his cap when CH'IN T'UNG observed that the cap was somewhat old-fashioned; wouldn't it be better to exchange it for such a cap as was then the mode, he asked.

（注释）兴时：in the fashion：兴, to be in demand, to be fashionable.（践约录 2.1p.257；2.2p.388）（"兴时" 流行的，"兴" 指需求高，流行。）

按：《大词典》中该词列两义，其一为"指一个人走红，有名气"，举例《红楼梦》；其二为"指合于时俗的风尚"，仅举一个自编例："这种式样很～～。"(2.167)《近汉词》未收此词。

《自迩集》此例句中的语义即"合于时俗的风尚"，此义项历史文献中用例殊不多见。且值得注意的是，第一版"续散语章"中单用"兴"表示这个义项，即"这个不大兴。This does not do very well."（续散语 1.1p.119；1.2p.153）。第二版《践约录》中改"兴"为"兴时"，为更为新近的用法。

（三）提前义项首引书证的年代

《大词典》秉承"古今兼收，源流并重"的编撰方针，根据"汉语大词典编写体例"的规定："例句按时代先后排序。第一个例句应尽可能选用时代最早的。"① 但实际上，很多义项所提供的例证偏晚。近 30 年的《大词典》补益相关研究，以及《近汉词》等新近词典，均在此方面大有进展。

根据我们的调查，在某些义项上，《自迩集》也提供了不少年代

① 编纂处：《汉语大词典编纂手册》，第 40 页。

早于《大词典》及已有研究中的始见书证。当然，书证溯源往往无法“毕其功于一役”，我们在《自迩集》中收集的书证也很难保证是最早的用例，但若能把首引书证的年代往前推进一点，也是有所裨益的。

1.【刷白】

兄台你怎么咯、脸上～～的、冷孤丁的就瘦成这个样儿了。Why，what’s the matter，sir? Your face is as pale as if you had whitened it：and since I saw you a short time ago you have quite fallen away.

（注释）刷 shua 4：not shua 1 different in meaning from shua 1，to brush.（谈论篇 1.1p.179；2.1p.198。1.1p.179；2.1p.198）（这里的“刷”读第四声，与第一声，表示动作的“刷”不同。）

按：《大词典》中的“刷白”指“色白而略微发青，多指面色不正常”，仅举现代文例，偏晚，首引草明《乘风破浪》：“邵云端一听，气得脸色～～。”(2.680)《近汉词》未收此词。

历代文献未见清代用例，《自迩集》不仅提供了准确的语义解释，还辨析了语音，将其与表示动作的语义分开。

2.【半天】

上～～、下～～。The forenoon. The afternoon.（散语章 1.1p.41/ 1.2p.23）

上～～下了雨、下～～晴了。It rained in the forenoon，but the afternoon was fine.（散语章 1.1p.41；2.1p.64 / 1.2p.23；2.2p.55）

我这～～、也都是写信来着。I have been writing too，all the morning.（词类章 1.1p.260；2.2p.325。1.2p.120；2.2p.507）

按：表示“白天的一半”的“半天”在《大词典》举现代文例，老舍《骆驼祥子》：“这派的车夫，也许拉‘整天’，也许拉‘～～’。”

(1.708)《近汉词》无此义。

《自迩集》中用例集中于“散语章”和“词类章”，且有英文翻译明确词义。除此义项，《自迩集》中还出现了表示“好久，相当一段年时间”的“半天”，如“曲曲湾湾的、走了半天。For some time the road went on turning and winding.（续散语章 1.1p.119/1.2p.152）”，这一用法同《红楼梦》，如：“黛玉听了，怔了半天。”

3.【当成】

动不动儿的、就拿巧话儿讥诮我、把自己～～甚么咯。（谈论篇 1.1p.164；2.1p.185）

明明儿的是谎话、那胡涂人们、～～真事、还呆头呆脑、有滋有味儿的听呢。（谈论篇 1.1p.208；2.1p.223）

耳朵虽然听了、并不放在心上、太皮脸了罢、把我说的苦口良言、全～～了耳傍风咯。（谈论篇 1.1p.210；2.1p.225）

按：表“看成、当做”的“当成”在《大词典》中仅举现代文例，偏晚。首引周恩来《论统一战线》：“右的错误常常把敌人～～朋友。”次引柳青《铜墙铁壁》文。(7.1390)《近汉词》未收此词。

历代文献中该义项用例殊不多见，较早如民国《武宗逸史》：“普通人只是随随便便把梅毒～～天花、鼠疫等一类周期性为害的可怕传染病。”《自迩集》中该词用例丰富，语义明确。

4.【作为】

管是长柄的东西、中间是空的、～～陪伴字。（词类章 1.1p.267）

咱们多年不见、把这个～～见面礼儿罢、老兄可别推却。（践约录 2.1p.258）

按：表“当做”的“作为”在《大词典》中仅引现代文例，偏晚。首引曹禺《北京人》："这间小花厅，当年是～～一个谈机密话的地方。"次引柯岩《奇异的书简·追赶太阳的人》文例。(1.1256)

《近汉词》该词条下列二义项，一为"所作所为，行为"，首引唐白居易《策项一》，二为"出力，设法"，首引明《西游记》、次引《拍案惊奇》，未列该义项。(2779)

历代文献中，清末小说中可见该词表"当做"的用例，基本与《自迩集》同时代。如《八仙得道》："表面说是办丧辛苦，～～特别酬劳，实际就是买他们一个不开口儿。"《小五义》："徐三爷说：'那就不用取了，就～～定礼罢。'"

5.【嗓子眼】

> 脖子、嗓子、～～儿。The neck. The throat，insider or out. The gullet.（散语章 1.1p.49 /1.2p.39 ）

按：《大词典》中的"嗓子眼"同"嗓眼"，举例现代文例，偏晚，首引《诗刊》1977 年第 9 期："乡亲嘱咐好多话，一起哽在～～中。"(3.472)《近汉词》未收此词。

历代可见该词清末及民国用例，然殊不多见，如清末民国的评书《三侠剑》："山中的规矩，寨主不下令，不能动手，老道～～痒痒，不敢说话，恐怕再碰钉子。"民国《雍正剑侠图》："王爷的心'噌'一下就到～～儿了，急得直叹气。"

《自迩集》中将"嗓子"与"嗓子眼"并举，明确指出后者指"咽喉"，且第一版的时间早于清末民国的评书《三侠剑》。

6.【提说】

> 昨儿听见一个相好的、～～阁下要请先生。I heard that you wanted to engage a teacher，sir；A friend of mine mentioned it yesterday.（问答章 1.1p.83；2.1p.131；1.2p.131；2.2p.142）

按：表示“说起”的“提说”在《大词典》中仅举现代例，偏晚，首引巴金《发的故事》：“现在经他～～，我才记起来了。”次引孙犁《白洋淀纪事·村歌下篇》文例。(6.746)《近汉词》未收此词。

历代文献中可见清末及民国用例，如清《孽海花》：“小燕道：‘今早小儿到京，～～在河西务相遇，兄弟就晓得今天必到的了。敢问雯兄，多时税驾的？’”又如民国《留东外史续集》：“周撰道：‘曾参谋的太太今日做寿，来的客很多，我没～～这事。’”《自迩集》中“提说”对应英文“mention”，语义明确，且时间上早于1903年的《孽海花》。

7.【一扑纳心】

> 居家过日子、是～～儿的勤俭、父母跟前又孝顺。（谈论篇之二十一 1.1p.199）
>
> 听我的话、你们既然是念满洲书、就该～～儿的学。It's your business, now that you are studying Manchu, to give your whole mind to your work.（谈论篇 1.1p.210；2.1p.225）
>
> （注释）扑, colloquially, of the forward movement one would make with one's arm to catch a bird, an insect, etc.; 一, undividedly, 扑, making such a forward movement, 纳心, tender your mind.（谈论篇 1.2p.13；2.2p.255）（“扑”口语词，用于形容一个人前倾张开胳膊去抓鸟，“纳心”指温柔的心意。）

按：“一扑纳心儿”为北京方言词汇，指“一心一意”。《大词典》中该词仅举现代文例，偏晚，首引老舍《四世同堂》：“现在咱们好容易勾上了冠家，还不～～的跟他们打成一气？”次引高云览《小城春秋》、李成瑞《农村调查的一段回忆》文例。(1.100)《北京话词典》亦首引老舍文。(990)《近汉词》未收此词。

《自迩集》不仅给出了两个例证，而且通过翻译和注释界定了该词的语义。需注意的是，该词的语义注释仅代表编写者接受的一种理解，可能并不完全准确。

8.【一眨眼】

人生百岁、不过～～儿的光景。（谈论篇 1.1p.192；2.1p.210）

你只静静儿的看着、～～儿的工夫儿、他的子孙、也就照着他的样儿学了。（谈论篇 1.1p.202；2.1p.218）

按：比喻极短的时间的“一眨眼”在《大词典》中举现代文例，偏晚，首引鲁迅《呐喊·药》：“一阵脚步声响，一眨眼，已经拥过了一大簇人。”次引老舍《骆驼祥子》、周而复《上海的早晨》文例。(1.57)《近汉词》未收此词。

历代文献中可见清末及民国用例，如清末《八仙得道》：“那老道才张口一笑。飞龙正想看他往哪里走，不道～～儿，就只剩了小道一人，老道的身容不见了。”民国《武宗逸史》：“此时，又听到咔喳一声，亭子又动起来，～～的功夫，又回到原地。”值得注意的是《自迩集》中用例皆带“儿”尾，带有方言特色。

9.【昨天】

我～～上衙门、今天看书、明天再歇歇、这三句、就是分时候三等的大概（词类章 1.1p.260；2.1p.325）

前儿就是前天、昨儿、～～、今儿、今天、明儿、明天、后儿、后天、都是那么着。（散语章 1.1p.40；2.1p.62）

按：表示“今天的前一天”的“昨天”在《大词典》中仅举现代文一例，偏晚，即马烽、西戎《吕梁英雄传》：“原来～～黑夜民兵们夺了牛驴临出村的时候，李有红走在最后面。”(5.680)《近汉词》未收此的词。

历代文献可见清末及民国该词用例，如《曾国藩家书》：“～～，即二十六日接到来信，非常畅快，回信多而所写的事处处详细明白。”

《二十年目睹之怪现状》："家人回道：'这是新太太～～叫店里送来的。'"《自迩集》中不仅有该词用例，还在讲解汉语的时间概念时，对举了"昨天""今天"与"明天"，在讨论时间近义词时，并列了产生较早的"昨儿"与新近的"昨天"。

10.【作客】

> 真的呀、在你纳家、我还～～么、不敢撒谎。I am in earnest, I assure you, sir. You don't suppose, do you, that in your house I should do otherwise than make myself at home?（谈论篇 1.1p.206；2.1p.221；1.2p.7；2.2p.260）

按：表示"去别人处做客人"的"作客"在《大词典》该义项仅引现代文一例，偏晚，即巴金《灭亡》"她反而欢迎他常常到她底家里来～～。"(1.1252)《近汉词》列两个义项，一为"寄居异地"，首引唐杜甫《登高》，二为"外出经商"，首引明《拍案惊奇》，未涉本义项。(2778)

历代文献中，晚清民国小说可见此义项用例。如《七侠五义》："甘婆又向凤仙道：'相公，夜深了，随意用些酒饭，休要～～。老身不陪了。'"民国《留东外史》："黄文汉笑道：'我们糊里糊涂跑到你家里来，便扰你的东，我们也应借着你的酒，转敬你一杯，才是～～之道。'"

（四）增补义项和词目

我们发现《自迩集》中一些词目或义项在《大词典》所列之外，结合《自迩集》中英双语文献的语料，以及同时代的历史文献，可以确定某些确是《大词典》有待补充的。

1.【套车】

> 这米、我量了不彀五石、一个单～～就拉了。在我说、石数

儿不止五石、不是二～～、怕拉不了。According to my estimate this rice does not amount to five piculs, and a one-horse cart will do to draw it. In my opinion there is not so little as five picus, and I don't think that less than two beasts will draw it.（散语章 1.2p.61）

是单套车、是二套车。是二套车、为走得快。（问答章 1.1p.104；2.1p.151）

那车是单套、是二套。老爷要快、必得二套的、现在的雨水大、道儿不好走、三套的也可以。（问答章 1.1p.84）

按：《自迩集》中出现了"单套车"（一头牲口拉的车）、"二套车"（两头牲口拉的车）和"三套车"（三头牲口拉的车）及它们的简略形式"单套""二套""三套"。

晚清小说中可见该义项用例，如《康熙侠义传》："日讨下令来，他派家人白祥押行李车四辆，白顺管粮饷车，自己带二～～三辆、驮轿一乘。"民国《雍正剑侠图》："人们闪出一条路来，一辆花轮铲单～～，外首车辕上坐着一位三十多岁的少妇，长得很俊，满脸着急之色。"

《大词典》《近汉词》中"套车"仅有一个义项，指"把车套套在拉车的牲口身上，准备开始赶车"，此动词用法，《自迩集》也有用例，如"鸡叫的时候儿才～～。（问答章 1.1p.104；2.1p.151）"《大词典》《近汉词》中未收表示"用几匹马拉的车"的义项，宜补。

2.【白闲】

你这都是没官差、～～着、安闲惯了的话。I find it very dull this spring weather sitting at home all day idle; and I have nothing to do.（谈论篇 1.1p.138；2.1p.164；1.2p.50；2.2p.339）

这春天的时候儿、一点儿事没有、～～着、竟在家里坐着、很觉闷得慌呵。This is all very fine talk for idlers like you, who have no official business to do, and who just take your ease from one year's end to the other.（谈论篇 1.1p.141；1.2p.162；1.2p.52；2.2p.342）

按：以上两例中的“白闲”指“没事空闲”，《大词典》此词条下列二义，一为“弓弩名”，二为“窗”，未收此义项。(8.200)《近汉词》《方言》未收此词。

历代文献中，清小说中可见此义项用例，如《儿女英雄传》：“我那里是一天不断的事，我想着舅母合我们亲家大长的天也是～～着，帮帮我，又解了闷儿。”《红楼梦》：“晴雯道：‘嗳哟，这屋里单你一个人记挂着他，我们都是～～着混饭吃的。’”

《自迩集》提供了例证与明确的语义。《大词典》《近汉词》宜补此义项。

3.【成器】

老弟、你不知道、他是生来不～～的东西、若说喝酒、就舍了命、比他老子的血还亲。（谈论篇 1.1p.179；2.1p.198）

按：上例中的“成器”指“成材，成为有用的人”，清代小说中可见该词用例，如《初刻拍案惊奇》：“你儿子是个～～的，不消说，吾正待表扬其孝。”《红楼梦》：“千万好生扶养，不严不能～～，过严恐生不虞，且致父母之忧。”

《近汉词》未收此词。《大词典》未列此义项（5.205），宜补。

4.【白开水】

小沙弥端上茶来、法聪说、嗐、这茶忒淡了、仿佛～～似的。The tea was served by a young shabi, when FA TS'UNG exclaimed, " This tea is too pale in colour; it's just like so much hot water."（践约录 2.1p.275；2.2p.365）

按：《自迩集》提供了用例及时人的语义翻译“hot water”。历代文献用例殊不多见，清末及民国文献可见该词用例，如《三侠剑》：“又听胜爷说道：‘你给我倒点～～喝。’老仆给胜爷倒过一杯～～去。”《雍正剑侠图》：“茶铺里有下叶子泡茶的，有打～～的，一个跟着一个。”

《重编国语辞典》[①]该词目下举自编例：“他习惯喝～～，而不喜欢其他饮料。”《大词典》《近汉词》未收此词，宜补。

5.【白亮亮】

> 前儿黑下、好冷啊、睡梦中把我冻醒了、天一亮、我急忙起来、开开房门、一瞧、原来是白亮亮的下了一地的雪。It was so cold the night before last that it woke me up, and I lay awake till morning. The moment is was light I jumped out of bed, and on opening the door to take a look, I found the whole place glittering white with snow.（谈论篇 1.1p.135；2.1p.159；1.2p.53；2.2p.346）
>
> （注释）白亮亮，glittering white, note the tone of 亮。（谈论篇 2.2p.346）（“白亮亮”即白得发亮，注意这里“亮”的声调。）

按：《自迩集》虽然用例仅一例，但编写者尤其注意在第二版增补了注释并提示了音变。

《方言大词典》定为东北官话，解释为“形容白而发亮”。(1400)历代文献中用例殊不多见，仅见于部分晚清及民国小说，如《七侠五义》：“谁知黑暗之中，见有～～一条蚰蜒小路儿，他便顺路行去。”《雍正剑侠图》：“猛然间，漂母河中水开锅一样，～～的河水翻起一人多高。”

《大词典》《近汉词》未收此词，宜补。

---

① 教育部重编国语辞典编辑委员会编：《重编国语辞典（全六册）》，台北台湾商务印书馆，1981年。

6.【豹子眼儿】

一个是胖子、比你纳略高些儿、四方脸儿、连鬓胡子、暴子眼儿、紫糖色儿。（注释）暴子，applied to the eyes only，and not used without the word for eyes；暴，in the sense not of fierceness，as above，but of conspicuousness.（“暴子”只用于形容眼睛，“暴”在这里不是“凶狠”的意思，指“突出，明显”。）（谈论篇 1.1p.191；1.2pp.17—18）

一个是胖子、比你纳略高些儿、四方脸儿、连鬓胡子、～～、紫棠色儿。（注释）豹子，properly，a leopard；applied to prominent eyes，not in the sense of ferociousness.（谈论篇 1.2pp.17—18；2.2p.276）（“豹子”原指动物，这里指突出的眼睛，不是指“凶狠”。）

按：《自迩集》中第一版同一句子使用的是“暴子眼”，第二版使用“豹子眼”，但都明确注明了这个词没有凶猛的意思，仅用于形容突出的眼睛。清及民国小说中可见“豹子眼”用例，《三侠剑》：“刘云闻听，剑眉倒竖，～～圆睁，说道：‘好一个无名的小辈！’”《武宗逸史》：“此人长得身如铁塔，扫帚眉，～～，高鼻阔唇，脸颊上有一块铜钱大的疤。”

《大词典》《近汉词》未收此词，宜补。

7.【藏私】

说话不～～。To speak out without reserve.

（注释）reserve：藏，to conceal，私，what is private.（续散语 1.1p.120）（“藏”使隐匿看不见，“私”指私人的。）

按：《自迩集》中该词义为“隐藏自己的想法，不愿意表露”。第二版原续散章之中的短句化入根据《西厢记》改编的阅读文献“践约录”：“这都是张生为人朴实、向来说话不～～、所以心里有什么说什么。”（践约录 2.1p.273）历史文献中清小说中可见该词用例，如《小五义》：“倘若他要～～说不明白，铜网阵不能破，闹一个半途而废、就得多少条生命饶上。”《施公案》：“把上项事一五一十地，细细说了一遍，决无半句～～。”

《重编国语辞典》该词目下举自编例：“有话就说，别～～在心里。”《大词典》《近汉词》未收此词，宜补。

8.【吃烟】

> 他不是很爱吃烟么。吃烟是有的、也有点儿贪酒。Wasn't he very much given to smoking opium? He did smoke, certainly; and he was a little fond of his glass too.
>
> （注释）Smoking：烟，smoke of any kind. 吃烟，to eat smoke，to smoke; Nowadays more particularly used of opium-smoking.（烟，指各种烟。吃烟，即吸烟。现在更偏于专指吸鸦片。)(1.1p.98; 2.1p.134; 1.2p.118; 2.1p.228）

按：根据英文翻译和注释，《自迩集》中的“吃烟”当时更偏于专指“吸食鸦片”，编写者在注释中特别指出，当时用“吃烟”这个词多指此义，且在第二版注释中又补充了一句，这种说法“至少在跟外国人沟通时是这样的（at least in conversation with foreigners）”，提供了该词语用环境的重要资料。

清晚期小说中可见该词用法，如《二十年目睹之怪现状》：“只见伯父躺在烟床上～～，见了我便问道：‘你看伯母那病要紧么？’”《官场现形记》：“羊统领自去躺下～～。胡二捣乱便趁空找着姑娘捣乱，也不顾羊统领吃醋，只是捣乱他的。”这些例证时间略晚于《自迩集》第二版，且未见如《自迩集》中的对该词义项的详尽翻译及注释。

《重编国语辞典》也指出该词专指“吸食鸦片”，但仅举一个自编例。《大词典》《近汉词》未收此词，宜补。

9.【从丰】

那巡哨船早躲开了、徐永他经过那个、就长了一个见识、不照前次～～、只给十两银子罢了。（问答篇 1.1p.95；2.1p.142）

他们没说数儿、竟是叫他～～。这徐永他要给多少他那人胡涂、说要给一百两。一百两、那实在～～了、那巡役们也不觉多。

（注释）Handsome：丰，abounding，plenteous；从丰，in an abounding manner，in the most abounding manner.（谈论篇 1.1p.97；2.1p.144.1.1p.119；2.1p.230）（“丰”指“丰富的，大量的”，“从丰”即依照大量的方式。）

按：《自迩集》中的翻译和注释明确了该词的词义为“依照大量的方式”。历代文献用例殊不多见，清晚期小说可见该词用例，多与钱相关，如《二十年目睹之怪现状》：“言中丞道：‘你就叫人去办罢。一切都～～点，不要叫人家笑寒尘。要钱用，打发人到账房里去要。’”《官场现形记》：“又敦嘱送奎官、老斗、卢都老爷格外～～。黄胖姑会意，一一允诺。”

《大词典》《近汉词》未收此词，宜补。

10.【点钟】

（1）时间单位，计算小时的数量

一点半钟就是一点钟两刻。一下钟就是一～～。An hour and a half is the same as an hour and two quarters. Both the following expressions，一下钟 and 一点钟，mean an hour.（散语章 1.1p.40；2.1p.62；1.2p. 21；2.2p.50）

一～～前、我那懒惰的底下人回家去了、他走的时候儿、没把门关上。An hour before this happened that lazy servant of mine had gone to his home, and when he went he did not shut the door.（散语章 2.1p.87；2.2p.110）

（2）具体某一时刻，由钟表指示的时间

可以、没有甚么不可以的、我就遵命了、明儿个几～～见。By all means；I'll wait on you tomorrow as you desire，sir；at what o'clock?（问答章 1.1p.82；2.1p.129；1.2p.133；2.2p.244）

那看帖子是怎么写的、如果有个准字、就'得到了那时候儿就去。张大老爷这帖子上没有那准字、就写的是四～～、您就是六～～去、也不晚。That depends on how the invitation is worded；if the character 准（precisely）occurs，one must go at the hour named. The character 准 does not occur in 张大老爷 invitation，which names four o'clock simply，so if you go at six you won't be late.（问答章 2.1p.129；2.2p.245）

按：《自迩集》中根据英文内容可清晰区分"点钟"的两个义项，其一是表示时间单位词的用法，计算小时的数量，多见于清小说；其二是表示具体几点钟的用法，清代用例殊不多见。

《官场现形记》中有一例用于"表示具体几点钟"："八点钟头一位客到，乃是这里有名的一位道台，叫做'磕头道台'。"此例中"点钟"和"钟头"合用。

《重编国语辞典》解释为"计算时间的单位，一点钟为一小时"，但只举了一个自编例"明天早上十～～我们校门口见。"《大词典》《近代》未收此词，宜补。

11.【弟台】

弟台、你这话、只怕有点儿说错了罢。Nay，my young

friend, I think you are making a slight mistake.（谈论篇 1.1p.212；2.1p.227。1.2p.2；2.2p.252）

按：《自迩集》虽然仅有一例，但语境与翻译语义明确。清末小说亦可见该词用例，如《儿女英雄传》："邓九公听了，哈哈大笑，说：'老～～，我说句不怕你思量的话，这个事可不是你们文字班儿懂得！'"《施公案》："朱光祖说：'～～，你不是外人，实不瞒你说，劣兄这几年，没得意的事。'"

《大词典》《近汉词》未收此词，宜补。

《自迩集》三版及周边相关系列文献中保存的双语共时语料为19世纪中期的近代汉语相关词汇语料研究提供了丰富、珍贵的资料。作为西人编写的汉语口语教学材料，语料的口语性、真实性以及语义解释的双语性提升了《自迩集》等相关早期汉语口语教学文献的语料价值。在上文论述中，《自迩集》相关语料不仅补充了《大词典》缺失的书证，同时提前了相关义项的首引书证年代，还增补了义项和词目。由此可见，《自迩集》为代表的近代汉语口语教学文献是《大词典》第二版修订中不应忽视的历史文献。

参考文献

中日文文献

[1] 爱新觉罗·瀛生．满语杂识［M］．北京：学苑出版社，2004．

[2] 安托尼·阿尔诺，克洛德·朗斯诺［法］．普遍唯理语法［M］．张学斌，译．长沙：湖南教育出版社，2001．

[3] 白珊［加］．在中国的西方语言学传统［A］．见：卓新平编．相遇与对话：明末清初中西文化交流国际学术研讨会文集［C］．北京：宗教文化出版社，2003：259—274．

[4] 白维国．近三十年日本对近代汉语的研究［J］．当代语言学，1989（3）：111—114．

[5] 白维国主编．近代汉语词典［M］．上海：上海教育出版社，2016．

[6] 贝罗贝［法］．二十世纪以前欧洲汉语语法学研究状况［J］．中国语文，1998（5）：346—352．

[7] 班立华．试论西方中文观念的历史演变——一个知识型和符号学角度的解说［A］．见：阎纯德编．国际汉学（第8辑）［C］．北京：中华书局，2004．

[8] 曹广顺．近代汉语助词［M］．北京：语文出版社，1995．

[9] 陈辉．19世纪东西洋士人所记录汉语官话［J］．浙江大学学报，2010（6）：105—113．

[10] 陈望道编．中国文法革新论丛［M］．北京：商务印书馆，1987．

[11] 程龙．浅论威妥玛第一部北京话口语教材《寻津录》［J］．社会科学战线，2013（10）：161—167．

[12] C.R. 博克舍［英］．十六世纪中国南部行纪［M］．何高济，译．北京：中华书局，1990．

[13] 戴密微［法］．法国汉学研究史概况［A］．见：阎纯德编．汉学研究（第1辑）［C］．胡书经，译．北京：中国和平出版社，1996：15—54．

[14] 戴仁［法］．法国当代中国学［M］．北京：中国社会科学出版社，1998．

[15] 党静鹏．《语言自迩集》的词汇学价值［J］．河北大学学报，2011（5）：126—131．

[16] 董海樱．16世纪至19世纪初西人汉语研究［M］．北京：商务印书馆，

2011.
[17] 董明．古代汉语汉字对外传播史［M］．北京：中国大百科全书出版社，2002.
[18] 杜赫德［法］编．耶稣会士中国书简集：中国回忆录［M］．郑德第，吕一民，沈坚等，译．郑州：大象出版社，2001.
[19] 杜文凯编．清代西人见闻录［M］．北京：中国人民大学出版社，1985.
[20] 方豪．中西交通史［M］．上海：上海人民出版社，2008.
[21] 范俊军．中西词类二分学说史的比较［J］．南京师大学报，2000（5）：131—135.
[22] 费赖之［法］．在华耶稣会士列传及书目［M］．冯承钧，译．北京：中华书局，1995.
[23] 弗朗西斯科·瓦罗［西］．华语官话语法［M］．姚小平，马文清，译．北京：外语教学与研究出版社，2003.
[24] 冯尔康．清代人物传记史料研究［M］．天津：天津教育出版社，2005.
[25] 复旦大学图书馆古籍部编．四库系列丛书目录·索引［M］．上海：上海古籍出版社，2007.
[26] 复旦大学文史研究院编．从周边看中国［M］．北京：中华书局，2009.
[27] 顾亮．威妥玛与《语言自迩集》［D］．上海：华东师范大学，2009.
[28] 顾犇．中国国家图书馆外文善本书目［M］．北京：北京图书馆出版社，2001.
[29] 龚缨晏等．西方人东来之后：地理大发现后的中西关系史专题研究［M］．杭州：浙江大学出版社，2006.
[30] 高田時雄［日］．トマスウェイドと北京官話の勝利［A］．见：狭間直樹编：西洋近代文明と中華世界［C］．京都：京都大学学術出版会，2001：127—142.
[31] 郝颖．《语言自迩集》研究［D］．北京：北京外国语大学，2005.
[32] 韩可龙．早期西文文献中的官话与方言［R］．上海：复旦大学文史研究院，2010.
[33] 何九盈．中国现代语言学史（修订本）［M］．北京：商务印书馆，2008.
[34] 何乐士、敖镜浩等．古代汉语虚词通释［M］．北京：北京出版社，1985.
[35] 何乐士．古代汉语虚词词典［M］．北京：语文出版社，2006.
[36] 何莫邪［挪］．《马氏文通》以前的西方汉语语法书概况［A］．见：北京大学中国传统文化研究中心编．文化的馈赠：汉学研究国际会议论文

集（语言文学卷）[C]．北京：北京大学出版社，2000：464—466．

[37] 何群雄．中国語文法学事始—『馬氏文通』にいたるまでの在華宣教師の著書を中心に［M］．東京：三元社，2000．

[38] 何盛三．北京官話文法［M］．東京：太平洋書房，1928．

[39] 洪毅．鸟井克之和他的汉语语法学史研究［J］．汉语学习，1997（4）：60—63．

[40] 胡明扬．北京话初探［M］．北京：商务印书馆，1987．

[41] 胡书经．法国汉语教学与研究的历史（简述）[J]．语言教学与研究，1983（2）：148—156．

[42] 胡双宝．读威妥玛著《语言自迩集》[J]．语文研究．2002（4）：22—28．

[43] 黄时鉴．中西关系年表［M］．杭州：浙江人民出版社，1994．

[44] 黄时鉴．东西交流史论稿［M］．上海：上海古籍出版社，1998．

[45] 黄兴涛．《文学书官话》与《文法初阶》[J]．文史知识，2006（4）：61—69．

[46] 吉少甫等编．中国出版简史［M］．上海：学林出版社，1991．

[47] 计翔翔．十七世纪中期汉学著作研究——以曾德昭《大中国志》和安文思《中国新志》为中心［M］．上海：上海古籍出版社，2002．

[48] 季压西，陈伟民．语言障碍与晚清近代化进程［M］．北京：学苑出版社，2007．

[49] 江蓝生．近代汉语探源［M］．北京：商务印书馆，2000．

[50] 蒋绍愚．近代汉语研究概况［M］．北京：北京大学出版社，1994．

[51] 蒋绍愚．现代语言学与汉语史研究［A］．见：北京大学中国传统文化研究中心编．文化的馈赠：汉学研究国际会议论文集（语言文学卷）[C]．北京：北京大学出版社，2000：450—455．

[52] 蒋绍愚，曹广顺编．近代汉语语法史研究综述［M］．北京：商务印书馆，2005．

[53] 孔陈焱．卫三畏与美国汉学研究［M］．上海：上海辞书出版社，2010．

[54] 凯瑟琳·F. 布鲁纳，费正清，理查德·J. 司马富［美］编．步入中国清廷仕途：赫德日记（1854—1863）[M]．傅曾仁等，译．北京：中国海关出版社，2003．

[55] 凯瑟琳·F. 布鲁纳，费正清，理查德·J. 司马富［美］编．赫德与中国早期现代化：赫德日记（1863—1866）[M]．陈绛，译．北京：中国海关出版社，2005．

[56] 柯文［美］．在传统与现代性之间：王韬与晚清改革［M］．雷颐，罗

检秋，译．南京：江苏人民出版社，1994.
[57] 黎锦熙．比较文法：文言语法举要 [M]．北京：中华书局，1986.
[58] 李娟．《马氏文通》与中西语言研究传统的关联 [A]．见：姚小平编．《马氏文通》与中国语言学史：首届中国语言学史研讨会文集 [C]．北京：外语教学与研究出版社，2003：47—64.
[59] 李无未，陈珊珊，秦曰龙．对外汉语教学论著指要与总目 [M]．北京：作家出版社，2008.
[60] 李无未．日本汉语口语语法研究的先声——读 1877 年刊行的《支那文典》[A]．见：北京大学中文系《语言学论丛》编委会编写．语言学论丛（第 37 辑）[C]．北京：商务印书馆，2008：254—273.
[61] 李无未．中国对外汉语教学古今考 [N]．中华读书报，2008，6（25）：13.
[62] 李向玉，张西平，赵永新编．世界汉语教育史研究：第一届世界汉语教育史国际学术研讨会论文集 [C]．澳门：澳门理工学院，2005.
[63] 李真．《汉语札记》对世界汉语教学史的贡献 [J]．世界汉语教学，2005（4）：105—109.
[64] 李真．清朝中前期来华传教士的汉语研习综述 [A]．见：北京外语大学编．国际汉语教育动态与研究（2009 年第一辑）[C]．北京：外语教学与研究出版社，2009：71—78.
[65] 利玛窦．利玛窦中国札记 [M]．何高济，王遵仲，李申，译．北京：中华书局，1997.
[66] 刘禾．帝国的话语政治：从近代中西冲突看现代世界秩序的形成 [M]．北京：三联书店，2009.
[67] 林焘．北京官话溯源 [J]．中国语文，1987（3）：1—9.
[68] 林焘．普通话和北京话 [M]．北京：语文出版社，2000.
[69] 凌德祥．从《马氏文通》看汉外语言对比研究与汉语语法学的发展 [J]．南京社会科学，2000（2）：57—62.
[70] 刘锡鸿．英轺私记 [M]．长沙：岳麓书社，1986.
[71] 六角恒广 [日]．日本中国语教育史研究 [M]．王顺洪，译．北京：北京语言大学出版社，1992.
[72] 六角恒广 [日]．日本中国语教学书志 [M]．王顺洪，译．北京：北京语言文化大学出版社，2000.
[73] 龙伯格 [丹]．清代来华传教士马若瑟研究 [M]．李真，骆洁，译．郑州：大象出版社，2009.
[74] 吕叔湘．中国文法要略 [M]．北京：商务印书馆，1956.

[75] 吕叔湘主编．现代汉语八百词（增订本）[M]．北京：商务印书馆，1999．
[76] 吕叔湘．汉语语法论文集［M］．北京：商务印书馆，1984．
[77] 吕叔湘．近代汉语指代词［M］．江蓝生，补．上海：学林出版社，1985．
[78] 鲁健骥．《语言自迩集》初版序言、《语言自迩集》再版序言［A］．见：张德鑫编．对以英语为母语者的汉语教学研究：牛津研讨会论文集［C］．北京：人民教育出版社，2002：371—392．
[79] 鲁健骥．《践约传》——19 世纪中叶中国人编写的汉字简单读物［J］．国外汉语教学动态，2004（4）：4—8．
[80] 鲁健骥．谈对外汉语教学历史的研究［J］．语言文字应用，1998（4）：30—35．
[81] 罗竹风主编．汉语大词典（十三卷本）[M]．上海：上海辞书出版社，2012.
[82] 卢晓敏、魏德胜．从《语言自迩集》看《中国古籍总目》著录清末汉语教科书的状况［J］．古籍整理研究学刊，2017（4）：103—106.
[83] 罗宾斯［英］．简明语言学史［M］．许德宝，冯建明，胡明亮，译．北京：中国社会科学出版社，1997．
[84] 罗常培．罗常培语言学论文集［M］．北京：商务印书馆，2004．
[85] 罗常培．语言与文化［M］．北京：北京出版社，2004．
[86] 罗渔．利玛窦书信集［M］．台北：光启出版社，1986．
[87] 马又清．瓦罗《华语官话语法》研究［D］．北京：清华大学，2002．
[88] 马建忠．马氏文通［M］．北京：商务印书馆，2007．
[89] 马相伯．马相伯集［M］．朱维铮，编．上海：复旦大学出版社，1996．
[90] 莫东寅．汉学发达史［M］．北京：文化出版社，1949．
[91] 内田庆市［日］．近代西人的汉语语法研究［A］．见：邹嘉彦，游汝杰，编．语言接触论集［C］．上海：上海教育出版社，2004：258—275．
[92] 内田庆市［日］．近代西方人汉语研究的定位和可能性［A］．见：北京外国语大学编．国际汉语教育动态与研究（2009 年第二辑）[C]．北京：外语教育与研究出版社，2009：58—68．
[93] 内田庆市［日］．关于《语言自迩集》的若干问题［A］．见：日本关西大学亚洲文化交流研究中心编．亚洲语言文化交流研究［C］．上海：上海辞书出版社，2009：26—36．
[94] 内田庆市［日］．中国语言学的“周边”研究法——以文化交涉学领域之一的角度［A］．见：复旦大学文史研究院．从周边看中国［M］．北京：中华书局，2009：457—471．

[95] 内田庆市［日］.《语言自迩集》源流及其在日本的传播［A］. 见：复旦大学历史地理研究中心编. 跨越空间的文化：16—19 世纪中西文化的相遇与调适［C］. 上海：东方出版中心，2010：46—62.

[96] 内田慶市［日］. "您" に関わることがら［A］. 见：内田慶市. 近代における東西近代言語文化接触の研究［C］. 東京：関西大学出版部，2001：395—421.

[97] 内田慶市［日］. 關於馬禮遜的語法論及其翻譯観［J］. 東アジア文化交渉研究，2009（2）：209—216.

[98] 内田慶市［日］，氷野歩［日］，宋桔.『語言自邇集』の研究［M］. 東京：好文出版，2015.

[99] 裴化行［法］. 利玛窦评传［M］. 管震湖，译. 北京：商务印书馆，1993.

[100] 钱乃荣. 英国传教士 J. Edkins 在吴语语言学上的杰出贡献——《上海方言口语语法》评述［A］. 见：钱乃荣编. 现代汉语研究论稿［C］. 上海：学林出版社，2006：251—284.

[101] 清史编委会编. 清代人物传稿：上编［M］. 北京：中华书局，1984.

[102] 阙维民. 剑桥汉学的形成与发展［A］. 见：任继愈编. 国际汉学（第 10 辑）［C］. 郑州：大象出版社，2005：192—218.

[103] 曲文军 .《汉语大词典》疏误与修订研究［M］. 济南：山东人民出版社，2012.

[104] 荣振华. 在华耶稣会士列传及书目补编［M］. 耿昇. 译，北京：中华书局，1995.

[105] 上海图书馆编. 上海图书馆西文珍本书目［M］. 上海：上海社会科学院出版社，1992.

[106] 邵敬敏. 汉语语法学史稿（修订本）［M］. 北京：商务印书馆，2006.

[107] 石田干之助［日］. 欧人之汉学研究［M］. 朱滋萃，译. 北京：北平中法大学出版社，1934.

[108] 石田干之助［日］. 中西文化之交流［M］. 张宏英，译. 长沙：长沙商务印书馆，1941.

[109] 石田干之助［日］. 欧文汉学书目［A］. 见：阎纯德编. 国际汉学（第 8 辑）［C］. 甘慧杰，译. 北京：中华书局，2004：645—659.

[110] 史式徽［法］. 江南传教史［M］. 天主教上海教区史料译写组，译. 上海：上海译文出版社，1983.

[111] 市川勘［日］，小松岚［日］. 百年华语［M］. 上海：上海教育出版社，2008.

[112] 松友梅．小额影印版［M］．北京：首都师范大学出版社，2015.
[113] 宋桔．清末佚名《语言问答》研究［J］．或问，2010（19）：11—26.
[114] 宋桔．《自迩集》诸版本及其双语同时语料价值［J］．语言教学与研究，2013（1）：31—39.
[115] 宋桔．《语言自迩集》的汉语语法研究［M］．上海：复旦大学出版社，2015.
[116] 宋桔．国内《语言自迩集》存世文献及实物流通研究［J］．国际汉学，2016（1）：133—140.
[117] 宋桔．《马氏文通》前西人的汉语量词研究［J］．语言研究 2014（4）：93—101.
[118] 孙良明．中国古代语法学探究［M］．北京：商务印书馆，2005.
[119] 孙锡信．汉语历史语法要略［M］．上海：复旦大学出版社，1992.
[120] 孙锡信．近代汉语语气词：汉语语气词的历史考察［M］．北京：语文出版社，1999.
[121] 孙玄常．汉语语法学简史［M］．合肥：安徽教育出版社，1983.
[122] 太田辰夫［日］．中国语历史文法（修订译本）［M］．蒋绍愚，徐昌华，译．北京：北京大学出版社，2003.
[123] 太田辰夫［日］．汉语史通考［M］．江蓝生，白维国，译．重庆出版社，1991.
[124] 汤姆逊［丹］．十九世纪末以前的语言学史［M］．黄振华，译．北京：北京科学出版社，1960.
[125] 藤田益子［日］．威妥瑪和漢語会話課本從《語言自邇集》考察威妥瑪所追求的語言境界（一）《語言自邇集》，《問答篇》和《清文指要》的对照［J］．新潟大学国際センター紀要，2007（3）：49—80.
[126] 童庆生．知识的贫困和贫困的知识：西方汉语观的生成和发展［A］．见：张西平编．国际汉学（第 17 辑）［C］．郑州：大象出版社，2009：114—142.
[127] 王尔敏．王韬早年从教活动及其与西洋教士之交游［A］．见：林治平．近代中国与基督教论文集（第二版）［C］．台北：宇宙光出版社，1981.
[128] 王澧华．《语言自迩集》的编刊与流传［A］．见：上海师范大学《对外汉语研究》编委会．对外汉语研究（第 2 期）［C］．北京：商务印书馆，2006：182—195.
[129] 王力．中国现代语法［M］．北京：商务印书馆，1985.
[130] 王力．王力文集（第一卷）：中国语法理论［M］．济南：山东教育出

版社，1984．
[131] 王力．汉语史稿（修订本）[M]．北京：中华书局，2004．
[132] 王力．中国语言学史［M]．上海：复旦大学出版社，2006．
[133] 王立达．汉语研究小史［M]．北京：商务印书馆，1959．
[134] 王立群．中国早期口岸知识分子形成的文化特征：王韬研究［M]．北京：北京大学出版社，2009．
[135] 王韬．弢园尺牍［M]．北京：中华书局，1959．
[136] 王韬．王韬日记［M]．方行，汤志钧，整理．北京：中华书局，1987．
[137] 王韬．弢园老民自传［M]．孙邦华，编选．南京：江苏人民出版社，1999．
[138] 王韬．瀛壖杂志：瓮牖余谈［M]．陈戍国，点校．长沙：岳麓书社，1988．
[139] 威妥玛［英]．语言自迩集：19 世纪中期的北京话［M]．张卫东，译．北京：北京大学出版社，2002．
[140] 汪维辉．朝鲜时代汉语教科书丛刊［M]．北京：中华书局，2005．
[141] 威廉・冯・洪堡特［法]．洪堡特语言哲学文集［M]．姚小平，译．长沙：湖南教育出版社，2001．
[142] 尾崎實．『語言自邇集』解説『語言自邇集』語彙索引（初稿）[J]．明清文学言語研究会会報，1965（単刊 9）：1—88．
[143] 卫三畏［美]．中国总论［M]．陈俱，译．上海：上海古籍出版社，2005：
[144] 吴丽君．世界汉语教学史研究综述［A]．见：北京外国语大学国际汉语教学信息中心编．国际汉语教学动态与研究（2007 年第二辑）[C]．北京：外语教学与研究出版社：65—72．
[145] 吴孟雪，曾丽雅．明代欧洲汉学史［M]．北京：东方出版社，2000．
[146] 香坂顺一［日]．白话语汇研究［M]．江蓝生，白维国．译，北京：中华书局，1997。
[147] 熊月之．西学东渐与晚清社会［M]．上海：上海人民出版社，1994．
[148] 熊月之编．上海通史［M]．上海：上海人民出版社，1999．
[149] 徐时仪．近代汉语词汇学［M]．广州：暨南大学出版社，2013．
[150] 徐宗泽．明清间耶稣会士译著提要［M]．上海：上海书店出版社，2006．
[151] 许光华．16 至 18 世纪传教士与汉语研究［A]．见：任继愈编．国际汉学（第 6 辑）[C]．北京：商务印书馆，2000：456—490．

[152] 许国璋．论语法 [J]．外语教学与研究，1986（1）：1—10．
[153] 许国璋．《马氏文通》及其语言哲学 [J]．中国语文，1991（3）：161—166．
[154] 许明龙．中西文化交流先驱：从利玛窦到郎世宁 [M]．北京：东方出版社，1993．
[155] 许明龙．黄嘉略与早期法国汉学 [M]．北京：中华书局，2004．
[156] 薛朝广．20 世纪前半期来华新教传教士群体探析 [D]．长春：吉林大学，2005．
[157] 姚小平．西方人眼中的中国语言学史 [J]．国外语言学．1996（3）：39—48．
[158] 姚小平．《汉文经纬》与《马氏文通》——《马氏文通》的历史功绩重议 [J]．当代语言学，1999（2）：1—16．
[159] 姚小平．现存最早的汉语语法著作——瓦罗著《华语官话语法》简介 [J]．中国语文，2001（5）：475—478．
[160] 姚小平．西方早期汉语研究再认识——17—19 世纪西方汉语研究史简述 [A]．见：商务印书馆编辑部编．21 世纪的中国语言学 [M]．北京：商务印书馆，2004：95—102．
[161] 姚小平．欧洲汉语教育史之缘起——早期传教士的汉语学习和研究 [J]．长江学术，2008（1）：114—120．
[162] 姚小平编．海外汉语探索四百年管窥——西洋汉语研究国际研讨会暨第二届中国语言学史研讨会论文集 [C]．北京：外语教学与研究出版社，2008．
[163] 姚小平．罗马读书记 [M]．北京：外语教学与研究出版社，2009．
[164] 游汝杰．西洋传教士汉语方言学著作书面考述 [M]．哈尔滨：黑龙江教育出版社，2002．
[165] 俞光中，植田均 [日]．近代汉语语法研究 [M]．上海：学林出版社，1999．
[166] 袁仁林．虚字说 [M]．解惠全．注，北京：中华书局，1989．
[167] 志村良治 [日]．中国中世语法史研究 [M]．江蓝生，白维国，译．北京：中华书局，1995．
[168] 赵继明，伦贝 [丹]．早期欧洲汉学线索 [J]．文史哲．1998（4）：118—124．
[169] 赵元任．赵元任早年自传 [M]．台北：传记文学出版社，1984．
[170] 赵元任．汉语口语语法 [M]．吕叔湘，译．北京：商务印书馆，1979：

[171] 赵元任．中国话的文法（增订本）[M]．丁邦新，译．香港：中文大学出版社，1980．

[172] 赵元任．语言的意义及其获取 [J]．李芸，王强军，译．语言文字应用，2001（4）：59—69．

[173] 张德鑫．威妥玛《语言自迩集》与对外汉语教学 [A]．见：张德鑫编．对以英语为母语者的汉语教学研究：牛津研讨会论文集 [C]．北京：人民教育出版社，2002，354—370．

[174] 张德鑫．威妥玛《语言自迩集》与对外汉语教学 [J]．中国语文，2001（5）：471—474．

[175] 张海林．王韬评传 [M]．南京：南京大学出版社，1993．

[176] 张国刚．明清传教士与欧洲汉学 [M]．北京：中国社会科学出版社，2001．

[177] 张宏生．戈鲲化集 [M]．南京：江苏古籍出版社，2000．

[178] 张美兰．《华语官话语法》中语法问题分析 [A]．见：任继愈编．国际汉学（第 10 辑）[C]．郑州：大象出版社，2004：288—306．

[179] 张美兰．掌握汉语的金钥匙——论明清时期国外汉语教材特点 [A]．见：任继愈编．国际汉学（第 10 辑）[C]．郑州：大象出版社，2005：226—241．

[180] 张美兰，陈思羽．清末民初北京口语中的话题标记——以 100 多年前几部域外汉语教材为例 [J]．世界汉语教学，2006（2）：63—73．

[181] 张美兰．《语言自迩集》中的清末北京话口语词及其贡献 [J]．北京社会科学，2007（5）：83—88．

[182] 张美兰．明治期间日本汉语教科书中的北京话口语词 [J]．南京师范大学文学院学报，2007（2）：146—167．

[183] 张美兰，刘曼．《清文指要》汇校与语言研究 [M]．上海：上海教育出版社，2013．

[184] 张秀民．中国印刷史 [M]．韩琦，增订．杭州：浙江古籍出版社，2006．

[185] 张卫东．论 19 世纪中外文化交往中的汉语教学 [J]．北京大学学报，2000（4）：220—229．

[186] 张卫东．评威妥玛“汉语词的多功能性”之说 [A]．见：姚小平编．海外汉语探索四百年管窥——西洋汉语研究国际研讨会暨第二届中国语言学史研讨会论文集 [C]．北京：外语教学与研究出版社，2008：278—287．

[187] 张西平．应重视对西方早期汉学的研究 [N]．中华读书报，2000，

11 (28)：22.
[188] 张西平．西方汉学的奠基人罗明坚 [J]．历史研究，2001 (3)：101—105.
[189] 张西平．明清时期的汉语教学概况——兼论汉语教学史的研究 [J]．世界汉语教学，2002 (1)：93—103.
[190] 张西平等．西方人早期汉语学习史调查 [M]．北京：中国大百科全书出版社，2003.
[191] 张西平．西方人早期汉语学习史的研究初探——兼论对外汉语教学史的研究 [J]．国外汉语教学动态，2003 (4)：5—11.
[192] 张西平．传教士汉学研究 [M]．郑州：大象出版社，2005.
[193] 张西平．《中国丛报》篇名目录及分类索引 [M]．桂林：广西师范大学出版社，2008.
[194] 张西平．世界汉语教育史的研究对象与研究方法 [J]．世界汉语教学，2008 (1)：122—132.
[195] 张西平．清代来华传教士马若瑟研究 [J]．清史研究，2009 (2)：40—47.
[196] 张西平等编．世界汉语教学史 [M]．北京：商务印书馆，2009.
[197] 张延俊，钱道静．《文学书官话》语法体系比较研究 [M]．武汉：崇文书局，2007.（该书第201—233页附据大槻文彦《支那文典》(1877) 重新标点的《文学书官话》全文）
[198] 赵柏田．帝国的迷津——近代变局中的知识．人性与爱 [M]．北京：中华书局，2008.
[199] 赵晓阳．19—20世纪外国人研究北京方言的文献资料 [J]．北京档案史料，2005 (4)：196—205.
[200] 郑梦娟．论19世纪上半叶英国汉语语法研究 [D]．北京：中国传媒大学，2007.
[201] 中国社会科学院近代史研究所翻译室编．近代来华外国人名辞典 [M]．北京：中国社会科学出版社，1981.
[202] 钟叔河．走向世界：近代中国知识分子考察西方的历史 [M]．北京：中华书局，1985.
[203] 钟叔河编．走向世界丛书（第2版）[M]．长沙：岳麓书社，2008.
[204] 周法高．中国语法学导论 [A]．见：周法高．中国语文研究 [C]．台北：中华文化出版事业委员会，1955：39—57.
[205] 周法高．中国语言学论文集 [M]．台北：联经出版事业公司，1975.
[206] 周法高．论中国语言学 [M]．香港：中文大学出版社，1980.

[207] 周法高．中国语的词类 [A]．见：中华书局编辑部编．中研院历史语言研究所集刊论文类编（语言文字编・语法卷一）[C]．北京：中华书局，2009：107—126．

[208] 周振鹤．知者不言 [M]．北京：生活・读书・新知三联书店，2008．

朱静．洋教士看中国朝廷 [M]．上海：上海人民出版社，1995．

西文文献

[1] Alain Peyraube. Some Reflections on the Sources of the Mashi Wentong [A]. In：Susan Deacy, Alexandra Villing. Athena in the Classical World [C]. Boston：Brill, 2001：341—356.

[2] Cooley James. T.F. Wade in China：Pioneer in Global Diplomacy 1842—1882 [M]. Leiden：Brill, 1981.

[3] Gail King. The Xujiahui (Zikawei) Library of Shanghai [M]. Libraries & Culture, 1997, 32 (4)：456—469.

[4] Henri Cordier. Thomas Francis Wade [J]. T'oung Pao, 1895, 6 (4)：407—412.

[5] Joseph de Prémare. The Notitia Linguae sinicae of Prémare. Translated by J.G. Bridgman. [M]. Canton：printed at the office of the Chinese rerository. 1847.

[6] Joseph Edkins. A Grammar of Colloquial Chinese Language. [M]. Shanghai：Presbyterian Mission Press, 1864.

[7] Klöter. the Language of the Sangleys：a Chinese Vernacular in Missionary Sources of the Seventeenth Century [M]. Leiden：brill, 2011.

[8] Masini, Federico. Xi fang chuan jiao shi Han yu liang ci yan jiu zong shu [A]. In：Casalin, Federica (ed.). Linguistic exchanges between Europe China and Japan [C]. Roma：Tiellemedia Editore, 2008：59—78.

[9] Morrison, Robert. A grammar of the Chinese language [M]. Serampore：Mission-press, 1815.

[10] Paul A. Cohen. Between Tradition and Modernity：Wang T'ao and Reform in Ch'ing Late China [M]. Cambridge：Harvard University Press, 1974.

[11] Paul Sinclair. Thomas Wade's Yü yen tzu êrh chi and the Chinese

Language Textbooks of Meiji-Era Japan [J]. Asia Major, Vol.16, 2003: 147—174.

[12] Song Ju. The Overture of Peking Pronunciation's Victory: The first publish Peking Orthography [J]. Journal of Chinese Linguistics, 2020 (2): 402—437.

[13] Thomas Francis Wade, Walter Caine Hiller. Yü yen tzu êrh chi. A progressive course designed to assist the student of colloquial Chinese as spoken in the capital and the metropolitan department [M]. Shanghai, London: the statistical department of the inspectorate general of customs, W. H. Allen & Co, 1886.

[14] Thomas Francis Wade, Walter Caine Hiller. Yü yen tzu êrh chi. A progressive course designed to assist the student of colloquial Chinese as spoken in the capital and the metropolitan department [M]. Shanghai: Kelly & Walsh, 1903.

[15] Thomas Francis Wade. Yü yen tzu êrh chi. A progressive course designed to assist the student of colloquial Chinese as spoken in the capital and the metropolitan department [M]. London: Trubner & Co, 1867.

[16] Thomas Taylor Meadows. Desultory Notes on the Government and People of China, and on the Chinese Language [M]. London: Wm. H. ALLEN AXD Co.1847.

[17] W. South Coblin. Notes on the Sound System of Late Ming Guanhua [J]. Monumenta Serica, 1997 (45): 289—307.

[18] W. South Coblin. A Brief History of Mandarin [J]. Journal of the American Oriental Society, 2000 (4): 537—552.

后　记

又是一个深夜。

两个月以前，可能谁都没有想到从湖北武汉开始的一场新冠状肺炎（COVID-19）会蔓延到全国，甚至全世界，几乎改变了每个人既定的生活轨迹。过了春节，丈夫回沪复工，我和小朋友一直留在桐庐，开始了照顾家人、在家办公、准备网课、与学生交流、修改书稿的日常。这次得以和幼子、父母一起面对这一场疫情，幸而让我在寒冬中感受着温暖。进入三月，疫情带来的阴霾随春风一点点散去，我也终于在每天深夜找到了工作的状态。感谢父母、丈夫、孩子，在这段时间给予我的爱与力量。

我对《语言自迩集》的兴趣始于博士学习期间，始于在徐家汇藏书楼昏黄的灯光下抄书的日子。有时会疑虑自己的一点东西总是跳不出这个圈子，但有时又觉得是不是可以多花一点功夫把一个点做得再深一些。

本书中《自迩集》的“文献版本”部分的基础是在九年前的博士论文期间完成的，若当时已有一点发现，皆是得益于导师傅杰教授及论文指导小组各位专家对我的指导和帮助。此后，在“上海市哲学社会科学规划课题（青年项目）”和“上海市教育委员会科研创新项目资助（重点项目）”的资助下，我开始着手结合对《自迩集》三版文献资料的研究，深入考察该书保存的19世纪中期北京官话口语词汇语料的内容、特点及其应用价值。

2015—2016年，我作为访问学者赴美国宾夕法尼亚大学（University of Pennsylvania）学习进修一年，其间有幸求教于汉学家梅维恒

（Victor H. Mair）教授，并利用相关图书馆的网络及实物资源调查、收集了一批一手文献，更是尤为关注与《自迩集》其书、其人相关的资料。近年来几次赴京开会学习的机会，又让我有机会到北京外国语大学图书馆、北京大学图书馆、国家图书馆古籍部等单位，对《自迩集》在国内的改订、翻印本有了更进一步的考察。随着对《自迩集》的海外藏本、英国外交档案资料的调查，对密迪乐、罗伯聃、古伯察等与威妥玛选择“北京官话”密切相关的人物的研究，我对《自迩集》及其中的“北京官话口语”有了更为立体的认识。

日月如梭，光阴似箭。在家庭生活、教学工作之余，本书的撰写、修改工作虽然推进速度有限，但得益于多方的帮助，终是有开花结果之时。

内田庆市教授从我开始接触《语言自迩集》之始就给予了许多的关心和帮助，从多年前对《自迩集》中“您”有关问题的调查到 2019 年 11 月在北京开会时提供给我的东京大学藏的《自迩集》翻印本资料。

徐文堪先生是我博士论文的指导小组成员，亦是《汉语大词典》编撰。当我在思考如何系统论证《自迩集》词汇语料价值时，与先生的交流，让我有信心坚持通过统计分析、文本比对来考察《自迩集》对《汉语大词典》书证之补益。

在本书资料收集、整理阶段，石汝杰教授、苏精教授等多位专家学者都曾无私向我提供了相关资讯与文献资料，中科院计算所 NLPIR 汉语分词统计系统的张华平教授通过邮件提供了技术帮助，冰野善宽教授介绍了《自迩集》第一版词汇索引的制作情况。在本文的资料调查过程中，美国宾夕法尼亚大学图书馆、哈佛大学图书馆、国家图书馆古籍部、北京大学图书馆特藏部、徐家汇藏书楼、复旦大学图书馆等海内外多家单位的工作人员给予了专业的帮助。

书稿撰写过程中的几篇文章都曾在“国际汉语教育史学会协会”的年会上发表，有幸得到了与会专家学者的指正，感谢协会各位师长、朋友多年来的提携。

感谢“上海市哲学社会科学规划青年课题”（2013EYY004）和“上海市教育委员会科研创新人文社科重点项目资助”（14ZS013）对本书相关研究给予的资助，本书亦是上海市哲学社会科学“十二五”规划课题研究成果。

2020 年 4 月

图书在版编目（CIP）数据

《语言自迩集》及其近代汉语语料 / 宋桔著 .—上
海：文汇出版社，2020.9
ISBN 978-7-5496-3299-2

Ⅰ．①语… Ⅱ．①宋… Ⅲ．①北京话－汉语史－史料
②北京话－对外汉语教学－研究资料 ③《语言自迩集》－
汉语－语法－研究 Ⅳ．① H172.1 ② H14

中国版本图书馆 CIP 数据核字（2020）第 160211 号

《语言自迩集》及其近代汉语语料

著　　者　宋　桔
责任编辑　徐曙蕾
装帧设计　高静芳

出版发行　文匯出版社
　　　　　上海市威海路 755 号
　　　　　（邮政编码 200041）

照　　排　南京理工出版信息技术有限公司
印刷装订　上海新文印刷厂
版　　次　2020 年 9 月第 1 版
印　　次　2020 年 9 月第 1 次印刷
开　　本　890×1240　1/32
字　　数　300 千
印　　张　10.25

ISBN 978-7-5496-3299-2
定　　价　68.00 元